L'USURPATION D'IDENTITE

L'USURPATION D'IDENTITE

LE RETOUR DU MESSIE DU 1er SIÈCLE

5 RAISONS POUR LESQUELLES NOUS AVONS UN CHRIST ROMAIN À LA PLACE D'UN MESSIE JUIF

AUTEUR DE *LA PUISSANCE DE GUÉRISON DES RACINES*
DOMINIQUAE BIERMAN, PHD

© 2020 – 2021 par Dominiquae Bierman
L'usurpation d'identite par Dominiquae Bierman

Tous droits réservés. Ce livre ne peut être copié ou réimprimé à des fins commerciales ou lucratives. L'utilisation de courtes citations ou la copie occasionnelle de pages pour l'étude personnelle ou en groupe est autorisée et encouragée. Nous vous accorderons cette autorisation sur demande.

Sauf indication contraire, toutes les citations bibliques sont tirées de la version Darby ou Louis Segond.

Des mots tels que Jésus, Christ, Seigneur et Dieu ont été changés par l'auteur pour revenir à leurs interprétations hébraïques originales, Yeshua, Yahveh et Elohim.

Traduction française de l'américain par François FOISIL pasteur.

Livre électronique ISBN: 978-1-953502-28-5
Le livre de poche ISBN: 978-1-953502-27-8

Publié par *Zion's Gospel Press*
shalom@zionsgospel.com
52 Tuscan Way, Ste 202-412,
St. Augustine, Florida 32092, USA

Publié en juin 2020
Publié aux États-Unis d'Amérique

Une vierge peut-elle oublier ses ornements, ou une mariée ses vêtements ? Pourtant Mon peuple M'a oublié, des jours sans nombre.

— *Jérémie 2:32*

En vérité, Tu es un Dieu qui te caches,
Dieu d'Israël, sauveur !

— *Esaie 45:15*

DÉDICACE

A Yad Vashem, le musée de la Shoah à Jérusalem, en plein air, il y a une allée particulière bordée d'arbres. Sous chaque arbre, il y a un panneau avec un nom et un pays. Cette allée est appelée l'Avenue des Justes des Nations. Chaque arbre représente une personne courageuse en Europe qui a risqué sa vie pour sauver les Juifs de l'extermination nazie. Parmi eux se trouvent des chrétiens de confession catholique et protestante.

Par leurs actions justes et vertueuses, ils ont vaincu les monstrueuses théologies antisémites qui ont été le terreau fertile de toutes les persécutions, humiliations et meurtres de Juifs au nom du Christ pendant la Shoah nazie (Holocauste).

Je dédie ce livre à tous ces chrétiens connus et inconnus qui ont été plus grands que leur éducation théologique.

Je les salue tous - Archevêque Dr. Dominiquae Bierman, présidente de *Kad-Esh MAP Ministries and The United Nations For Israel*.

AVANT-PROPOS

Je suis dans le ministère à plein temps depuis 54 ans. J'ai voyagé dans le monde entier et j'ai lu ce qui semble être des myriades de livres et de cours d'études. J'ai lu des livres contenant des faits historiques encourageants, et beaucoup, beaucoup de livres sur notre Israël bien-aimé, la situation de notre peuple et les plans que notre Yah a pour Son peuple. En lisant cet incroyable livre de l'archevêque Bierman, vous découvrirez des vérités choquantes qui ont été étouffées et cachées par les historiens et les théologiens pendant des générations. Elle a découvert et déclare avec audace ces vérités que très peu de ministres et de futurs universitaires n'ont pas craint et n'ont pas hésité d'en discuter ouvertement, la plupart ne voulant pas faire de vagues. Ce livre est un tsunami de révélations sur notre passé, notre présent et l'avenir du peuple de Yah.

La trahison de la mémoire et de la condition actuelle du peuple élu de Dieu semble être négligée par et dans ce que l'on appelle l'Église d'aujourd'hui.

On ne peut pas lire ce livre et le mettre de côté. Il est captivant pour les cœurs purs et pour ceux qui désirent si sincèrement plaire au Père céleste.

Je vous applaudis, Archevêque, pour votre courage, votre foi tenace et votre audace en tant que prophétesse - adoptant une position historique si ferme avec une écriture révélatrice si vibrante qui peut et doit devenir un guide d'étude pour tous ceux qui recherchent la vérité pure.

Au fil des ans, j'ai exercé mon ministère auprès de multitudes d'hommes et de femmes de Yah - des serviteurs considérés comme étant à la pointe du progrès - mais je peux dire sans réserve qu'aucun d'entre eux n'a jusqu'à présent cherché à récupérer et à restaurer notre véritable identité sans compromis.

Archevêque, Prophétesse, je vous suis très reconnaissant pour votre dévouement et votre passion. J'ai la chance de vous appeler "amie" et compagne de service dans la foi.

Que Son Shalom vous soit multiplié avec des bénédictions sans fin et que sa faveur soit sur vous.

— Archbishop General Dr. Lawrence Langston, Th.D. Ph.D.

TABLE DES MATIÈRES

Introduction: La Prophétie de la Rose 1
    L'appel divin à une Eglise comme Esther 2
    L'Antisémitisme de nouveau en hausse ! 3

Portail 1 :   Le fruit empoisonné de L'usurpation D'identité 13
    Le Concile de Nicée 14
    L'Anti-MESITOJUS 19
    Sur l'antisémitisme chrétien de diverses sources 20
    Le terrain fertile pour Hitler et la shoah nazie 22
    Quelques fruits de l'antisémitisme chrétien 23
    Rencontrons-nous 28

Portail 2 :   En tuant au nom du Christ 31
    Faits concernant L'usurpation D'identité 33
    Origène d'Alexandrie (185 – 254 après J-C) 36
    Jean Chrysostome (344 – 407 après JC) 36
    St. Augustin (354 – 430 après J-C) 37
    Pierre le Vénérable 37
    Martin Luther—1543: Sur les juifs et leurs mensonges 38
    Pas de vol d'identité, pas d'holocauste 41

Portail 3 :   S'attaquer au monstre à cinq têtes 45
    Anti-MESITOJUS 46

Portail 4 :   La perte de l'Onction 59
    Entête numéro 1: Anti-Messie 59
    L'Importance d'une identité d'aujourd'hui 59
    Le 21ème siècle, comme le 1er siècle! 64
    Voulez-vous une popularité avec Dieu ou avec l'homme? 68
    Une prière pour la restauration 69

Portail 5:   Le Retour de l'onction **71**
   Sommes-nous donc vraiment Messianiques ou Chrétiens? 73
      Une importante prière contre l'ignorance. 79

Portail 6:   Comme j'aime ton Esprit **81**
   Les 3 "ne pas…" 81
      1: N'éteignez pas l'Esprit (1 Thes. 5:19) 81
      2: N'attristez pas l'Esprit (Eph. 4:30). 83
      3: Ne blasphémez pas contre l'Esprit (Mat. 12:31). 92
      Une Prière de Teshuva: Repentance, Retour, et Restauration. 96

Portail 7:   Israël notre Mère **97**
   Entête Numéro 2: Anti-Israël 97
   La clé d'Abraham 105
      Une prière de repentance pour l'hostilité envers Israël. 111

Portail 8:   Retour à la Parole de Dieu **113**
   Entête numéro 3: Anti-Torah 113
      Le mensonge : "La loi est supprimée." 116
      Torah, Enseignement et Instruction 122
      Le Concile de Nicée. 125
      Le Shabbat et la COVID-19 132
      La Pâque, Pâques/Easter, et la COVID-19 136
      Le temps de se débarrasser du vieux levain 137
      Les Lois de Dieu sont éternelles 144
      "Otez l'Identité du porc de Mon Peuple." 149
      Ni Sainteté, ni puissance, ni gloire! 156
      Une prière de vie et de mort pour la repentance 164

Portail 9:   Arrogance et Antisémitisme **165**
   Entête numéro 4: Anti-Juif 165
      Cette haine ancienne est enracinée dans la jalousie 167
      "Tueurs de Christ." 170
      Meurtre des fils mâles en Egypte. 176

Amalek dans le désert. 178
Balaam et Balak. 181
Haman en Perse. 185
Une prière définissant l'engagement. 191

Portail 10 :   Identité Confusion et Antisémitisme 193
La naissance de l'antisémitisme religieux 194
"Nous ne devrions rien avoir en commun avec les Juifs". 194
La confusion des identités et ses effets d'entraînement 196
Le lion juif 198
Pourquoi est-il urgent de restaurer Son nom juif ? 200
La tromperie selon laquelle les "Juifs ont tué le Christ" 202
L'Antisémitisme Chrétien au XXI ème Siècle. 206
Le lien entre Hitler et Luther. 211
Une Prière de repentance contre l'antisémitisme. 218

Portail 11:   La Restauration d'Israël 221
Entête Numéro 5: L'Anti-sionisme 221
Antisémitisme chrétien et antisémitisme politique 224
De la Palestine à la reconstruction d'Israël 228
Le Sionisme a été boosté par le pogrom de Kishinev. 228
Le plus grand miracle du XX ème Siècle. 236
Le Réveil de la langue hébreu. 238
La vérité derrière la cause palestinienne. 250
L'Histoire de la migration en Palestine 252
Le Miracle des fleurs de Glaïeuls. 257
Les Sables maudits de Gaza 259
La Promesse brisée et la création de la Jordanie. 263
Israël est le premier à aider même ses ennemis. 268
Une prière de repentance pour l'hostilité envers Israël. 275

Portail 12:   Le Jugement des nations 277
L'ouragan Irma, Septembre 2017 283
COVID-19 et Division d'Israël 289

Une prière qui change la vie 295
Mot de la fin **297**
Appendice I: En vivant une vie de Restitution **301**
   La restitution est la chose juste à faire pour chaque chrétien dans le monde 302
     Restauration de l'honneur d'Israël 302
     Restaurer l'Honneur—C'est un Commandement de la Torah! 303
     Il s'agit de restaurer l'honneur d'Israël ! 307
Appendice II: Plus d'Information **311**
   Suivez le cours en ligne GRI contre l'Antisémitisme .. 311
   Soyez équipés & Partenaires avec nous 313
Appendice III: Prière Anti-Amalek **315**
Appendice IV: Bibliographie **321**

INTRODUCTION

LA PROPHÉTIE DE LA ROSE

J'ai reçu cette prophétie en 1993. À bord d'un vol El Al entre Zurich et Tel-Aviv, j'ai demandé au Saint-Esprit : "Alors, quel est le "problème" du ministère des "racines" de l'Église ? Je voulais comprendre le but de mon voyage dans tant de pays. "Dieu, que dis-tu ?"

Les témoignages de guérisons et de délivrances miraculeuses qui ont été partagés après notre premier séminaire "Retour aux racines" à Herisau, en Suisse, sont encore très vivants dans mon esprit. Hans-Peter et Anita Vogt nous avaient accueillis, ainsi que tous les Juifs, à bras ouverts. "L'Église doit se repentir", ont-ils dit.

Un témoignage partagé par une jeune femme était très touchant.

"J'avais des problèmes mentaux", a-t-elle dit, "je ne trouvais pas mon identité. Ils avaient chassé de moi de nombreux démons, mais je n'ai jamais été libre. Quand vous avez expliqué les racines de notre foi et le lien indissoluble entre les Juifs et les païens, la paix est venue en moi, et j'ai été réconciliée avec mes racines. Je suis libre maintenant !"

J'ai réfléchi à toutes ces choses sur ce vol El Al de Zurich à Tel-Aviv. Alors que l'avion atterrissait, l'Esprit de Dieu a répondu à ma question initiale : "Quel est le problème du ministère des racines dans l'Église ?"

"*C'est une question de vie ou de mort*", a-t-il déclaré. "*L'Église est comme une belle rose qui a été coupée de ses racines dans le jardin. Elle a survécu pendant deux jours dans un vase avec de l'eau. Mais le troisième jour, elle mourra si elle n'est pas plantée et rattachée à ses racines*".

J'ai commencé à pleurer. Cela m'a transpercé le cœur de part en part. Si c'est une question de vie ou de mort, j'en paierais le prix à cause de L'Éternel et de ses enfants. Les Écritures disent qu'un jour est comme mille ans pour L'Éternel. Cela fait déjà deux mille ans que Le Seigneur Yeshua (Jésus) a été révélé à Israël, et que l'Eglise a vu le jour à Jérusalem. Ils étaient tous juifs à l'époque. Aujourd'hui, nous entrons dans une nouvelle ère de l'histoire. Être reconnecté à nos racines est une question de vie ou de mort !

> Car je ne veux pas, frères, que vous ignoriez ce mystère, afin que vous ne vous regardiez point comme sages, c'est qu'une partie d'Israël est tombée dans l'endurcissement, jusqu'à ce que la totalité des païens soit entrée….
>
> — Romains 11:25

L'appel divin à une Eglise comme Esther

En 2016, l'archevêque de Canterbury, Justin Welby, a comparé l'antisémitisme à un "virus", ajoutant que "c'est une vérité honteuse que, par ses enseignements théologiques, l'Eglise, qui aurait dû offrir un antidote, ait aggravé la propagation de ce virus". (Telegraph.co.uk)

Ce livre est un appel à chaque chrétien, église et dénomination à s'élever comme Esther dans cette génération. La défaite de l'antisémitisme dans tous les rangs chrétiens est vitale alors que nous nous préparons au retour du Messie juif à Jérusalem.

La Prophétie de la Rose

... et il dit : "Le Seigneur a juré : Le Seigneur fera la guerre à Amalek de génération en génération."

— Exode 17:16

L'Antisémitisme de nouveau en hausse !

Le rapport annuel de la WZO (Organisation Sioniste Mondiale) sur l'antisémitisme mondial, publié lundi, constate que la pandémie de coronavirus a entraîné une résurgence de l'activité et des croyances antisémites :

Par Lauren Marcus, World Israel News, 20 avril 2020 :

A la veille de la Journée de commémoration de l'Holocauste, l'Organisation sioniste mondiale (WZO) a publié son rapport annuel sur l'état de l'antisémitisme mondial. Le rapport de cette année fait état d'un pic de l'antisémitisme mondial, partiellement attribué à la pandémie de coronavirus.

Le rapport a constaté une augmentation de 18 % des incidents antisémites violents dans le monde entier entre 2018 et 2019. La fusillade de la synagogue Poway en Californie, au cours de laquelle une femme a été tuée et plusieurs fidèles ont été gravement blessés, et la tentative d'attaque de la synagogue de Halle en Allemagne, qui a entraîné la mort de deux passants et en a blessé deux autres, se sont toutes deux produites en 2019.

Depuis le déclenchement de la pandémie de coronavirus en 2020, l'activité antisémite s'est accrue sur Internet, "les Juifs, les sionistes et les Israéliens, à titre individuel et collectif, étant accusés d'avoir causé et propagé le coronavirus". Cependant, la pratique consistant à blâmer les Juifs pour les maux du monde n'est pas un phénomène nouveau.

Accuser les Juifs de "pourquoi les choses vont mal" est une pratique courante aussi ancienne que l'antisémitisme lui-même", indique le rapport, préparé par Eli Nachum, chercheur chevronné sur l'antisémitisme. (World Israel News)

Il y a de nombreuses années, je me suis tenue devant les murs imposants d'une église près des camps de la mort d'Auschwitz-Birkenau en Pologne, posant au Tout-Puissant la question suivante:

Comment la Shoah (l'Holocauste nazi) aurait-elle pu être évitée ?

Il m'a répondu : "Il n'y avait pas d'église Esther."

S'il y avait eu une Église Esther, alors six millions de mes concitoyens n'auraient pas été exterminés. Cette réponse a placé la responsabilité de la protection et du bien-être de son peuple juif sur l'Église, une Église appelée Église Esther.

Historiquement, l'Église n'a pas été le protecteur du peuple juif, mais le persécuteur. Des événements tels que l'enlèvement d'enfants juifs pour les élever en tant que chrétiens, les Croisades chrétiennes, l'Inquisition espagnole et autres, les orgies meurtrières anti-juives tenues à Pâques, au Nouvel An et à Noël en Europe et en Russie, et le meurtre de masse nazi (Shoah). Ils ont commis ces persécutions au nom du christianisme et de Jésus-Christ : il semblait très douteux que l'Église puisse jamais être le protecteur du peuple juif. Je me suis fixé pour objectif de faciliter la formation d'une telle église Esther afin d'éviter une nouvelle flambée d'antisémitisme, d'Amalek* et de

---

* Amalek, dans la Bible, est un ennemi d'Israël (voir Exode 17:8-16 comme exemple). Haman est un autre ennemi du peuple juif qui a essayé de les exterminer dans le livre d'Esther (voir Esther 3:6 comme exemple).

Haman pour le meurtre d'autres Juifs. Ce livre opportun s'inscrit dans cette démarche, car l'antisémitisme a pris des proportions similaires à celles de la période précédant la Seconde Guerre mondiale. Nous ne pouvons pas, et nous ne devons pas rester silencieux. À ma grande joie, il existe aujourd'hui quelques organisations chrétiennes qui montrent les marques d'une Église Esther, mais cela ne suffit pas.

Alors, vous vous demandez peut-être : "Qu'est-ce qu'une Église Esther" et qu'est-ce qui a fait qu'Esther est devenue l'héroïne d'un livre entier de la Bible ?

Si je devais résumer le seul facteur crucial qui a fait de la reine Esther le sauveur incontesté de son peuple, ce serait l'identité.

> "Lorsqu'elle a été appelée à cette tâche pour la première fois par son cousin et père adoptif, Mardochée, elle a dit "non" et n'était pas prête à risquer sa vie pour le peuple juif. Esther avait oublié son identité en tant que juive. Elle était à l'aise et protégée dans le harem* du roi, et elle était prête à voir son peuple assassiné plutôt que de perdre son confort. Mardochée a également donné à Hathac (le serviteur eunuque d'Esther) une copie écrite du décret qui avait été distribué à Sushan pour leur anéantissement, afin de le montrer à Esther et de le lui expliquer. Mardochée ordonna à Esther d'aller voir le roi, de solliciter ses faveurs et de plaider devant lui au nom de son peuple. Hathac rapporta à Esther ce qu'avait dit Mardochée. Puis Esther parla à Hathac et lui donna des instructions pour Mardochée : "Tous les serviteurs du roi et le peuple des provinces du roi comprennent bien que pour quiconque, homme ou femme, s'approcher du roi dans la cour intérieure sans être convoqué, il n'y a qu'une seule loi : qu'il soit mis

---

* Harem est une partie séparée d'une maisonnée réservée aux épouses, concubines, et servantes féminines.

à mort, à moins que le roi ne lui tende son sceptre d'or lui permettant de vivre. Mais je n'ai pas été convoquée auprès du roi depuis 30 jours". Ils ont donc transmis les paroles d'Esther à Mardochée.

— Esther 4:11-12

La plus grande part de l'Église a également oublié son identité, durant des jours sans nombre. Elle s'est considérée comme une chrétienne romanisée avec des fêtes et des traditions romaines, et elle est à l'aise dans ce sens. L'antisémitisme atteint les proportions les plus élevées depuis la Seconde Guerre mondiale, mais elle est à l'aise. Elle n'est pas juive, ou bien... l'est-elle vraiment ?

Lorsque les païens reçoivent la Nouvelle Alliance dans le sang d'un Messie juif, ils sont greffés sur un olivier juif, devenant ainsi « un » avec Israël.

Mais si certaines des branches ont été coupées et que vous - qui êtes un olivier sauvage - avez été greffé parmi elles et êtes devenu un participant de la racine de l'olivier avec sa richesse, ne vous vantez pas contre les branches. Si vous vous vantez, ce n'est pas vous qui soutenez la racine, mais la racine qui vous soutient.

— Romains 11 :17

Dieu n'appelle pas les païens à remplacer ou à usurper la place Israël, mais à se joindre à Israël comme Ruth s'est jointe à Noémie.

Ruth répondit : "Ne me supplie pas de t'abandonner, de cesser de te suivre. Car où tu iras, j'irai, et où tu habiteras, j'habiterai. Ton peuple sera mon peuple, et ton Dieu sera mon Dieu. Là où tu mourras, je mourrai, et là je serai enterrée. Qu'ADONAÏ s'occupe de moi, et pire encore, si autre chose que la mort s'interpose entre toi et moi !

— RUTH 1 :16

Cependant, l'Église aujourd'hui (la plupart du temps) n'est pas greffée sur l'olivier mais sur un arbre de Noël romain et païen. Ainsi, elle a perdu sa véritable identité. Et non seulement l'identité du Messie juif a été remplacée par un Christ romanisé, mais l'identité de l'Église a également été volée. C'est pourquoi il n'y a pas eu d'Église Esther pour empêcher la Shoah (l'Holocauste nazi) de se produire pendant la Seconde Guerre mondiale.

Y en aura-t-il une aujourd'hui ? Cela dépend de notre capacité à restaurer la véritable identité du Messie juif et avec elle l'identité de son épouse.

Se remettre de cette usurpation d'identité séculaire est à l'ordre du jour ; sinon, cela déclenchera un grand jugement sur l'Église et les nations - les signes sont déjà là !

Sauvez ceux que l'on entraîne vers la mort, retenez ceux qui trébuchent pour les massacrer. Si vous dites : "Ecoutez, nous ne savions pas cela". Celui qui pèse les cœurs ne le percevra-t-il pas ? Celui qui garde votre âme ne le saura-t-il pas ? Ne rendra-t-Il pas à chacun selon ses actes ?

— PROVERBES 24:11-12

La réponse de Mardochée à sa nièce dans le confort et la compromission fut : « Car, si tu te tais maintenant, le secours

et la délivrance surgiront d'autre part pour les Juifs, et toi et la maison de ton père vous périrez. Et qui sait si ce n'est pas pour un temps comme celui-ci que tu es parvenue à la royauté ?? »

— Esther 4:14

Remarquez que Mardochée a séparé Esther et la maison de son père du reste des Juifs qui seront délivrés par YHVH d'une autre manière. Si Esther gardait le silence, elle et la maison de son père ne seraient pas sauvées, mais tous les autres Juifs le seraient.

Cependant, Esther était orpheline depuis l'exil babylonien ; Mardochée était son seul père . Mardochée était-il en train de se condamner ? Ou bien la maison du père d'Esther était-elle une autre maison ?

Il y avait dans Suse, la capitale, un Juif nommé Mardochée, fils de Jaïr, fils de Schimeï, fils de Kis, homme de Benjamin, qui avait été emmené de Jérusalem parmi les captifs déportés avec Jeconia, roi de Juda, par Nebucadnetsar, roi de Babylone. Il élevait Hadassa, qui est Esther, fille de son oncle ; car elle n'avait ni père ni mère. La jeune fille était belle de taille et belle de figure. A la mort de son père et de sa mère, Mardochée l'avait adoptée pour fille.

— Esther 2:5

Esther n'avait ni père, ni mère, ni maison paternelle. Elle était maintenant mariée au roi de Perse qui était devenu son époux, et par défaut toute la maison du père du roi devenait la maison de son père. Si le père du roi était vivant, alors Esther aurait pu avoir un beau-père.

Se pourrait-il que Mardochée ait dit que si elle n'aidait pas son propre peuple, le Dieu d'Israël la jugerait, elle et sa belle-famille, la famille royale perse à laquelle elle appartenait ? Ils considéraient le roi de Perse comme le père de sa nation. Il était donc aussi le père et le mari d'Esther.

On peut donc paraphraser l'avertissement de Mardochée à son égard : Si tu ne te bats pas pour l'alliance du peuple juif qui t'a donnée naissance et t'a élevée, nous serons quand même délivrés, car Dieu a une alliance avec nous. Mais vous, qui ne faites qu'un avec le roi de Perse et son peuple, vous périrez. Et non seulement vous périrez, mais aussi votre roi, votre père et tout le peuple persan.

Esther a apparemment compris. Elle s'est repentie et a jeûné avant d'intercéder auprès de son roi. Pour la première fois, elle a embrassé son identité juive oubliée.

> " La reine Esther répondit : Si j'ai trouvé grâce à tes yeux, ô roi, et si le roi le trouve bon, accorde-moi la vie, voilà ma demande, et sauve mon peuple, voilà mon désir ! Et épargnez la vie de mon peuple - c'est ma demande ! Car nous avons été vendus, moi et mon peuple, pour être détruits, massacrés et anéantis. Si nous avions simplement été vendus comme esclaves, hommes et femmes, je serais restée silencieuse, car une telle détresse ne mériterait pas de déranger le roi."
>
> — Esther 7:3

Son action d'intervention était risquée, mais elle n'intervenait pas seulement pour la nation juive. Non ! Elle sauvait la Perse de la disparition, car elle était désormais persane. C'est un principe qui se répète dans toutes les Écritures : Toute personne ou nation qui s'en prend à Israël encourt la colère du Dieu d'Israël.

> "Car ainsi parle ADONAÏ-Tzva'ot, Après cela, viendra la gloire ! Il m'a envoyé vers les nations qui vous ont dépouillés ; Car celui qui vous touche touche la prunelle de son œil. "Car voici, je vais serrer ma main contre eux et ils seront pillés par leurs serviteurs. Alors vous saurez que c'est ADONAÏ-Tzva'ot qui m'a envoyé."
>
> — ZACHARIE 2:8

> Le reste, c'est son histoire. Le méchant Haman s'est pendu à la potence qu'il avait préparée pour Mardochée le Juif, tout comme ses dix fils. Ils ont donc pendu Haman à la potence qu'il avait préparée pour Mardochée. Puis la rage du roi s'est calmée.
>
> — ESTHER 7:10

Une fois ces dangereux "serpents" éliminés, les Juifs pouvaient désormais se défendre et vaincre leurs ennemis. Ils élevèrent la reine Esther au rang de personnage principal et Mardochée devint le conseiller du roi à la place de l'Amalécite Haman.

Puis Mardochée sortit de la présence du roi en robe royale bleue et blanche, avec une grande couronne d'or, et aussi une robe violette de fin lin. La ville de Sushan cria et se réjouit. Pour les Juifs, il y avait de la lumière et de l'allégresse, de l'honneur et de la joie. Dans chaque province et dans chaque ville, partout où l'édit du roi et sa loi étaient appliqués, les Juifs avaient de l'allégresse et de la joie, des banquets et des

fêtes. De nombreux peuples du pays devinrent juifs, car la peur des Juifs les avait vaincus.

— Esther 8:15

L'identité de la reine Esther a été entièrement rétablie et le nom de la maison de son père juif est désormais mémorisé. Elle a été à nouveau identifiée comme la fille d'Abihail. En hébreu, Abihail signifie "un père puissant". Elle était désormais une fille à part entière du Dieu Très-Haut. Son statut d'orpheline et son identité déplacée appartenaient au passé.

Alors la reine Esther, fille d'Abihail, et aussi Mardochée le Juif, ont écrit avec toute l'autorité nécessaire pour confirmer cette deuxième lettre de Pourim.

— Esther 9:29

Tout est bien qui finit bien.

La question est la suivante : Cela finira-t-il bien pour l'Église et les nations que l'Église représente ? Elle ne se terminera bien que si une Église Esther se présente pour intervenir auprès de leurs gouvernements et de leurs autorités afin d'écraser la montée hideuse de l'antisémitisme.

Je bénirai ceux qui vous béniront, mais ceux qui vous maudiront, je les maudirai, et en vous toutes les familles de la terre seront bénies.

— Genèse 12:3

Pour qu'une telle Église Esther puisse voir le jour, elle doit retrouver son identité de greffée sur l'olivier juif et d'adoratrice d'un Messie juif. Seul un Messie juif en elle peut renverser l'antisémitisme et le jugement imminent sur les nations à cause de la cause de Sion (Esaïe 34:8). Un Christ romain ne fera pas l'affaire!

Pour qu'une Église Esther se lève, nous devons récupérer l'identité volée du Messie juif Yeshua, qui, comme Mardochée le Juif, frappe à notre porte.

> **Vous adorez ce que vous ne connaissez pas ; nous nous adorons ce que nous connaissons, car le salut vient des juifs (Yeshua).**
>
> — Jean 4:22

Aujourd'hui ce n'est pas trop tôt pour qu'une Eglise Esther se *lève!*

> **Leurs morts sont jetés, leurs cadavres exhalent la puanteur, et les montagnes se fondent dans leur sang. Car la colère de L'Eternel va fondre sur toutes les nations, Et sa fureur sur toute leur armée : Il les voue à l'extermination, Il les livre au carnage.**
>
> — Esaie 34:2

En poursuivant votre lecture, vous découvrirez les cinq principales raisons pour lesquelles l'Église a perdu son identité juive. Vous apprendrez également comment la reprendre ! Au portail 1, nous dévoilerons les fruits dus à L'usurpation d'identité du Messie.

For the Lion of Judah—Archbishop Dr. Dominiquae Bierman, Présidente de *Kad-Esh MAP Ministries et the United Nations for Israel*

PORTAIL 1

LE FRUIT EMPOISONNÉ DE L'USURPATION D'IDENTITÉ

> Oui, tout comme vous pouvez identifier un arbre par son fruit, vous pouvez identifier les gens par leurs actions.
>
> — MATTHIEU 7:20

Il est largement reconnu dans les milieux chrétiens qu'une grande partie de la nation juive n'a pas connu son Messie et son Sauveur. Mais combien de personnes réalisent que la plupart des chrétiens dans le monde ne Le connaissent pas non plus ? La chrétienté, dans son ensemble, a rencontré un Christ romain - et non un Messie juif. Ce vol d'identité a eu pour conséquence des actes méprisables d'humiliation, de meurtre et un antisémitisme répandu dans de nombreux cercles chrétiens. Le fruit de la communion avec un Christ romain plutôt qu'avec un Messie juif est un bain de sang et de cruauté.

Des événements tels que l'enlèvement d'enfants juifs pour les élever en tant que chrétiens, les lois restrictives et discriminatoires à l'encontre des juifs, les croisades chrétiennes, l'Inquisition espagnole et d'autres inquisitions, les *pogroms*,* la Shoah nazie et une grande partie de l'antisionisme actuel sont le terrible héritage de ce vol d'identité séculaire qui a duré plus de 18 siècles. L'empereur Constantin l'a consolidé par le Concile de Nicée en 325 après J.-C., qui a demandé un divorce complet des Juifs - y compris une séparation du Messie juif.

Les paragraphes suivants sont tirés de ce que j'appelle l'Acte de divorce du peuple juif et de tout ce qui est juif. Cette séparation a affecté les chrétiens jusqu'à ce jour et a été le coupable de tout l'antisémitisme chrétien

Le Concile de Nicée

La lettre de l'empereur (Constantin) à tous ceux qui ne sont pas présents au conseil. (Trouvée dans Eusèbe, Vita Const., Lib III 18-20)

Lorsque la question relative à la fête sacrée de Pâques s'est posée, il a été universellement admis qu'il serait opportun que tous les hommes célèbrent la fête en un seul jour ; car quoi de plus beau et de plus souhaitable que de voir cette fête, par laquelle nous recevons l'espoir de l'immortalité, célébrée par tous d'un commun accord et de la même manière ? Il a été déclaré particulièrement indigne que cette fête, la plus sainte des fêtes, suive les coutumes (le calcul) des Juifs qui s'étaient souillés les mains avec les crimes les plus effrayants, et dont l'esprit était aveuglé. En rejetant leur coutume, nous pouvons transmettre à nos descendants le mode légitime de célébration de Pâques,

---

* La définition de pogrom: Un massacre organisé d'un groupe ethnique particulier, en particulier pour ls Juifs de Russie ou d'Europe de l'Est." Oxford Dictionary Définition.

que nous avons observé depuis le temps de la passion du Sauveur selon le jour de la semaine.

Nous ne devons donc rien avoir en commun avec le Juif, car le Sauveur nous a montré une autre voie : notre culte suit un cours plus légitime et plus commode (l'ordre des jours de la semaine) : *Et par conséquent, en adoptant unanimement ce mode, nous désirons, très chers frères, nous séparer de la détestable compagnie du Juif.* Car il est vraiment honteux pour nous de les entendre se vanter que sans leur direction nous ne pourrions pas tenir cette fête. Comment peuvent-ils être dans le vrai, eux qui, après la mort du Sauveur, n'ont plus été guidés par la raison mais par une violence sauvage, comme leur illusion peut les y pousser ? Ils ne possèdent pas la vérité dans cette question de Pâques, car dans leur aveuglement et leur répugnance à toute amélioration, ils célèbrent fréquemment deux Pâques dans la même année. Nous ne pourrions pas imiter ceux qui sont ouvertement dans l'erreur.

Comment, alors, pourrions-nous suivre ces Juifs qui sont très certainement aveuglés par l'erreur ? Car il est totalement inadmissible de célébrer deux fois la Pâque dans une même année. *Mais même si ce n'était pas le cas, il serait de votre devoir de ne pas ternir votre âme en communiquant avec des gens aussi méchants (les Juifs).* Vous devriez considérer non seulement que le nombre d'églises dans ces provinces est majoritaire, mais aussi qu'il est juste d'exiger ce que notre raison approuve, et que nous ne devrions rien avoir en commun avec les Juifs. (Perceval)

Dès lors, ils ont adopté le Christ romain comme le Sauveur des chrétiens. Ce Christ romain est venu avec un nom romain, des fêtes et des traditions païennes romaines, et la haine romaine de tout ce qui est juif.

Le résultat est tout simplement dévastateur. Aujourd'hui, les jeunes générations sont à la croisée des chemins et des millions de personnes sortent des églises en se sentant vides et trompées. Le Saint-Esprit frappe aux portes de toutes les églises pour la repentance et la restauration de l'identité de son Fils juif, qui est le seul Sauveur du monde.

Avant d'écrire mon premier livre sur le sujet (connu dans le monde entier sous le nom de *"The Healing Power of the Roots"*) j'ai demandé au Tout-Puissant : "Pourquoi est-il si important d'appliquer les racines juives à l'Église ? Sa réponse m'a été très claire et m'a permis de continuer à transmettre ce message pendant près de trois décennies : "C'est une question de vie ou de mort. L'Église a été comme une rose coupée de ses racines et placée dans un vase avec de l'eau pendant deux jours. Mais le troisième jour, si elle n'est pas replantée, elle mourra sûrement". Un jour est comme mille ans pour L'Éternel (2 Pi. 3:8). C'est le troisième jour, le troisième millénaire - et la rose est en train de mourir.

Récemment, mon équipe et moi-même avons participé à la National Religious Broadcasters Convention (NRB) qui s'est tenue à Nashville, Tennessee, pour les Américains et ceux des autres nations dans le domaine des médias. C'était la troisième fois que j'assistais à la convention avec eux.

Cette importante association est établie depuis 1944. Ils se sont battus comme un lion pour les libertés de la radio, de la télévision et des médias chrétiens. Elle a influencé de nombreux ministères importants et même des gouvernements, étant une grande ressource de formation pour tous les ministères des médias. À notre arrivée, j'ai remarqué que, contrairement aux années précédentes, la participation était très faible, et les sessions étaient à moitié vides. J'ai également remarqué que de nombreux postes alloués à la publicité payante des ministères des médias étaient vacants. J'avais le sentiment que la NRB était impliquée dans une guerre sérieuse. De plus, le Dr Ravi Zacharias, qui était chargé de prononcer le discours d'ouverture, a dû être transporté d'urgence en chirurgie. Malheureusement, trois mois plus tard, le 19 mai 2020, Ravi, un mentor spirituel pour beaucoup et un brillant leader, est mort d'un cancer de la colonne vertébrale découvert lors d'une opération. Lauren Green de Fox News a écrit : "La mort de Ravi Zacharias est la fin d'une époque". Beaucoup priaient pour sa santé, y compris notre équipe.

Le dernier jour de la convention, nous avons assisté à une réunion ouverte du conseil consultatif de la télévision auprès de la NRB. Tous les participants ont pu exprimer leur opinion et faire des suggestions pour améliorer la convention de l'année suivante. C'est alors que le président du conseil nous a confié que la NRB avait presque cessé d'exister en cette année 2020 et que le simple fait que la convention ait même eu lieu était un pur miracle ! Je savais dans mon esprit que cette puissante association, vétéran de nombreuses guerres depuis 1944, faisait maintenant face à un monstre qu'elle n'avait jamais affronté auparavant.

Je leur ai dit la choses suivante :

"Je suggère que pour que la NRB puisse faire l'expérience de la puissance de résurrection et avoir un avenir, elle doit mettre le message d'Israël et des racines juives de la foi au premier plan et au centre de l'attention. Cela ramènera également l'onction. Nous devons faire comprendre aux radiodiffuseurs que l'ignorance dans les rues est effroyable et que l'antisémitisme atteint des niveaux dangereux. La clé du réveil à venir se trouve dans Romains 11:15, *"L'admission des Juifs, c'est la vie d'entre les morts"*.

Il y a eu un lourd silence après mes paroles. Mais la réaction de ce conseil important a été de m'inviter à devenir membre du conseil consultatif de la télévision. Je l'aurais fait volontiers, mais à cause d'une erreur technique, je n'étais pas encore membre du NRB - je n'étais qu'invitée. Ils ont exprimé leur espoir que cela puisse se faire d'ici l'année prochaine. Cependant, je prie pour qu'ils tiennent compte de mes paroles, car l'avenir de la NRB et de tous ses membres en dépend.

Ce livre est consacré à ce monstre qui a failli tuer la NRB et qui tue de nombreux bons chrétiens, et il nous donne la stratégie pour le vaincre.

La question n'est pas de savoir si quelque chose peut être fait, mais nous devons réaliser que cela doit être fait, même contre toute attente, pour restaurer l'identité du Messie. Les victimes de ce plan satanique ne sont pas seulement les juifs, mais d'innombrables chrétiens trompés qui souffrent d'une terrible confusion religieuse qui conduit à ce que j'appelle *la schizophrénie spirituelle*.

Le péché se répand : l'homosexualité est acceptable même parmi le clergé ; la maladie mentale et le suicide sont à des niveaux sans précédent ; la pornographie est populaire parmi une partie importante de chrétiens ; l'adultère et la fornication même en chaire sont devenus normaux ; la cupidité et la poursuite de Mammon au-dessus de la poursuite de Dieu sont à l'ordre du jour. L'exode de nombreuses églises a atteint un rythme jamais vu auparavant, et tout cela à cause de la rupture de la communion avec Un Juif - Un seul, Celui qui est mort pour nous.

En lisant ce livre, vous allez vivre un voyage spirituel, un peu comme celui des Israélites, qui ont été délivrés de l'esclavage en Égypte après 430 ans. Votre voyage, cependant, implique de sortir d'une tromperie soigneusement élaborée qui a duré près de 1 800 ans et qui a pris racine au quatrième siècle lorsqu'elle est devenue une doctrine établie de l'Église. Aujourd'hui, dans les cercles théologiques, on l'appelle la théologie du remplacement (ou de la substitution). Cependant, ce n'est pas tout ce que vous pouvez penser. Même si vous en avez déjà entendu parler et que vous pensez n'en avoir aucune trace, continuez à lire, car elle est beaucoup plus répandue que vous ne le pensez et elle se cache dans des endroits que vous ignorez peut-être.

Même si vous êtes un amoureux d'Israël, ce livre est pour vous.

Même si vous êtes messianique, ce livre est pour vous.

Le voleur de l'identité du Messie est un monstre à cinq têtes : la principauté démoniaque que j'appelle:

L'Anti-MESITOJUS

Chacune des têtes de ce monstre a un point focal pour tromper son épouse et la rendre faible, suivant "une forme de piété, mais en niant la puissance" (2 Tim. 3:5) que la mort sacrificielle de Yeshua nous procure. Sa stratégie consiste à tordre l'écriture pour nous convaincre de devenir comme ce monstre, en paroles et en actes. Les cinq domaines de tromperie sont les suivants:

- Anti-Messie
- Anti-Israël
- Anti-Torah
- Anti-Juifs
- Anti-Sion

Il est sournois, sophistiqué, brutal et sanguinaire. Il a essayé d'exterminer les Juifs, et maintenant il vient pour les chrétiens, avec des plans pour pousser des nations entières à la destruction.

Suivez-moi pour exposer ce monstre et le démanteler avec la puissance de l'Esprit de Vérité, la Parole de Dieu, les témoignages et les faits historiques. Nous retrouverons alors l'identité volée de notre Messie juif et avec elle son onction, sa véritable santé spirituelle, sa sainteté et son autorité divine.

Sur l'antisémitisme chrétien de diverses sources

La rhétorique chrétienne et l'antipathie envers les Juifs se sont développées dans les premières années du christianisme et ont été renforcées par la croyance que les Juifs avaient tué le Christ et par des mesures anti-juives toujours plus nombreuses au cours des siècles suivants. Les actions entreprises par les chrétiens contre les juifs comprenaient des actes d'ostracisme, d'humiliation, de violence et de meurtre, *dont le point culminant a été la Shoah. (Harries)*

L'antisémitisme chrétien a été attribué à de nombreux facteurs, notamment les différences théologiques, la concurrence entre l'Église et la Synagogue, la volonté des chrétiens de convertir, la mauvaise compréhension des croyances et des pratiques juives et la perception que le judaïsme était hostile au christianisme. Pendant deux millénaires, ces attitudes ont été renforcées par la prédication chrétienne, l'art et les enseignements populaires, qui exprimaient tous un mépris pour les Juifs, ainsi que par des lois visant à humilier et à stigmatiser les Juifs. (Koyzis ; Gerstenfeld)

L'antisémitisme moderne a été principalement décrit comme une haine contre les Juifs en tant que race et son expression la plus récente est ancrée dans les théories raciales du XVIIIe siècle, alors que l'antijudaïsme est enraciné dans l'hostilité envers la religion juive, mais dans le christianisme occidental, l'antijudaïsme a effectivement fusionné avec l'antisémitisme au cours du 12ème siècle. Des chercheurs ont débattu du rôle joué par l'antisémitisme chrétien dans le Troisième Reich nazi, la Seconde Guerre mondiale et la Shoah. La Shoah a forcé de nombreux chrétiens à réfléchir sur la relation entre la théologie chrétienne, les pratiques chrétiennes et la façon dont ils y ont contribué. (Harries ; Heschel)

Les pères de l'église ont identifié les Juifs et le judaïsme comme hérétiques et ont déclaré le peuple d'Israël extra Deum (lat. *"hors de Dieu"*). Saint Pierre d'Antioche a qualifié de "juifs" les chrétiens qui refusaient de vénérer des images religieuses. Au début du deuxième siècle après J.C., l'hérétique Marcion de Sinope (vers 85 - vers 160 après J.C.) déclara que le Dieu juif était un Dieu différent, inférieur au Dieu chrétien, et rejeta les écritures juives comme étant le produit d'une divinité inférieure. Les enseignements de Marcion, qui étaient extrêmement populaires, rejetaient le judaïsme non seulement comme une révélation incomplète, mais aussi comme une fausse révélation, mais, en même temps, permettaient de moins blâmer les juifs personnellement pour ne pas avoir reconnu Jésus, puisque, dans la vision du monde de Marcion, Jésus n'était pas envoyé par le Dieu juif inférieur, mais par le Dieu chrétien suprême, que les juifs n'avaient aucune raison de reconnaître. (Michael)

En combattant Marcion, les apologistes orthodoxes ont concédé que le judaïsme était une religion incomplète et inférieure au christianisme, tout en défendant les écritures juives comme canoniques. Le père de l'Église Tertullien (vers 155 - vers 240 après J.-C.) avait une aversion personnelle particulièrement intense envers les Juifs et soutenait que les païens avaient été choisis par Dieu pour remplacer les Juifs, parce qu'ils étaient plus dignes et plus honorables. (Nicholls)

Les évêques patristiques de l'ère patristique, comme Augustin, soutenaient que les Juifs devaient être laissés en vie et dans la souffrance en tant que rappel perpétuel de leur meurtre du Christ. Comme son professeur anti-juif, Ambroise de Milan, il a défini les Juifs comme un sous-ensemble spécial de ceux qui sont damnés à l'enfer. En tant que "peuple témoin", il a sanctifié la punition collective pour le déicide juif et l'esclavage des juifs aux catholiques : "Ce n'est pas par la mort corporelle que la race impie des Juifs charnels périra... "Disperse-les au loin, enlève-leur leur force. Et fais-les tomber, ô Seigneur". Augustin prétendait "aimer" les Juifs mais comme un moyen de les convertir au christianisme. Parfois, il identifiait tous les Juifs avec le mauvais Judas et développait la doctrine (avec saint Cyprien) selon laquelle il n'y avait "pas de salut en dehors de l'Église". (Michael)

Le terrain fertile pour Hitler et la shoah nazie

D'autres pères de l'Eglise, comme Jean Chrysostome, sont allés plus loin dans leur condamnation. Le rédacteur catholique Paul Harkins a écrit que la théologie anti-juive de Saint Jean Chrysostome "n'est plus défendable (..) Pour ces actes objectivement non chrétiens, il ne peut être excusé, même s'il est le produit de son temps". Jean Chrysostome soutenait, comme la plupart des pères de l'église, que les péchés de tous les Juifs étaient communs et sans fin, pour lui ses voisins juifs étaient la représentation collective de tous les crimes présumés de tous les Juifs préexistants. Tous les pères de l'église ont appliqué les passages du Nouveau Testament concernant la prétendue préconisation de la crucifixion du Christ à tous les Juifs de son temps, les Juifs étaient le mal ultime. Cependant, Jean Chrysostome est allé jusqu'à dire que parce que les Juifs ont rejeté le Dieu chrétien dans la chair humaine, le Christ, ils méritaient donc d'être tués : "ils sont devenus aptes à être massacrés". En citant le Nouveau Testament (Luc 19:27), il a affirmé que Jésus parlait des Juifs lorsqu'il a dit : "Quant à mes ennemis qui ne voulaient pas que je règne sur eux, amenez-les ici et *tuez-les devant* moi".

Saint Jérôme identifie les Juifs à Judas Iscariote et à l'utilisation immorale de l'argent ("Judas est maudit, afin que les Juifs soient maudits en Judas... leurs prières se transforment en péchés"). Les assauts homélitiques de Jérôme, qui ont peut-être servi de base à la liturgie anti-juive du Vendredi Saint, opposent les Juifs au diable et au fait que "les cérémonies des Juifs sont nuisibles et mortelles pour les chrétiens", celui qui les tient est condamné au diable : "Mes ennemis sont les Juifs ; ils ont conspiré dans la haine contre moi, m'ont crucifié, ont amassé sur moi des maux de toutes sortes, m'ont blasphémé." (Michael)

Quelques fruits de l'antisémitisme chrétien

Les Juifs étaient soumis à un large éventail de handicaps et de restrictions juridiques dans l'Europe médiévale. Ils étaient exclus de nombreux métiers, les occupations variant selon les lieux et les époques, et étant déterminées par l'influence de divers intérêts concurrents non juifs. Souvent, les Juifs n'avaient pas le droit d'exercer toutes les professions, à l'exception du prêt d'argent et du colportage, qui leur étaient même parfois interdits. L'association des Juifs au prêt d'argent s'est perpétuée tout au long de l'histoire dans le stéréotype de la cupidité des Juifs et de la perpétuation du capitalisme.

À la fin du Moyen-Âge, le nombre de Juifs autorisés à résider dans certains endroits était limité ; ils étaient concentrés dans des ghettos et n'étaient pas autorisés à posséder des terres ; ils étaient soumis à des taxes discriminatoires à l'entrée des villes ou des districts autres que les leurs. Le serment More Judaico, la forme de serment exigé des témoins juifs, a pris dans certains endroits des formes bizarres ou humiliantes (par exemple dans la loi souabe du 13ème siècle, où le juif devait se tenir sur la peau d'une truie ou d'un agneau ensanglanté). (Contributeurs de Wikipédia).

Le quatrième concile du Latran, en 1215, fut le premier à proclamer l'obligation pour les Juifs de porter quelque chose qui les distinguait en tant que Juifs (et musulmans de la même façon). En de nombreuses occasions, les Juifs ont été accusés de diffamation* du sang, la supposée consommation de sang des enfants chrétiens en se moquant de l'Eucharistie chrétienne. (Avrutin, Dekel-Chen et Weinburg)

L'antisémitisme dans la culture chrétienne populaire européenne s'est intensifié à partir du XIIIe siècle. Les calomnies sur le sang et la profanation** des hôtes ont attiré l'attention du public et ont conduit à de nombreux cas de persécution contre les Juifs. Beaucoup croyaient que les Juifs empoisonnaient les puits pour provoquer des fléaux. Dans le cas de la diffamation du sang, on

---

* "Diffamation sanguinaire" est la fausse accusation malicieuse sur les Juifs qui auraient assassiné des non-Juifs (et beaucoup d'enfants chrétiens) pour utiliser leur sang dans leurs rites.

** "profanation de l'hostie" est une forme de sacrilège chez les dénominations chrétiennes qui suivent la doctrine de la présence réelle du Christ dans l'Eucharistie. Elle signifie un mauvais traitement ou une utilisation maligne de l'hostie consacrée —le pain utilisé dans les services eucharistiques de la liturgie divine ou de l messe.

croyait généralement que les Juifs tueraient un enfant avant Pâques et qu'ils avaient besoin de sang chrétien pour faire cuire le matzo. Tout au long de l'histoire, si un enfant chrétien était assassiné, des accusations de diffamation du sang surgissaient, quelle que soit la taille de la population juive. L'Église amplifiait souvent l'accusation en présentant l'enfant mort comme un martyr qui avait été torturé et l'enfant avait des pouvoirs comme ceux que l'on croyait conférés à Jésus. Parfois, les enfants étaient même transformés en saints (The Butcher's Tale).

Des images antisémites telles que Judensau (cochon juif) et Ecclesia et Synagoga (statues de l'église triomphante contre la synagogue vaincue) sont réapparues dans l'art et l'architecture chrétiens.

Les coutumes anti-juives des fêtes de Pâques, comme l'Incendie de Judas, perdurent jusqu'à nos jours. (Bachner, la foule polonaise bat, brûle l'effigie de Judas avec son chapeau, les pattes d'un juif ultra-orthodoxe)

La première croisade (1096-1099) a été la première d'une série de guerres de religion initiées, soutenues et parfois dirigées par l'Église latine à l'époque médiévale. L'objectif initial était la récupération de la Terre Sainte de la domination islamique.

Des foules de chrétiens, majoritairement pauvres, se comptant par milliers et dirigées par Pierre l'Hermite, un prêtre français, ont réagi les premières.

Ce qui est devenu la Croisade du peuple a traversé l'Allemagne et s'est livré à de vastes activités anti-juives et à des massacres. (Contributeurs Wikipedia)

Les massacres de Rhénanie, également connus sous le nom de persécutions de 1096 ou Gzerot Tatnó, étaient une série de meurtres de masse de Juifs perpétrés par des foules de chrétiens allemands de la Croisade populaire en l'an 1096, ou 4856 selon le calendrier juif. Certains spécialistes considèrent ces massacres comme le premier incident connu d'antisémitisme. (Nuremberg)

De nombreux Juifs ont été expulsés de la plupart des pays et des villes de l'Europe chrétienne.

Dans l'édit d'expulsion, le roi Édouard I er a expulsé tous les Juifs d'Angleterre en 1290 (seulement après avoir rançonné quelque 3 000 d'entre eux parmi les plus riches), sous l'accusation d'usure et d'atteinte à la loyauté envers la dynastie. En 1306, une vague de persécution a eu lieu en France, où les juifs ont été victimes de la peste noire, car de nombreux chrétiens leur reprochaient d'être responsables de ce fléau ou de le propager. En 1519 encore, la ville impériale de Ratisbonne a profité de la mort récente de l'empereur Maximilien I er pour expulser ses 500 Juifs . (Keter Books Florida Center for Instructional Technology ; Wood)

Ci-dessus : Carte des zones d'expulsion et de réinstallation des Juifs en Europe.

L'Inquisition espagnole

Au fil des siècles, la communauté juive d'Espagne a prospéré et s'est développée en nombre et en influence, bien que l'antisémitisme ait fait surface de temps à autre. Sous le règne d'Henri III de Castille et Léon (1390-1406), les Juifs ont été confrontés à une persécution accrue et ont subi des pressions pour se convertir au christianisme. Les pogroms de 1391 ont été particulièrement brutaux et la menace de violence pesait sur la communauté juive d'Espagne. Face au choix entre le baptême et la mort, le nombre de conversions nominales à la foi chrétienne devint rapidement très important. De nombreux Juifs ont été tués et ceux qui ont adopté des croyances chrétiennes - les "conversos" (en espagnol : "convertis") - ont dû faire face à une suspicion et à des préjugés persistants. En outre, il restait une population importante de Juifs qui avaient professé la conversion mais qui continuaient à pratiquer leur foi en secret. Connus sous le nom de Marranes, ces convertis nominaux du judaïsme étaient perçus comme une menace encore plus grande pour l'ordre social que ceux qui avaient rejeté la conversion forcée. Après que l'Aragon et la Castille furent unis par le mariage royal de Ferdinand et Isabelle (1469), les Marranes furent dénoncés comme un danger pour l'existence de l'Espagne chrétienne. En 1478, le pape Sixte IV publia un projet de loi papal autorisant les Rois Catholiques à nommer des inquisiteurs qui s'occuperaient de la question. Cela ne signifiait pas que les souverains espagnols remettaient à l'Église la lutte pour l'unité ; au contraire, ils cherchaient à utiliser l'Inquisition pour soutenir leur régime absolu et centralisé - et plus particulièrement pour accroître le pouvoir royal en Aragon. Les premiers inquisiteurs espagnols, opérant à Séville, se montrèrent si sévères que Sixte IV tenta d'intervenir. Mais la couronne espagnole avait désormais en sa possession une arme trop précieuse pour y renoncer, et les efforts du pape pour limiter les pouvoirs de l'Inquisition furent vains. ("Inquisition espagnole | Définition, histoire et faits | Britannica")

Un inquisiteur en chef fut nommé par les rois d'Espagne qui devint la terreur de tous les Juifs - Tomás de Torquemada.

À l'instigation de Torquemada, Ferdinand et Isabelle publièrent un édit le 31 mars 1492, donnant aux Juifs espagnols le choix entre l'exil et le baptême ; en conséquence, plus de 160 000 Juifs furent expulsés d'Espagne - y compris ma famille juive.

Rencontrons-nous

Je suis une juive israélienne, et aussi une citoyenne américaine, mais je suis née au Chili. Je suis dans le ministère à plein temps depuis 1988, je me suis mariée et ai été envoyée en 1990 depuis Jérusalem. En 1991, mon mari Baruch et moi avons été ordonnés par Christ pour les nations à Dallas, Texas, et avons été envoyés sur le champ de mission des nations avec une parole prophétique du prophète reconnu de la faculté CFNI : "Allez de l'avant, allez de l'avant, allez de l'avant." Depuis lors, nous sommes allés dans plus de 50 pays en tant qu'apôtres juifs des nations. Nous avons eu le privilège de guérir les malades, de chasser les démons et de voir des milliers de personnes sauvées. Je suis journaliste à la télévision depuis 2015, année où le Père nous a envoyés d'Israël à St. Augustine, en Floride, la première côte et la porte des États-Unis. Nous sommes ici pour nous tenir dans le vide et nous battre pour la vie et l'âme de l'Amérique.

Je suis née de nouveau lors d'une rencontre dramatique avec le Messie dans les eaux du Kinneret (la mer de Galilée), quand Il est venu me parler en personne. Il m'a fait tomber de mon "cheval" - comme l'apôtre juif Shaul/Paul - sauf que ce n'était pas un vrai cheval, mais un bus touristique (puisque j'étais alors et suis encore aujourd'hui guide touristique israélienne agréée). Personne ne m'a prêché l'Évangile ; c'était une rencontre divine qui m'a secouée au plus profond de mon être. Cela s'est passé à l'intérieur de l'église byzantine de la Primauté de Saint-Pierre au bord de la mer de Galilée, alors que je guidais des touristes catholiques mexicains. En tant que guide touristique, j'avais organisé leur service de messe.

Lorsque le Messie a commencé à me parler, j'ai senti une force qui essayait de me mettre à genoux devant la croix, sur le mur de cette ancienne église. J'ai essayé de m'y opposer, complètement paniquée, mais j'ai fini à genoux. Puis j'ai entendu une voix qui disait : "Dominiquae, cours pour ta vie, fais-toi baptiser et sois sauvée." Cela m'a choquée ! Je suis une juive séfarade ; les chrétiens ont expulsé mes ancêtres juifs d'Espagne en 1492 par l'intermédiaire de l'inquisiteur en chef Torquemada qui a élevé en l'air la croix de Jésus-Christ - et me voilà à genoux devant la croix!

Ma première réponse à la voix qui m'a parlé a été "Que fais-tu de moi, une Juive, si tu es le Dieu des chrétiens ?" Je ne pouvais pas reconnaître mon Messie juif en Jésus-Christ et dans le christianisme. Mais quelque chose de plus fort que moi m'a fait courir pour me faire baptiser, et pour être sauvée. Je savais que j'étais une pécheresse, et que j'avais enfreint les Commandements de Dieu ; j'avais besoin du pardon et du salut.

À peine 24 heures plus tôt, après une période de cinq mois de tragédie personnelle et familiale, j'avais "attaqué" une toile avec des crayons de couleur sur lesquels étaient écrits les mots suivants.

"Lumière où es-tu perdue, viens à moi!"

24 heures plus tard, j'étais à genoux devant la croix, puis je courais pour sauver ma vie en me faisant sauver par la Lumière du monde. La question qui résonnait dans mes oreilles était celle-ci: "En quoi le Dieu d'Israël, auquel j'ai fait appel, a-t-il quelque chose à voir avec le chrétien Jésus-Christ ? Mon voyage pour découvrir le plus grand vol d'identité de l'histoire de l'humanité avait commencé.

Pour une lecture plus approfondie, je vous recommande mon livre, Oui!

PORTAIL 2

EN TUANT AU NOM DU CHRIST

Le voleur ne vient que pour dérober, égorger et détruire ; moi, je suis venu afin que les brebis aient la vie, et qu'elles soient dans

— L'ABONDANCE JEAN 10 : 10

S'il y a usurpation, alors par déduction il doit y avoir usurpateur. Selon la définition biblique, le voleur de tous les voleurs est Satan. Se pourrait-il qu'il y ait eu dès le début un complot satanique pour voler et remplacer l'identité du Messie juif par celle d'un Christ romain afin de détruire toutes les nations ? Oui, même votre nation !

Je m'efforcerai de prouver dans ce livre que si nous ne retrouvons pas l'identité juive du Messie, le monde entier sera sur la voie de la destruction complète. Nous pouvons déjà le constater avec les catastrophes naturelles, les tempêtes, les fléaux (comme Ebola et le coronavirus) - mais le plus grand fléau est la mort spirituelle de millions de personnes dans les églises, tant catholiques que protestantes évangéliques. Ensuite, il y a le danger d'une escalade de l'antisémitisme en Europe, et en Amérique du Nord et du Sud. Aux États-Unis, entre 2016 et 2017, l'antisémitisme a augmenté de 57 % ! (Anti-Diffamation Ligue)

La reconquête de l'identité du Messie conduira à une illumination, un renouveau et une autonomisation du monde entier comme jamais auparavant, comme le promet Romains 11:15 : *"Car si leur rejet (des Juifs) conduit à la réconciliation du monde, que sera-t-il de leur acceptation si ce n'est la vie d'entre les morts ?* La réconciliation des Juifs avec le Messie apportera la vie d'entre les morts à l'Église et aux nations. Mais les Juifs ne se réconcilieront jamais avec un Jésus-Christ romain au nom duquel des millions de Juifs ont été assassinés. Ils se réconcilieront seulement avec un Messie juif au nom duquel, Yeshua, personne n'a jamais été assassiné.

L'antisémitisme ne diminuera jamais tant que les chrétiens prêcheront un Christ romain. Il n'a fait qu'augmenter depuis que le Christ romain a officiellement remplacé le Messie juif au quatrième siècle, mais si tous les évangélistes, pasteurs et prophètes chrétiens se mettent à prêcher au nom du Messie juif, l'antisémitisme sera brisé dans les églises et de nombreux juifs trouveront leur Messie. Il y aura alors la vie d'entre les morts, ou ce que j'appelle "le réveil du troisième jour". Le troisième millénaire triomphera.

Rejeter l'identité juive du Messie conduira à un terrible jugement, à commencer par la maison de Dieu. Un fils ou une fille fidèle du Dieu vivant doit l'aimer tel qu'il est, et il est juif, et son nom est Yeshua, qui signifie "salut" en hébreu. Comment une personne prétendant Lui appartenir peut-elle Le rejeter en tant que Juif ? Il est toujours appelé le Lion de Juda jusqu'au Livre de l'Apocalypse et ce Juif est le seul qui soit digne d'ouvrir les Livres du Jugement.

Puis un des anciens me dit : "Arrête de pleurer ! Voici que le Lion de la tribu de Juda, la Racine de David, a triomphé - il est digne d'ouvrir le parchemin et ses sept sceaux".

— Apocalypse 5:5

Car le temps est venu où le jugement doit commencer par la maison de Dieu. Si le jugement commence avec nous en premier, quelle sera la fin pour ceux qui désobéissent à la Bonne Nouvelle de Dieu?

— 1 Pierre 4:17

Un jour, Son Esprit a murmuré à mes oreilles : "Mon épouse aimera Mon nom (hébreu) (et donc Mon identité juive)".
Son nom est Yeshua, et Il est le Roi des Juifs – va et dis-le.

Faits concernant L'usurpation D'identité

L'USURPATION D'IDENTITE est l'utilisation délibérée de l'identité d'une autre personne, généralement pour obtenir un avantage financier ou un crédit et d'autres avantages au nom de l'autre personne, et peut-être au détriment ou à la perte de celle-ci. *La personne dont l'identité a été usurpée peut subir des conséquences négatives, en particulier si elle est tenue responsable des actes de l'auteur du vol. (Contributeurs de Wikipédia)*

Le peuple juif suppose que son Messie n'est sûrement pas Jésus-Christ, car en Son nom, il a été humilié, pillé, tourmenté et assassiné. La merveilleuse nouvelle est que personne n'a été assassiné au nom de Son alliance, Yeshua.

Lorsque l'identité est usurpée, le voleur peut se faire passer pour la victime du vol et prétendre qu'il est cette personne. Des millions de chrétiens croient en un Christ romain, même si, au fond d'eux-mêmes, ils peuvent savoir qu'il est juif. Cependant, on leur a appris à rejeter, à soupçonner et même à détester tout ce qui est juif. Le simple fait que les gens l'appellent encore Jésus-Christ est le plus grand écran de fumée pour que personne ne le considère comme un juif. Cela défie la volonté du Père qui a choisi le nom de *Yeshua*, un nom qui est hébreu. Personne ne peut l'appeler *Yeshua* sans tenir compte du fait qu'il est juif. Les changements de nom sont très graves car ils signifient un changement d'identité. Le premier fait qui a volé l'identité du Messie pour des millions de personnes est la translittération de Son nom, qui n'est pas une traduction. Le nom a été romanisé en "*Iesous Christos*" car il était plus agréable pour les masses, mais cela a entraîné une perte du nom d'alliance hébreu donné par le Père.

Certains érudits pensent que le nom lui-même ressemblait au nom de Zeus ou de Jupiter, le dieu soleil. Il ressemblait à Ye-Zeus, et comme la plupart des gens ne savaient pas lire, ils n'entendaient que le nom - il ressemblait à Zeus, le dieu qu'ils adoraient. Il serait facile de les convaincre qu'un tel dieu est mort pour eux. Cela a été particulièrement facile lorsque les fêtes romaines païennes ont été adaptées au calendrier chrétien. Les fêtes qui adoraient Zeus, le dieu soleil, ont remplacé les fêtes messianiques bibliques originales telles qu'elles ont été données au peuple d'Israël.

Remarquez aussi les logiciels utilisés au 21e siècle pour le vol d'identité.

Un article d'octobre 2010 intitulé "Cyber Crime Made Easy" explique à quel point les pirates informatiques utilisent des <u>logiciels malveillants</u>. Comme l'a déclaré Gunter Ollmann, directeur de la technologie de la sécurité chez Microsoft, "Vous vous intéressez au vol de cartes de crédit ? Il existe une application pour cela". Cette déclaration résume la facilité avec laquelle ces pirates accèdent à toutes sortes d'informations en ligne. <u>Le nouveau programme destiné à infecter les ordinateurs des utilisateurs s'appelle Zeus;</u> et le programme est si convivial pour les pirates que même un pirate inexpérimenté peut le faire fonctionner. Bien que le programme de piratage soit facile à utiliser, ce fait ne diminue pas les effets dévastateurs que Zeus (ou d'autres logiciels comme Zeus) peut avoir sur un ordinateur et sur l'utilisateur. Par exemple, l'article indique que des programmes comme Zeus peuvent voler des informations sur les cartes de crédit, des documents importants, et même des documents nécessaires à la sécurité intérieure. Si le hacker devait obtenir ces informations, cela signifierait un vol d'identité ou même une possible attaque terroriste. Le Centre intégré d'évaluation des menaces (ITAC) affirme qu'en 2012, environ 15 millions d'Américains se sont fait voler leur identité. (Contributeurs de Wikipedia)

Zeus a également infecté le christianisme en remplaçant le nom juif, les fêtes bibliques et l'identité juive du Messie juif par un Christ romain. Lorsque le nom a été transformé littéralement de Yeshua à Iesous (ou Jésus), il a perdu son sens qui est "salut", impliquant le paquet complet de la rédemption, y compris la guérison et la délivrance. Comme le nom a perdu son caractère hébreu, il était beaucoup plus facile pour les chrétiens païens de se référer à un Jésus romain plutôt qu'à un Yeshua juif, ce qui facilitait également la haine et la persécution des Juifs au nom du Christ.

Voici des citations antisémites des pères de l'église les plus connus au sujet des Juifs.

Origène d'Alexandrie (185 – 254 après J-C)

Origène d'Alexandrie était un écrivain et un professeur ecclésiastique qui a contribué à la formation précoce des doctrines chrétiennes.

> *Nous pouvons donc affirmer en toute confiance que les Juifs ne reviendront pas à leur situation antérieure, car ils ont commis le plus abominable des crimes, en formant cette conspiration contre le Sauveur de la race humaine... d'où la ville où Jésus a souffert a nécessairement été détruite, la nation juive a été chassée de son pays, et un autre peuple a été appelé par Dieu à l'élection bénie. (Seltman ; YashaNet)*

Jean Chrysostome (344 – 407 après JC)

Jean Chrysostome était l'un des "plus grands" des pères de l'église ; connu sous le nom de " bouche d'or". Un prédicateur missionnaire célèbre pour ses sermons et ses discours qui a déclaré ce qui suit.

> *La synagogue est pire qu'un bordel... c'est le repaire des scélérats et la repaire des bêtes sauvages... le temple des démons voué aux cultes idolâtres... le refuge des brigands et des débauchés, et la caverne des démons. C'est une assemblée criminelle de Juifs... un lieu de rencontre pour les assassins du Christ... une maison pire qu'un débit de boissons... un repaire de voleurs, une maison de mauvaise réputation, une demeure d'iniquité, le refuge des démons, un gouffre et un abîme de perdition"... "Je dirais la même chose de leur âme... Quant à moi, je déteste la synagogue... Je déteste les Juifs pour la même raison. (YashaNet ; Hay)*

St. Augustin (354 – 430 après J-C)

C'est ce que l'on peut lire dans les Confessions de Saint-Augustin, 12.14 :

> Que les ennemis de vos Écritures me haïssent ! Que je souhaite que vous les tuiez (les Juifs) avec votre épée à deux tranchants, afin qu'il n'y ait personne pour s'opposer à votre parole ! Je voudrais qu'ils meurent pour eux-mêmes et qu'ils vivent pour toi. (YashaNet ; Outler)

Pierre le Vénérable

Pierre le Vénérable était connu comme "le plus doux des hommes, un modèle de charité chrétienne".

> Oui, vous les Juifs. Je m'adresse à vous, vous qui, jusqu'à ce jour, reniez le Fils de Dieu. Combien de temps encore, pauvres malheureux, ne croirez-vous pas la vérité ? En vérité, je doute qu'un Juif puisse être vraiment humain… Je sors de sa tanière un animal monstrueux, et je le montre comme une risée dans l'amphithéâtre du monde, aux yeux de tous les peuples. Je te fais avancer, toi le Juif, toi la bête brute, aux yeux de tous les hommes. (YashaNet ; Foin)

Adolf Hitler a déclaré que les Juifs étaient des sous-hommes et de la vermine, et qu'ils étaient donc dignes d'être exterminés sur la base de ce que tous les chrétiens avaient été conditionnés à croire par les pères de leur église.

Nous avons étudié les théologiens ci-dessus pendant de nombreuses générations dans tous les séminaires théologiques et les écoles bibliques d'Amérique et des nations. Ces théologiens ont laissé un héritage de haine contre les Juifs qui affecte la chrétienté jusqu'à ce jour. Celui qui a laissé le pire héritage est de loin le célèbre réformateur de l'Église, Martin Luther lui-même. Il a écrit des détails dans son livre sur les Juifs et leurs mensonges, dont nous savons maintenant qu'il est devenu *"la solution finale"*. Hitler citera Luther dans son livre « Mein Kampf », le plan même qu'il suivra pour exterminer tous les Juifs pendant la Seconde Guerre mondiale.

Martin Luther–1543: Sur les juifs et leurs mensonges

Que ferons-nous donc, nous les chrétiens, de cette race de juifs maudits et rejetés ? Puisqu'ils vivent parmi nous et que nous connaissons leurs mensonges, leurs blasphèmes et leurs malédictions, nous ne pouvons les tolérer si nous ne voulons pas partager leurs mensonges, leurs malédictions et leurs blasphèmes. Ainsi, nous ne pouvons pas éteindre le feu inextinguible de la rage divine ni convertir les Juifs. Nous devons prier et pratiquer avec révérence une sévérité miséricordieuse. Peut-être pouvons-nous en sauver quelques-uns du feu et des flammes [de l'enfer]. Nous ne devons pas chercher la vengeance. Ils sont certainement punis mille fois plus que nous ne le souhaiterions. Laissez-moi vous donner un conseil honnête.

Tout d'abord, leurs synagogues devraient être incendiées, et tout ce qui ne brûle pas devrait être couvert ou étalé avec de la terre afin que personne ne puisse jamais en voir une cendre ou une pierre. Et cela doit être fait pour l'honneur de Dieu et du christianisme, afin que Dieu voie que nous sommes chrétiens et que nous n'avons pas sciemment toléré ou approuvé de tels mensonges, malédictions et blasphèmes publics envers Son Fils et Ses chrétiens.

Deuxièmement, leurs maisons devraient également être démolies et détruites. Car ils y commettent les mêmes actes que dans leurs synagogues. C'est pourquoi il faut les mettre sous un même toit ou dans une étable, comme les Tsiganes, afin qu'ils se rendent compte qu'ils ne sont pas des maîtres dans notre pays, comme ils s'en vantent, mais des captifs misérables, comme ils se plaignent sans cesse devant Dieu avec des gémissements amers.

Troisièmement, ils devraient être privés de leurs livres de prières et de leurs Talmuds dans lesquels sont enseignés ces idolâtries, mensonges, malédictions et blasphèmes.

Quatrièmement, il faut interdire à leurs rabbins, sous peine de mort, d'enseigner davantage...

Cinquièmement, le passeport et les privilèges de voyage doivent être absolument interdits aux Juifs. Car ils n'ont rien à faire dans les districts ruraux puisqu'ils ne sont ni nobles, ni fonctionnaires, ni commerçants, ni autres. Qu'ils restent chez eux... Si vous, princes et nobles, ne fermez pas légalement la route à de tels exploiteurs, alors une troupe devrait les combattre, car ils apprendront dans ce pamphlet ce que sont les Juifs et comment les traiter, et qu'ils ne doivent pas être protégés. Vous ne devez pas, vous ne pouvez pas les protéger, à moins qu'aux yeux de Dieu vous ne vouliez partager toute leur abomination...

En résumé, chers princes et nobles qui ont des Juifs dans vos domaines, si ce conseil ne vous convient pas, trouvez-en un meilleur afin que vous et nous tous soyons libérés de cet insupportable fardeau diabolique - les Juifs...

Laissez le gouvernement s'occuper d'eux à cet égard, comme je l'ai suggéré. Mais que le gouvernement agisse ou non, que chacun soit au moins guidé par sa propre conscience et se forge une définition ou une image du juif. Lorsque vous posez les yeux sur un Juif ou que vous pensez à un Juif, vous devez vous dire hélas, cette bouche que je vois là a maudit, exécuté et calomnié chaque samedi mon cher Seigneur Jésus-Christ, qui m'a racheté par son précieux sang ; en outre, elle a prié et imploré Dieu que moi, ma femme et mes enfants, et tous les chrétiens, soyons poignardés à mort et périssions misérablement. Et lui-même le ferait volontiers s'il en était capable, afin de s'approprier nos biens...

Un sort si désespéré, si mauvais, si venimeux et si diabolique, ce sont ces Juifs qui, pendant ces quatorze cents ans, ont été et sont encore notre fléau, notre peste et notre malheur.   (Luther, Sur les Juifs et leurs mensonges, Luthers Works ; YashaNet).

Historiquement, nous savons que les troupes nazies allemandes ont écrasé des corps de Juifs à moitié morts et les ont fait mourir, tandis que la population chrétienne de l'Europe nazie a ignoré l'extermination ou a coopéré avec elle - puisque le père de la nation allemande et le père de tous les chrétiens protestants et évangéliques ont ordonné de ne pas les protéger.

Selon Luther, protéger les Juifs de la misère, de la mort ou de la destruction entraînerait la colère de Dieu. Il était du devoir des chrétiens protestants de ne pas protéger les Juifs. Quelques-uns ont risqué leur vie comme Oskar Schindler d'Allemagne et Corrie Ten Boom de Hollande et de nombreux autres que nous honorons beaucoup, mais la grande majorité des gens ont été conditionnés par leurs propres Pères de l'Église à les laisser être gâtés et assassinés.

Hitler a également déclaré qu'il suivait la volonté de Dieu telle qu'elle a été définie par le plus grand réformateur de tous les temps. Il a entrepris d'exterminer les Juifs et les a appelés, comme Luther, peste, fléau et malheur. Les membres des églises protestantes et catholiques, porteurs de cartes de membres, étaient désormais conditionnés par tous les pères de leur église à considérer les Juifs comme une vermine sous-humaine qu'il fallait exterminer par tous les moyens.

Pas de vol d'identité, pas d'holocauste

Si le vol d'identité n'avait pas eu lieu, l'holocauste nazi n'aurait pas eu de raison d'être ! Hitler a assassiné un tiers ou un quart des Juifs. Si tous les chrétiens avaient su que leur Sauveur était un Juif mort pour eux, ils n'auraient pas coopéré avec Hitler. En Allemagne, le clergé catholique et protestant a donné la main droite de la fraternité à Hitler lorsqu'il est arrivé au pouvoir. Des membres des églises luthérienne et catholique, porteurs de cartes, faisaient partie des officiers nazis et même SS. Les églises de Pologne et d'Allemagne qui tenaient des services près des camps de concentration et de mort "chantaient un peu plus fort" pour noyer les cris des Juifs transportés dans des wagons à bestiaux vers leur mort le long des lignes de chemin de fer. Les églises des villes proches des camps de la mort, comme à Oswiecim près d'Auschwitz-Birkenau, auraient même pu sentir la chair brûlante des Juifs émanant des cheminées - jusqu'à ce qu'elles coopèrent avec les Nazis, ou qu'elles ne fassent rien pour arrêter le massacre.

Et pourtant, c'était le Messie juif lui-même qu'ils brûlaient au nom de Jésus-Christ. Il a également été brûlé sur le bûcher de l'Inquisition, où de nombreux Juifs qui avaient été convertis de force au catholicisme ont été brûlés vifs après avoir subi d'horribles tortures. Ils leur ont fait cela pour avoir conservé des traditions juives bibliques comme le Shabbat ou la Pâque. Les chevaliers chrétiens ont également brûlé le Messie juif, Yeshua, à Jérusalem pendant les Croisades. Ils ont brûlé toute la population juive de Jérusalem en 1099, avec des banderoles sur la partie haute, chantant "Christ, nous t'adorons".

Tant que nous continuerons à l'appeler par ce nom romain, en célébrant les fêtes païennes romaines de Noël et de Pâques, il n'y aura aucun moyen de récupérer l'identité juive du Messie, et l'antisémitisme, y compris l'antisionisme, se répandra dans les églises chrétiennes, ce qui entraînera un grand jugement de la part du Dieu d'Israël qui est très sensible à la "prunelle de ses yeux".

> L'ETERNEL possédera Juda comme sa part Dans la terre sainte, Et il choisira encore Jérusalem. Que toute chair fasse silence devant L'ETERNEL ! Car il s'est réveillé de sa demeure sainte....
>
> — ZACHARIE 2:12

Nous ne pouvons pas traiter l'antisémitisme superficiellement ; nous devons aller à la racine même et l'éliminer. Si les croyants au Messie sont libérés de l'identité romanisée du Messie, alors seulement ils auront le pouvoir et l'autorité de le combattre et de le faire prévaloir.

> Même ainsi, tout bon arbre produit de bons fruits, mais l'arbre pourri produit de mauvais fruits. Un bon arbre ne peut pas produire de mauvais fruits, pas plus qu'un arbre pourri ne peut produire de bons fruits. Tout arbre qui ne produit pas de bons fruits est coupé et jeté au feu.
>
> — MATTHIEU 7 :17-19

Même si vous êtes un amoureux chrétien d'Israël, il est obligatoire que vous soyez également prêt à retrouver sa pleine identité juive, y compris le nom de son alliance et son alliance le Shabbat et les fêtes. Il ne suffit pas d'aimer Israël "romantiquement" ; il ne suffit même pas de se battre pour le bien d'Israël dans les médias. Nous devons l'aimer comme un juif, y compris Son nom, Sa Torah, Son peuple et Sa terre. Cela libérera ce que j'appelle "le réveil du troisième jour", et le Chabod : la gloire pesante de Dieu sans mesure. Nous retrouverons la poussée apostolique, prophétique et l'autorité messianique des disciples juifs du premier siècle et cela rétablira toutes choses comme promis pour préparer le retour du Messie.

> **Repentez-vous donc et revenez - afin que vos péchés soient effacés, que des temps de soulagement viennent de la présence d'Adonaï et qu'Il envoie Yeshua, le Messie désigné pour vous. Le ciel doit Le recevoir, jusqu'au temps de la restauration de toutes les choses dont Dieu a parlé il y a longtemps par la bouche de Ses saints prophètes.**
>
> — Actes 3:19–21

Nous devons nous attaquer et vaincre le monstre à cinq têtes qui règne en maître et presque incontesté dans presque toutes les confessions et les non-dénominations de ce qu'on appelle communément l'Église. Pour réussir, nous devons d'abord fixer son identité en nous - alors nous serons Un, et rien ne sera impossible.

Je vous recommande de poursuivre la lecture de mon livre, *The MAP Revolution**.

---

* www.kad-esh.org/shop/the-map-revolution/

PORTAIL 3

S'ATTAQUER AU MONSTRE À CINQ TÊTES

Ils l'ont vaincu par le sang de l'Agneau et par la parole de leur témoignage, et ils n'ont pas aimé leur vie même devant la mort.

— APOCALYPSE 12:11

Le Voleur s'est fait passer pour le Sauveur et le Messie en remplaçant l'essence de ce qu'Il est :

- Le Sauveur juif
- Le Lion de Juda
- La Torah Incarnée
- Le Roi des Juifs
- L'Oint de Dieu

Cette imitation me rappelle l'histoire du Petit Chaperon rouge. Elle pensait que le loup était sa grand-mère parce que le loup s'habillait en chemise de nuit de grand-mère et qu'il avait les lunettes de grand-mère. Mais c'était en fait le Grand Méchant Loup qui avait volé l'identité de la grand-mère. Il a failli causer la mort de la petite fille si ça n'avait été le chasseur-sauveur qui l'avait sauvée au dernier moment ! Il y a un Grand Méchant Loup qui est déguisé en dieu chrétien, mais c'est plutôt un dragon. Il extermine les juifs depuis des millénaires et a causé la mort spirituelle de millions de chrétiens depuis le quatrième siècle, et même avant. Toutes les nations seront jugées parce que ce "loup déguisé en brebis" a trompé toutes les nations, à commencer par les chrétiens.

> **Car ADONAÏ est en colère contre toutes les nations, et furieux contre toutes leurs armées ; il les détruira complètement. Il les livrera au carnage. Car ADONAÏ a un jour de vengeance, une année de récompense pour l'hostilité contre Sion.**
>
> — **ESAIE 34:2, 8**

Pour gagner cette bataille D'USURPATION D'IDENTITÉ du Messie, nous devons connaître notre ennemi. Contrairement à ce que la plupart des gens croient, l'ennemi n'est pas de chair et de sang, mais une principauté démoniaque que j'appelle le:

Anti-MESITOJUS

- Anti-Messiah—Il est contre l'onction du Saint Esprit
- Anti-Israel—Il exige que l'Eglise remplace Israël
- Anti-Torah—Il exige que la Torah donnée à Israël soit obsolète (Absence de lois)
- Anti-Juifs (anti-Sémitisme) Il veut se débarrasser du plus grand nombre de juifs possibles
- Anti-Sioniste - Il s'oppose au retour du peuple juif sur la terre d'Israël et attaque l'existence de l'État d'Israël ; cet esprit qualifie le sionisme de "racisme".

Vaincre l'ennemi grâce à nos témoignages

Dans les prochains chapitres, nous allons démanteler ce monstre à cinq têtes en ses cinq composantes pour le vaincre. Mais avant cela, laissez-moi vous présenter quelques témoignages de chrétiens qui ont déjà vaincu le monstre, principalement après avoir lu nos livres et étudié dans notre école biblique en ligne GRM (Global Revival MAP - Messianic, Apostolic, Prophetic). Vous verrez qu'ils viennent du monde entier et de différentes confessions et formations. Ce ne sont là que quelques-uns des témoignages qui nous ont été envoyés, mais cela montre que le démantèlement du vol d'identité et le rétablissement de la vérité sur le Messie juif ont provoqué un mouvement global de Dieu. Encore une fois, nous l'appelons "Le réveil du troisième jour"."

Guérison mentale

J'ai quitté la maison à 16 ans. J'étais déçue de Dieu et de mes parents, et j'ai pris la décision de les quitter, ainsi que tout ce qui concernait la foi et la religion. J'ai déménagé à Helsinki et j'ai fait tout ce que j'ai pu pour trouver un sens à ma vie. Pendant l'été, je faisais du stop à travers l'Europe et je me remplissais la tête de toutes sortes de drogues et d'alcool. Au milieu de tout cela, je me sentais très seule et, bien souvent, alors que j'étais ivre, je prêchais Dieu à mes amis.

Je n'ai jamais pu oublier ce que Sa Présence m'a fait ressentir. Quand j'étais enfant, je priais pendant des heures dans le Saint-Esprit. Aujourd'hui, ma vie est un gâchis de relations brisées et de dépendances.

À 26 ans, je me suis retrouvée dans le service fermé d'un hôpital psychiatrique. J'ai lutté contre le trouble panique, l'anxiété et la dépression pendant des mois, jusqu'à ce que je m'effondre complètement. J'ai ensuite vécu sept ans d'enfer. Je cherchais de l'aide partout : thérapie, médicaments, hôpital, conseillers et églises. Finalement, un ami m'a donné un livre : La Puissance de Guérison des racines *(The Healing Power of the Roots)* de l'archevêque Dr.

Dominiquae Bierman, et grâce à ce livre, j'ai appris à connaître Dieu d'une manière nouvelle.

J'ai appris que le vrai nom de Jésus est Yeshua, ce qui signifie "salut, délivrance et guérison" : Je désirais ces choses plus que toute autre chose ! Je savais que je mourrais bientôt si je ne trouvais pas une aide véritable. J'ai donné ma vie à Yeshua en tant que Messie juif et Il m'a guérie ! J'ai commencé à observer les commandements de Dieu et j'ai été remplie du Saint-Esprit. Il a purifié mon esprit et m'a débarrassée des dépendances, des pensées négatives et du désir de mourir. J'ai suivi l'école biblique de la GRM, et cela m'a donné une nouvelle base pour ma vie.

—Hadassah Danielsbacka, Finland/USA

La vraie victoire

Ma participation à l'école biblique de la GRM a été un tournant monumental dans ma vie. Après des années de marche dans le christianisme, je me suis demandé pourquoi je ne voyais pas plus de victoire dans la vie de ceux qui m'entouraient. J'ai lu dans la Bible ce qui était possible grâce à la foi, mais j'en ai vu peu.

Puis mes yeux se sont ouverts à travers les livres et les enseignements de l'école biblique de la RMG de l'archevêque Dr. Dominiquae Bierman. Au fur et à mesure que je progressais vers l'obtention de mon diplôme, il est devenu évident que ma liberté vis-à-vis de la théologie de substitution était nécessaire pour jouir d'une pure communion avec mon Créateur, mon Père. C'est le chemin de la victoire!

Je remercie Yahveh de m'avoir permis de me connecter à cet outil ministériel qui libère vraiment les captifs avec la Vérité ! Nous partageons cette même liberté dans le monde entier grâce à notre équipe ministérielle - mais cela ne serait pas possible sans le leadership de ce couple dévoué qui nous aime inconditionnellement, nous les chrétiens.

—Révérend Debra Barnes, Alabama, USA

Croissance spirituelle

L'archevêque Dr. Dominiquae Bierman a joué un rôle crucial dans ma croissance spirituelle. Ses enseignements sont extraordinaires et sa ténacité à exposer la théologie du remplacement est l'une des plus rares bénédictions pour le corps du Messie. Elle m'a personnellement aidé dans les moments difficiles, en faisant preuve d'une grande compassion et en sacrifiant du temps. L'école biblique du GRM est de la plus haute qualité éducative. Les Bierman sont un atout pour le corps du Messie qui touchera les générations à venir.

—Pasteur Esther, New York, États-Unis

Identité restaurée

J'ai trouvé mon identité en Yeshua. En Lui, j'ai le Shalom (la paix) intérieur, et je n'ai pas besoin du monde pour trouver ma véritable identité.

Je suis un adorateur. Si l'anxiété ou la dépression tentent de prendre le dessus, je mets mes doigts sur les touches du piano et je Le loue, pour entrer en Sa présence. Alors, toute anxiété disparaît.

Le but de ma vie est devenu clair lorsque j'ai compris qui est le Saint d'Israël. J'ai également fait l'expérience d'une profondeur et d'une puissance nouvelles dans mon culte lorsque je bénis Israël. Je reçois toujours une bénédiction en retour!

—David Tuominen, Finlande

Libérée de la tiédeur et de l'immoralité

Les messages et les enseignements de l'archevêque Dominiquae m'ont libérée de la tiédeur de la foi chrétienne, de l'adultère, de la fornication et de la rébellion qui proviennent de systèmes religieux anti-Israël empoisonnés par la théologie de substitution.

Mon cheminement au cours des sept dernières années, porté par la vision et la mission de l'apôtre juive Dominiquae Bierman, a été littéralement la vie d'entre les morts (Romains 11:15).

—Eicha Lohmus, Estonie

Guérir par l'obéissance

Je suis devenu plus fort en L'ÉTERNEL en étudiant la Parole de Dieu à travers les livres de l'archevêque Dr. Dominiquae Bierman. J'ai lu Le pouvoir de guérison des racines, La clé d'Abraham et Greffé, qui m'ont été donnés par un ami lorsque j'ai commencé à apprendre la vérité. J'ai davantage bénéficié de la direction de Dieu grâce à ces livres. Je suis un converti récent - j'étais initialement catholique romain, mais maintenant je pratique le culte du sabbat et j'ai appris à connaître la vérité depuis l'année dernière, le 18 novembre 2018. Des miracles merveilleux se sont produits et des prières miraculeuses ont été exaucées instantanément. Je me réjouis en l'Éternel et je me suis remis instantanément d'une ostéomyélite du crâne en novembre dernier lorsque j'ai dit "oui" au sabbat et que j'ai commencé à suivre le processus de repentance, de pardon et de reddition totale à l'Éternel.

Je suis infirmier anesthésiste ou agent scientifique anesthésiste à l'hôpital du district d'Arawa à Bougainville, en Papouasie-Nouvelle-Guinée. Je m'intéresse à la poursuite de Dieu dans le ministère de la Parole de Dieu. J'ai été témoin et j'ai créé une puissante atmosphère de croissance dans la diffusion de la Parole de Dieu. Les gens veulent davantage de livres de l'archevêque Dominiquae. Ensemble, nous pouvons répandre la Parole de Dieu avec le feu spirituel. Je suis très reconnaissant envers l'archevêque Dr. Dominiquae Bierman.

—Alex Kehono, Papouasie-Nouvelle-Guinée

Des ténèbres à la lumière

En juin 2010, alors que j'avais encore six mois en Jésus dans un orphelinat en Inde, j'ai lu ce livre Yeshua qui est le nom écrit par une juive du nom de Dominiquae Bierman. C'était ma première rencontre avec une juive, le nom juif Yeshua, et avec Dominiquae Bierman, ces noms que je savais à peine prononcer. C'est avec honte et regret que je vous le dis maintenant ; je n'avais pas réalisé qu'il existait des personnes comme les Juifs.

Venant d'un pays qui a complètement fermé la porte à Israël et aux Juifs, j'ai vécu dans l'ignorance pendant 42 ans de ma vie, bien que j'aie vécu à l'étranger, aux États-Unis pendant cinq ans et en Inde pendant neuf ans. Mon pays natal est un exemple complet du décret de Constantin, "Nous ne devons donc rien avoir en commun avec le Juif".

AlléluYah ! Je rends grâce à Adonaï, car il est bon, car sa grâce est éternelle (Ps. 106:1). Bien que j'aie été aveugle pendant 42 ans, je suis reconnaissant aujourd'hui et pour toujours à cette femme juive, l'archevêque Dr. Dominiquae Bierman, et pour le livre Yeshua qui est le nom du livre qu'elle a écrit. Je suis également très reconnaissant envers la personne qui m'a prêté le livre pour que je le lise pendant deux jours en 2010.

Aujourd'hui, j'ai lu les 19 livres écrits par l'archevêque Dominiquae, y compris The Woman Factor écrit par elle pour son mari, le rabbin Baruch Bierman. Ma famille et moi sommes à jamais reconnaissants à cette femme juive et à son mari d'avoir vécu en sacrifice sur l'autel de YHVH, et qu'elle continue à faire entrer de nombreuses nations dans les nations de Ses brebis!

—Ps. Dawid Yosef Lee, Asie

La vérité me rend libre !

Dieu m'a mis en contact avec les ministères de la MAP Kad-Esh depuis 2011, et je suis maintenant la déléguée norvégienne des Nations Unies pour Israël. Depuis plusieurs années, je suis étroitement liée à ce ministère, et je suis fière de leur travail sans réserve pour le royaume de Dieu, qu'ils accomplissent avec intégrité. Ils parlent toujours de la vérité dans l'amour, même directement dans la vie des gens, car seule la Vérité rend les gens libres. Je suis très heureuse d'avoir trouvé une "famille spirituelle" qui croit aux racines juives de la foi. Cette unité et cet amour dont nous faisons l'expérience dans les ministères de la MAP Kad-Esh, où Juifs et Gentils sont ensemble, greffés sur l'Olivier d'Israël, ont l'unité qui est décrite dans Jean 17:17, 20-21. C'est quelque chose que je n'ai jamais expérimenté ailleurs, sauf avec ces frères et sœurs qui ont reçu la vérité de l'évangile de Sion, et qui sont prêts à payer un prix élevé pour cette vérité, si nécessaire.

—Pasteur Hanne G. Hansen, Norvège

Augmentation impressionnante de l'onction

L'école biblique de la GRM m'a fait faire une percée spirituelle majeure qui a changé ma vie et mon ministère. L'évangile pur et originel fait à Sion m'a amené dans la Terre Promise. La peau et la structure laides de la théologie du remplacement m'ont abandonné, et aujourd'hui je suis un vaisseau de feu purifié. Mon onction et mon autorité sont montées en flèche. Je suis à jamais reconnaissant à l'archevêque Dr. Dominiquae pour son acuité spirituelle ! Elle m'a réprimandé pour mon propre bien, en révélant l'angle mort qui m'a sauvé la vie, et m'a conduit à une véritable humilité. C'est ce que j'appelle le véritable amour!

—Apôtre et prophète Sana Enroos, Suède

Miracles expérimentés

J'ai étudié à l'école biblique de l'archevêché de GRM et je viens d'obtenir mon diplôme à Soukkot 5780. J'ai vécu des signes, des merveilles, des miracles et des guérisons comme jamais auparavant. La Vérité m'a libérée.

"Tu connaîtras la vérité, et la vérité te rendra libre" (Jn. 8:32). "Je suis le bon berger, je connais les miens, et les miens me connaissent" (Jn. 10:14). De plus, l'archevêque Dominiquae m'a aidée à comprendre les racines juives de la foi et maintenant je suis greffée sur l'olivier d'Israël et je suis devenue une fille d'Abraham par alliance.

—D'vora Cheung, Hong Kong

Un cœur brisé guéri

En 2017, j'ai participé à la tournée de l'archevêque Dominiquae en Israël, à Souccot, et ma vie a changé. La vérité était devant moi. Il était si clair que la théologie du remplacement m'avait été exposée avec force. Il était incroyable que Constantin ait trompé le monde pendant plus de 1 600 ans.

Je vois souvent l'archevêque Dominiquae prêcher, servir et prier avec beaucoup d'onction, d'enthousiasme et en exerçant le maximum de ce qu'un véritable serviteur de Dieu peut faire. Qui peut diriger un tel ministère pendant plus de trente ans ? Parfois rejetée et trahie, elle est toujours prête à obéir à Dieu et à "laisser aller" ses propres enfants pour servir les nations.

Je n'oublierai pas le cœur de l'archevêque pour les Chinois, qui a prié de tout son cœur en adorant profondément LE SEIGNEUR lors de la conférence spéciale de la Pâque de Hong Kong en 2018, lorsqu'elle a oint toutes les personnes présentes. L'huile d'onction était terminée, mais Yah (Dieu) a accompli un miracle surnaturel qui a permis à l'huile d'onction dans la bouteille de se multiplier. ADONAI a envoyé un archevêque comme Eliyahu (Élie) parmi nous, pour tourner le cœur des pères vers les enfants et le cœur des enfants vers les pères (Malachie 4:6) ; et cela a guéri les cœurs brisés. Elle m'a aidé à trouver la lumière dans ma vie.

—Serena Yang, Taiwan

Les racines juives libèrent les prisonniers

En 2014 et 2015, nous avons formé une équipe pour visiter la prison pour femmes de Lima, au Pérou. Nous avons enseigné aux détenues le véritable évangile qui est venu de Sion aux nations - le même message prêché par les apôtres juifs, les premiers disciples de Yeshua. Nous avons basé nos enseignements sur l'école biblique du GRM et sur les livres oints de l'archevêque Dr. Dominiquae Bierman. Nous leur avons enseigné la teshuva (mot hébreu pour "repentance"), la transgression des commandements de Yahvé, et le Shabbat comme un jour mis à part, béni par Lui.

Une prisonnière a découvert ses racines hébraïques ; elle a commencé à obéir aux Commandements et à garder le Shabbat. La prison lui a donné la permission d'utiliser une vaste cour pour garder le Shabbat et de nombreux autres prisonniers l'ont rejointe. Ils ont demandé de l'aide pour répondre à leurs besoins et pour cesser de commettre des immoralités dans leurs cellules.

Au fil du temps, nous avons pu voir comment les femmes ont changé de comportement et d'attitude envers les autorités, puis comment elles ont trouvé la faveur dans leur procédure judiciaire. Nombre d'entre elles ont bénéficié d'une libération anticipée pour leur bonne conduite!

—Pasteur Sonia Gotelli Gonzalez, Pérou

Du vide à la plénitude

Je crois en Jésus depuis mon enfance. Un jour, alors que j'écoutais un sermon dans la congrégation, j'ai ressenti un grand vide et j'ai pensé que cela ne pouvait pas être tout. J'ai cherché quelque chose de plus, mais je ne savais pas quoi. Je suis allé dans différentes églises, mais je me sentais incertain et comme un orphelin. Je cherchais la vérité de la Parole parmi tout le mélange spirituel.

Finalement, j'ai trouvé l'école biblique du GRM. J'ai compris à quel point la théologie du remplacement nous éloignait des racines juives de la foi et de l'évangile originel. J'ai appris que le nom original de Jésus est Yeshua, et je l'ai rencontré en tant que Messie juif. J'ai appris à connaître les racines de ma foi. Le vide avait disparu, et je n'étais plus orphelin - j'avais trouvé le chemin du retour !

—Pasteur Terhi Laine, Finlande

De l'anarchie à l'obéissance

Bien que j'aie fait partie d'une excellente congrégation fondée sur la foi pendant de nombreuses années, ma vie spirituelle était bloquée. Je m'efforçais et j'étais fatiguée. Je dois ma vie à cette femme juive : Tous les enseignements que j'ai reçus d'elle par l'intermédiaire de l'école biblique de la RMG, les livres, les voyages en Israël, etc. m'ont purifiée de toute Torahlessness (anarchie) à l'obéissance. J'ai trouvé les racines hébraïques de la foi - la voie de la joie authentique, de l'audace, de la sainteté et de la conformité.

Nous sommes reconnaissants envers Yeshua et ses frères, les Bierman !

Merci, Archevêque Dominiquae. Je vous aime, vous apprécie et vous honore comme une mère. Vous êtes une femme de l'Alliance, et je suis une Finlandaise qui s'est engagée à être à vos côtés comme Ruth la Moabite l'était pour sa belle-mère israélite.

—Sinikka Bäcklund, Finlande

Repentance et réconciliation

Je suis devenue croyante il y a plus de 40 ans, en 1978. J'étais une "bonne chrétienne", lisant souvent le Nouveau Testament, mais mes relations les plus intimes étaient difficiles. Je ne comprenais rien à la signification d'Israël, et de nombreux passages de l'Ancien Testament, qui étaient pourtant fascinants, me troublaient - je ne comprenais pas pourquoi. Il y avait tant de promesses, mais pour qui ?

Le Saint-Esprit m'a conduite à étudier à l'école biblique de la GRM en 2014. Le premier niveau portait sur Israël et j'ai vite compris à quel point j'avais méprisé le pays et le peuple de Dieu, la prunelle de ses yeux. Ensuite, j'ai participé au tour d'Israël de l'école biblique sur roues Soukkot, et là, je pleurais et me repentais de mes attitudes envers la Mère des nations, Israël.

Plus tard, j'ai également demandé pardon à mes parents pour les avoir déshonorés par mon attitude à leur égard. En conséquence, mes enfants me respectent aussi, ainsi que mon mari, leurs parents. Cela a permis de rétablir mes relations les plus étroites. Alléluia, Yeshua est puissant !

—Erja Lastunen, Finlande

Une loi nouvelle dans la vie

Je suis une « croyante régulière » depuis l'âge de dix ans. Plus tard, j'ai souvent demandé au Père : "Quand ma vie commencera-t-elle vraiment ?"

Louange au Saint d'Israël, qui m'a préparée depuis longtemps déjà à recevoir l'évangile de Sion en me demandant de le déclarer à haute voix chaque jour : "Je marche dans la vérité, et aucune tromperie n'a de pouvoir sur moi."

Lorsque j'ai reçu le livre de l'archevêque Dr. Dominiquae Bierman, The Healing Power of the Roots, le Saint-Esprit m'a rappelé cette déclaration. En lisant le livre, j'ai eu l'impression que tout ce qu'il contenait était versé dans mon cœur. Je lisais, je pleurais et je me repentais. Comme la vérité bénit et libère!

J'ai alors su que mon Sauveur était le Messie juif Yeshua. Avec lui, le Shabbat, les fêtes bibliques, les commandements du Père et les lois alimentaires, tels que le Saint-Esprit les a écrits dans mon cœur et mon esprit, sont entrés dans ma vie. L'école biblique de la GRM a renforcé ma marche et m'a donné une base stable.

—Anneli Seppälä, Finlande

> **Alors j'entendis dans le ciel une voix forte qui disait : "Maintenant, le salut, la puissance et le royaume de notre Dieu et l'autorité de son Oint sont venus, car l'accusateur de nos frères et sœurs, celui qui les accuse devant notre Dieu jour et nuit, a été jeté dehors. Ils l'ont vaincu par le sang de l'Agneau et par la parole de leur témoignage, et ils n'ont pas aimé leur vie, même face à la mort.**
>
> — APOCALYPSE 12:10-11

Pour lire plus sur ce sujet, je recommande de lire mon livre, en éradiquant le cancer de Religion *Eradicating* the *Cancer of Religion*.*

---

* www.kad-esh.org/shop/eradicating-the-cancer-of-religion/

PORTAIL 4

LA PERTE DE L'ONCTION

Entête numéro 1: Anti-Messie

Mais vous recevrez une puissance quand le Ruach HaKodesh viendra sur vous; et vous serez mes témoins à Jérusalem, en Judée, en Samarie et jusqu'aux extrémités de la terre.

—ACTES 1:8

Quand l'Église du quatrième siècle a rejeté les Juifs et tout ce qui est juif, elle a également rejeté le Messie juif, l'Oint avec son onction. Le Saint-Esprit s'est retiré de cette église apostate qui est entrée lentement mais sûrement dans l'âge des ténèbres. Anti-Messie ou anti-Machiach signifie "remplacer l'Oint et l'onction par des contrefaçons".

L'Importance d'une identité d'aujourd'hui

En disposant de toutes les informations, numéros d'identification et détails, le voleur peut accéder au compte de sa victime et lui voler tout son argent et ses biens. Le premier bien volé en remplaçant un Messie juif, Yeshua, par un Christ romain, Jésus, était l'onction et l'autorité apostolique.

L'onction, ou en hébreu, *meshicha* (qui signifie "la puissance du Saint-Esprit") a reculé. Les prophéties, les signes et les prodiges cessèrent lorsque Constantin fit divorcer l'Église des Juifs et de toutes ses racines juives. Comme le Messie est juif, il s'est retiré de cette église apostate. Le Messie ou Machia'h signifie "l'Oint", et cela signifie "habilité à régner par l'huile du Saint-Esprit". En Israël, il a dit : "Mon royaume n'est pas de ce monde" (Jn. 18:36), et, "si par le doigt de Dieu je chasse les démons, alors le royaume de Dieu est venu à vous" (Lc. 11:20). Dieu l'a oint pour régner sur les puissances et les principautés démoniaques, pour guérir les malades et chasser les démons. Il a accompli Esaïe 61:1, "Le Ruach (Esprit) d'Adonaï Elohim est sur moi, parce qu'Adonaï m'a oint pour proclamer la Bonne Nouvelle aux pauvres. Il m'a envoyé pour panser les cœurs brisés, pour proclamer la liberté aux captifs..."

Il a donné la même onction à ses disciples juifs :

Yeshua convoqua ses douze disciples et leur donna autorité sur les esprits impurs, afin qu'ils puissent les chasser et guérir toutes sortes de maladies et d'affections.

— Matthieu 10:1

Mais cela ne s'est pas arrêté aux douze :

Après cela, Adonaï en désigna soixante-dix autres et les envoya par deux devant Lui dans chaque ville et lieu où Il allait se rendre. Et Il leur disait : "La moisson est abondante, mais les ouvriers sont peu nombreux. Priez donc Adonaï de la moisson d'envoyer des ouvriers dans Sa moisson". Alors les

soixante-dix revinrent avec joie, en disant : "Maître, même les démons se soumettent à nous en Ton nom !"

— Luc 10 :-2, 17

Il n'avait pas l'intention de récolter la moisson des âmes sans l'onction et la puissance du Saint-Esprit pour guérir les malades et chasser les démons.

Voici les dernières paroles du Maître avant qu'il ne soit pris. C'est sa volonté et son testament pour tous les croyants, tant juifs que païens !

> **Mais vous recevrez une puissance quand le Ruach HaKodesh (Esprit Saint) sera venu sur vous ; et vous serez Mes témoins à Jérusalem, et à travers toute la Judée, la Samarie, et jusqu'aux extrémités de la terre". Après avoir dit cela, pendant qu'ils veillaient, il fut enlevé, et une nuée le prit hors de leur vue.**

— Actes 1:8–9

Après sa résurrection des morts, il a ordonné à ses disciples de ne rien faire tant qu'ils n'auraient pas reçu la puissance du Saint-Esprit. Aucune bonne œuvre religieuse n'aurait fait l'affaire, mais seulement celles faites par l'onction et la puissance du Saint-Esprit.

> **Lorsque le jour de Shavuot (Pentecôte) est arrivé, ils étaient tous réunis au même endroit. Soudain, un bruit comme celui d'un vent puissant et impétueux vint du ciel et remplit toute la maison où ils étaient assis. Et des langues comme un feu qui se répand leur apparurent et s'installèrent sur chacun d'eux. Ils furent tous remplis du Ruach HaKodesh (Esprit-Saint) et**

se mirent à parler d'autres langues, le Ruach leur permettant de s'exprimer.

— Actes 2:1-4

Le Saint-Esprit est tombé sur ces disciples juifs, environ cent vingt d'entre eux dans une chambre haute de l'enceinte du Temple, où ils priaient et cherchaient Dieu. Ils étaient tous d'un seul cœur, célébrant la fête biblique de Shavuot (Pentecôte). Ils étaient tous "sur la même longueur d'onde" sur le plan doctrinal et n'avaient qu'un seul but : recevoir la puissance du Père par l'Esprit pour devenir témoins de l'Oint, de Jérusalem à la Judée, à la Samarie et aux extrémités de la terre. Voici les marques qui ont suivi tous ces croyants juifs qui ont suivi un Messie juif :

Il leur dit : "Allez dans le monde entier et proclamez la Bonne Nouvelle à toute créature. Celui qui croit et qui est baptisé sera sauvé, mais celui qui ne croit pas sera condamné. Ces signes accompagneront ceux qui croient : en Mon nom, ils chasseront les démons ; ils parleront de nouvelles langues ; ils se saisiront des serpents ; et s'ils boivent quelque boisson mortelle, cela ne leur fera pas de mal ; ils imposeront les mains aux malades, et ils seront guéris". Alors l'Éternel Yeshua, après qu'il leur eut parlé, fut enlevé au ciel et s'assit à la droite de Dieu. Ils s'en allèrent et proclamèrent partout la Bonne Nouvelle, Adonaï travaillant avec eux et confirmant la parole par les signes qui l'accompagne.

— Marc 16:15-20

Cela ne devait jamais s'arrêter jusqu'à la fin des âges.

> Allez donc et faites de toutes les nations des disciples, les baptisant en mon nom, leur apprenant à observer tout ce que je vous ai commandé. Et souvenez-vous ! Je suis avec vous pour toujours, même jusqu'à la fin de l'âge.
>
> — MATTHIEU 28:19-20

Ses disciples devaient porter les marques de l'onction et de sa puissance sans interruption et partout où ils allaient, à chaque génération.

La théologie de substitution, par le biais du vol d'identité du Messie, a volé la judaïcité de l'évangile et la puissante onction qui va de pair avec sa véritable identité de Roi oint des Juifs. Nous tous, Juifs et Gentils, greffés sur l'olivier (Rom. 11:11-24), sommes appelés à être des croyants messianiques et oints pour manifester son royaume dans la sainteté et la puissance.

Il leur a donné le pouvoir de faire des disciples de nations entières, de guérir les malades, de chasser les démons et de leur apprendre à observer tout ce qu'il leur avait enseigné. Il a enseigné la Torah à ses disciples tout le temps. Il a exposé tout ce qui avait été reçu par Moïse et l'a rendu glorieux, y compris toutes les lois sociales et morales (lois de justice pour le peuple). Il a apporté la plénitude de la signification prophétique à chacune des fêtes d'Israël et Il les a toutes célébrées. Il a gardé le Shabbat dans la liberté de l'Esprit Saint pour faire le bien, pour guérir et pour délivrer. Il a affronté les chefs religieux de son époque. Il a renversé les tables des changeurs avides d'argent, et plus encore. C'était le Messie juif qui se révélait à son peuple juif. Et Il leur a demandé de faire de même et d'enseigner aux autres à faire de même jusqu'à la fin des temps.

Le 21ème siècle, comme le 1er siècle!

Puis, avant de partir pour accomplir son appel à déverser sa vie en notre faveur, il a prié sa volonté au Père en Jean 17. Il a dit que d'autres en viendront à croire à cause de leur message, le message que les disciples juifs apporteront. Il a prié pour que ces "autres" qui viendront ne fassent qu'un avec les Juifs croyants afin que le monde croie que le Père l'avait envoyé.

> Je ne prie pas seulement pour eux (les Juifs croyants), mais aussi pour ceux qui croient en moi à travers leur message (les autres Juifs et de nombreux païens), afin qu'ils soient tous un. De même que Toi, Père, es en moi et que je suis en toi, qu'ils soient un en nous, afin que le monde croie que tu m'as envoyé. Je leur ai donné la gloire que Tu m'as donnée, afin qu'ils soient un comme Nous sommes un - moi en eux et Toi en moi - afin qu'ils soient parfaits dans l'unité, pour que le monde sache que Tu m'as envoyé et que Tu les as aimés comme Tu m'as aimé.
>
> — Jean 17:20-23

La seule condition préalable pour que le monde croie est que les Juifs et les païens au Messie, l'Oint, soient *echad*, qui est le mot hébreu pour "un". Cela est devenu impossible lorsque Constantin, soutenu par tous les évêques païens du quatrième siècle, a signé le document de divorce appelé le Concile de Nicée qui ordonnait à tous les chrétiens de "se séparer de la détestable compagnie des Juifs car le Sauveur nous a montré une autre voie" (Perceval). Ce "sauveur" que Constantin a mentionné était un imposteur et il avait volé l'identité et usurpé la vocation du Messie juif. L'"autre voie" que cet imposteur "sauveur" a montré n'est rien de moins qu'un autre évangile ou une autre apostasie

La perte de l'Onction

Mais même si nous (ou un ange du ciel) devions vous annoncer une "bonne nouvelle" autre que celle que nous vous avons annoncée, que cette personne soit maudite !

— Galates 1:8

Yeshua, le Messie juif n'était plus autorisé à entrer dans l'Église. Ceux qui voulaient Le suivre devaient sortir du camp de l'église principale et, la plupart du temps, se cacher sous terre. Comme l'antisémitisme et la haine contre les Juifs et toutes choses juives en ont été la conséquence, il n'était plus sûr d'être un Juif dans l'Église. Le précieux Saint-Esprit s'est retiré de ce système religieux trompeur du christianisme. Les signes, les merveilles et les miracles cessèrent. L'Église a lentement mais sûrement dérivé vers l'âge des ténèbres. Puis vinrent les Croisades, les Inquisitions, les pogroms et la Shoah nazie, tout cela au nom du christianisme, au nom de Jésus-Christ, laissant une traînée de sang juif qui pleure depuis le sol.

Puis il a dit : "Qu'avez-vous fait ? La voix du sang de ton frère crie vers moi depuis la terre .

— Genese 4:10

La Lumière du monde, le Lion de Juda et son onction avaient été rejetés, et les ténèbres régnaient depuis de nombreuses générations. De profondes ténèbres recouvraient la terre à travers le christianisme. L'Église du XXIe siècle essaie encore de se remettre de cette profonde obscurité, car dans de nombreux cercles chrétiens, les gens sont encore divorcés de la judaïcité du Messie et de l'onction et de la puissance de son Saint-Esprit. La division règne toujours au sein de l'Église, et la lutte entre ceux qui croient au baptême du Saint-Esprit et ceux qui n'y croient pas existe toujours. En fait, très peu de gens savent que même au 21e siècle, la puissance du Saint-Esprit manque cruellement dans nos services, aussi professionnels qu'ils paraissent.

C'est la première conséquence de l'expulsion des Juifs, de la coupure des racines juives et, par conséquent, de l'élimination du Messie juif de nos églises le Saint-Esprit et les feuilles d'onction

On ne peut pas séparer le Messie juif de son onction. D'autre part, dans de nombreux cercles messianiques, les croyants sont tombés dans le piège de l'autosatisfaction et de la religiosité. Sans le savoir, ils ont adopté une théologie de substitution en remplaçant le Saint-Esprit par les liturgies et les traditions. Dès le début de notre voyage de vie ensemble, mon mari et moi (tous deux juifs) avons fait le vœu devant le Tout-Puissant que tout ce qui est oint, nous le ferons, et tout ce qui n'est pas oint, nous l'éviterons. Sans son Saint-Esprit, son onction et sa présence, nous ne sommes rien. Tous nos actes religieux sont comme des linges menstruels devant Lui.

"Car nous sommes tous devenus comme un seul homme impur, et toute notre justice est comme un vêtement sale, un linge menstruel souillé, et nous nous flétrissons tous comme une feuille, et nos iniquités nous emportent comme le vent" (Es. 64:5). Les traditions religieuses et les bonnes œuvres sans véritable sainteté et justice lui sont répugnantes.

Lorsque nous rétablissons la véritable identité du Messie, cela commence par le fait qu'il est le Messie, l'Oint, et que nous sommes oints par son Esprit Saint et son feu.

Au XXIe siècle, tout comme au IVe siècle, la religion et le professionnalisme ont remplacé le pouvoir de Dieu. La plupart du temps, le ministère est devenu une entreprise, une carrière à poursuivre pour l'argent ou la gloire (ou même pour faire quelque chose de bien), mais pas en raison d'un appel divin, de dons spirituels et de la puissance du Saint-Esprit.

Au XXIe siècle, tout comme au IVe siècle, la religion et le professionnalisme ont remplacé le pouvoir de Dieu. La plupart du temps, le ministère est devenu une entreprise, une carrière à poursuivre pour l'argent ou la gloire (ou même pour faire quelque chose de bien), mais pas en raison d'un appel divin, de dons spirituels et de la puissance du Saint-Esprit.

La trompette de la repentance de Shofar sonne depuis qu'Israël est devenu un État en 1948, déclarant qu'il est temps de faire à nouveau connaissance avec Yeshua en tant que Messie juif. Il est également temps de faire connaissance avec le cœur du Père pour Israël et de coopérer avec Lui pour sa restauration.

L'appel est aussi de faire la restitution au peuple juif pour tous les péchés commis contre lui au nom de la chrétienté. Mais tout cela ne peut se réaliser pleinement que lorsque nous aurons récupéré l'identité du Messie juif. Sinon, l'onction partira, et ce sera *l'ichabod*, qui signifie en hébreu *"le départ de la gloire"*. Cela s'est produit dans l'ancien Israël lorsque les prêtres péchaient, et qu'ils aimaient l'offrande mais pas le peuple. Ils s'étaient écartés de la Torah et adoraient un dieu de leur propre fabrication.

> **Alors elle a nommé l'enfant Ichabod en disant : "La gloire a quitté Israël" - à cause de la capture de l'Arche de Dieu, et à cause de son beau-père et de son mari.**
>
> — 1 Samuel 4:21

Voulez-vous une popularité avec Dieu ou avec l'homme?

Aujourd'hui, de nombreux ministres craignent de perdre leurs dîmes, leurs offrandes et leur popularité s'ils s'attaquent à la judaïcité du Messie. Ceux qui sont déjà éclairés la minimisent parfois pour se fondre dans la masse et ne pas faire trop de "vagues". Mais, si nous voulons avoir le pouvoir et l'autorité que les disciples avaient il y a 2000 ans, nous devons revenir au même évangile fait en Sion, et au même Messie juif, Yeshua, embrassant son style de vie de sainteté et de justice. Le Saint-Esprit a donné le pouvoir et l'onction à ces disciples, tout comme leur Maître juif. Rien ne peut remplacer l'onction - ni l'argent, ni la tradition religieuse, ni le professionnalisme ne peuvent se comparer à une goutte de sa puissance et à un moment en sa présence.

Rappelons-nous que le Saint-Esprit est parti après le divorce de l'Église de la judaïcité du Messie et des croyants juifs de l'époque. Chaque mouvement de l'Esprit depuis lors a rétabli ce que le vol d'identité et la théologie du remplacement ont volé.

La bataille n'est pas entre les différentes confessions du christianisme : La bataille est entre chaque croyant et la principauté anti-MESITOJUS.

> Car notre combat n'est pas contre la chair et le sang, mais contre les dirigeants, contre les puissances, contre les forces mondiales de cette obscurité, et contre les forces spirituelles de la méchanceté dans les lieux célestes.
>
> — Ephesiens 6:12

Le combat n'est pas contre vos frères et sœurs : il est contre Satan lui-même, qui cherche à maintenir l'Eglise divisée et faible. La tête anti-Messie ou anti-Onction de ce monstre à cinq têtes doit être coupée de l'Église et la seule façon d'y parvenir est la repentance. Le mot pour la repentance en hébreu est teshuva, qui signifie "revenir pour être restauré". Ce voyage de retour peut commencer par une simple prière.

Une prière pour la restauration

Père Dieu du ciel, pardonne-moi d'avoir rejeté la judaïcité du Messie, ainsi que l'onction et la puissance du Saint-Esprit. Je t'ouvre mon cœur, Yeshua, en tant que mon Messie et Sauveur juif. Je te demande de me remplir de ton Saint-Esprit et de ton feu comme tu as rempli les disciples avant le vol d'identité du Messie. Merci de me rendre l'évangile original fait en Sion au nom de Yeshua. Amen!

PORTAIL 5

LE RETOUR DE L'ONCTION

Car personne ne peut poser un autre fondement que celui qui a été posé, savoir Yeshua le Messie.

—1 CORINTHIENS 3:11

Le Messie est le Roi d'Israël. Tous les rois d'Israël devaient être oints par le Prophète de Dieu avec l'huile pour pouvoir régner. Ensuite, la puissance du Saint-Esprit s'abattrait sur le roi et il deviendrait "un autre homme".

> Puis Samuel prit la fiole d'huile et la versa sur sa tête (celle de Saül). Puis il l'embrassa et dit : "Adonaï ne t'a-t-il pas oint pour régner sur son héritage ?" Après cela, tu arriveras à la colline de Dieu, où se trouve la garnison des Philistins. Dès que tu seras entré dans la ville, tu rencontreras une bande de prophètes descendant du haut lieu, précédés d'une harpe, d'un tambourin et d'une flûte, et ils prophétiseront.

> Alors le Ruah d'ADONAÏ (l'Esprit de Dieu) te saisira et tu prophétiseras avec eux- tu deviendras un homme nouveau .
>
> — 1 SAMUEL 10:1,5

Saul est devenu comme suralimenté et a reçu le pouvoir divin de gouverner.

Aucune école politique des rois ne pouvait donner de pouvoir aux rois oints d'Israël ou leur apprendre à gouverner par leur propre force. Ils devaient être dotés de façon surnaturelle par YHVH, le Dieu d'Israël. Alors le roi sera appelé Mashiach ADONAI ou "Messie, l'Oint de YHVH."

> ADONAI ELOHIM, NE REJETTE PAS TON OINT *(Machia'h ou Messie)*. SOUVIENS-TOI DE LA LOYAUTÉ DE TON SERVITEUR DAVID.
>
> — 2 CHRONIQUES 6:42

L'Esprit de Dieu a oint le roi Yeshua après son *mikveh* (baptême) dans le Jourdain par Yochanan, qui est Jean. L'Esprit se posa sur lui comme une colombe et la voix du Dieu d'Israël déclara : "Celui-ci est mon fils bien-aimé, en qui j'ai mis toute mon affection"(Mat. 3:16-17).

L'Esprit Saint a toujours doté le Roi, Machia'h ADONAÏ . C'est ce qui est arrivé à Yeshua ; son élection est devenue claire grâce à l'onction du Saint-Esprit.

Vous savez comment Dieu a oint du Saint-Esprit et de force Jésus de Nazareth, qui allait de lieu en lieu faisant du bien et guérissant tous ceux qui étaient sous l'empire du diable, car Dieu était avec lui.

— Actes 10:38

Être *messianique* signifie être *oint alors* que nous devenons un avec le Roi oint des Juifs et avec son onction pour gouverner et détrôner les principautés démoniaques.

Ils sortirent et proclamèrent partout, L'Éternel travaillant avec eux et confirmant la parole par les signes qui suivent.

— Marc 16:20

Sommes-nous donc vraiment Messianiques ou Chrétiens?

Ce noble titre de Messianique est porté par beaucoup de ceux qui ont rejeté l'onction du Saint-Esprit en jugeant et en rejetant ceux qui portent l'onction. Le scepticisme, le jugement, l'autosatisfaction et l'incrédulité pure et simple privent certains cercles messianiques de la puissante onction du Saint-Esprit. Il s'agit d'un vol d'identité, car la principauté anti-Messie est toujours au pouvoir, tant dans certaines congrégations messianiques que dans de nombreuses églises chrétiennes.

Personne n'est vraiment "Messianique" si nous n'embrassons pas, n'aimons pas et ne portons pas l'onction. Aujourd'hui, être messianique dans de nombreux cercles signifie faire partie d'une autre dénomination religieuse qui possède certaines liturgies juives et une terminologie hébraïque. Beaucoup de ceux que l'on appelle messianiques sont encore profondément ancrés dans la théologie du remplacement, car ils ont remplacé la puissance et le feu du Saint-Esprit par les traditions des hommes.

Ils n'ont embrassé qu'une partie du Messie juif, à savoir qu'Il est juif et que le Shabbat, les fêtes bibliques et la Torah ne sont pas supprimés, comme Yeshua l'a fortement exhorté (Mat. 5:17-22).

> **Ne croyez pas que je sois venu pour abolir la Loi (la Torah) ou les Prophètes ; je ne suis pas venu pour abolir mais pour accomplir. Car, en vérité, je vous le dis, tant que le ciel et la terre ne passeront pas, il ne disparaîtra pas de la Loi la moindre lettre ou le moindre trait, jusqu'à ce que tout soit accompli. Quiconque donc annule l'un des plus petits de ces commandements, et enseigne aux autres à faire de même, sera appelé le plus petit dans le royaume des cieux ; mais quiconque les observera et les enseignera, sera appelé grand dans le royaume des cieux.**
>
> — Mattieu 5:17-19

Mais beaucoup, bien qu'ils se disent messianiques, ont rejeté la puissance, le feu et les manifestations du Saint-Esprit. Ainsi, l'onction est affligée dans de nombreuses congrégations messianiques - les péchés sont incontrôlés, tout comme dans de nombreuses églises chrétiennes, et il n'y a pas de croissance spirituelle.

Être choisi comme ses disciples messianiques et oints devient clair lorsque son Ruah (Esprit) nous remplit et nous est accordé. C'est pourquoi Il a dit de ne rien faire avant que nous ne recevions le Saint-Esprit. Nous devenons alors différents - il nous donne le puissance d'accomplir des exploits surnaturels et de régner comme il a régné sur les démons.

Yeshua a dit : "Mon royaume n'est pas de ce monde" (Jean 18:36). Il n'a pas une seule fois encouragé ses disciples à suivre un système religieux quelconque, bien qu'il ait été très clair sur l'obéissance à ses commandements.

> **Si vous gardez mes commandements, vous demeurerez dans mon amour, tout comme j'ai gardé les commandements de mon père et je demeure dans son amour.**
>
> — Jean 15:10

> **Il a versé un peu de l'huile de l'onction sur la tête d'Aaron et l'a oint pour le consacrer.**
>
> — Lévitique 8:12

Tout comme les rois ont été oints d'huile pour gouverner, les sacrificateurs ont été oints d'huile pour exercer leur ministère. En fait, tout ce qui se trouvait dans le Tabernacle devait être oint d'huile. Aucun service à YHVH ne pouvait être rendu sans l'onction.

> **Prenez l'huile d'onction et oignez le Tabernacle et tout ce qu'il contient, et consacrez-le, ainsi que tout son mobilier, et il sera saint.**
>
> — Exode 40:9

Nous devons être oints rois et prêtres pour notre Dieu. Nous sommes aussi devenus le Tabernacle de Sa présence et Ses vases d'adoration. Il doit nous oindre. C'est l'onction du Saint-Esprit qui nous consacre dans le service afin qu'il puisse nous séparer de la saleté de ce monde et rester pur. Aucun dispositif humain, aucune tradition religieuse, rien d'autre que l'onction du Saint-Esprit qui nous donne la puissance de servir et de marcher avec lui.

L'Église du quatrième siècle a établi un système religieux de remplacement non oint du christianisme parce qu'elle a rejeté le Messie juif, les racines juives, le Shabbat, les fêtes bibliques et tous les juifs. Chacun doit embrasser le Messie, à savoir l'Oint avec son onction, y compris les groupes messianiques qui ont embrassé la judéité du Messie. Nos noms ne nous définissent pas - nos fruits le font..

Atteindre des sommets

L'onction nous appelle à des motifs plus élevés d'obéissance et de responsabilité envers le Très-Haut, et aussi à un niveau plus profond d'intimité et de sacrifice. Bien que de nombreuses personnes tentent d'imiter l'onction par des manipulations spirituelles et un professionnalisme, l'onction ne peut être ni imitée ni achetée. Dieu ne peut la donner qu'aux cœurs repentants.

> Lorsque Simon a vu que le Ruach HaKodesh (Saint-Esprit) était donné par l'imposition des mains par les émissaires (apôtres), il leur a offert de l'argent en disant : "Donnez-moi aussi ce pouvoir, afin que quiconque reçoive le Ruach HaKodesh. Pierre lui dit : "Que ton argent pourrisse, et toi avec, car tu pensais pouvoir acheter le don de Dieu avec de l'argent ! Tu n'as aucune part dans cette affaire, car ton cœur n'est pas juste devant Dieu. Par conséquent, repens-toi de ta

méchanceté et prie ADONAÏ que, si possible, l'intention de ton cœur soit pardonnée. Car je vois en toi le poison de l'amertume et l'esclavage de l'iniquité !" Simon répondit : "Prie pour moi, afin que rien de ce que tu as dit ne vienne sur moi."

— ACTES 8:18–24

L'incrédulité est également un sous-produit du remplacement du Messie juif par un système religieux. Là où il y a incrédulité et déshonneur, le Saint-Esprit est affligé - et même le plus grand des ministres ne peut pas afficher la puissance de Dieu. Yeshua lui-même ne pouvait pas faire de miracles à Nazareth.

Et il était pour eux une occasion de chute. Mais Yeshua leur dit : Un prophète n'est méprisé que dans sa patrie et dans sa maison. Et il ne fit pas beaucoup de miracles dans ce lieu, à cause de leur incrédulité.

— MATTHIEU 13:57–58

La *familiarité et le déshonneur* tuent l'onction. Les Juifs, étant les pères et les mères de la foi, ont été *déshonorés* et *remplacés* par d'autres pères de l'église qui, avec l'empereur Constantin, ont élaboré un système religieux qui *déshonore les Juifs et tout ce qui est juif*. En conséquence, l'onction est partie, et les miracles ont cessé. Ce système religieux déformé affecte les chrétiens jusqu'à ce jour, car ils continuent à déshonorer le peuple juif.

> Mon désir est de bénir ceux qui vous bénissent, mais quiconque vous maudit, je le maudirai, et en vous toutes les familles de la terre seront bénies.
>
> — **Genese 12:3**

Chaque fois que nous ne comprenons pas quelque chose, nous devrions être comme Miriam (Marie), la mère juive de Yeshua, lorsqu'elle reçoit la visite de l'ange Gabriel. Au lieu de rejeter ce qui est nouveau ou nous semble étranger, nous devons dire en tant que Miriam : "qu'il me soit fait selon ta parole".

> TL'ange lui répondit : "Le Saint-Esprit viendra sur toi, et la puissance du Très-Haut te couvrira de son ombre ; et c'est pourquoi l'Enfant saint sera appelé Fils de Dieu. Et voici que ta parente Elisabeth a elle aussi conçu un fils dans sa vieillesse ; et celle qui était appelée stérile en est maintenant à son sixième mois. Car rien ne sera impossible à Dieu". Et Miriam (Marie) dit : "Je suis de Yahvé ; qu'il me soit fait selon ta parole." Et l'ange s'éloigna d'elle.
>
> — **Luc 1:35-38**

La raison pour laquelle beaucoup ne sont pas oints est que cela exige tout de nous ; cela exige une reddition complète au Maître. Bien que l'onction soit accordée librement à ses fidèles, elle n'est pas bon marché. Nous devons mourir à nous-mêmes et à notre propre programme pour marcher dans l'onction. Si nous ne le faisons pas, nous la perdons comme le roi Saül l'a perdue à cause de l'ambition égoïste, de la peur des hommes et de la jalousie de l'onction de David.

> Le Ruah ADONAI (l'esprit de l'Éternel) s'était éloigné de Saül, et un esprit maléfique d'ADONAI l'avait terrifié
>
> — 1 SAMUEL 16:14

De même, l'église du quatrième siècle a perdu l'Esprit d'ADONAI à cause de l'ambition égoïste, de la peur des hommes (à travers la persécution romaine), et de la jalousie contre les Juifs qui étaient les héritiers naturels de la Nouvelle Alliance. Puis un esprit maléfique d'antisémitisme a possédé cette église.

Constantin a dit : "nous n'avons pas besoin de ces Juifs, nous savons bien mieux" - en rejetant les Juifs, il a aussi rejeté l'onction. Mais nous pouvons nous rétablir et être restaurés, maintenant que Dieu a révélé cette transgression.

Une importante prière contre l'ignorance

Père, qui es aux cieux, je désire ardemment plus de Toi. Pardonne-moi mon ignorance sur Ton onction et la puissance de Ton Esprit Saint. Je Te demande pardon pour toute attitude de jugement, de jalousie ou de haine envers les Juifs. Malgré toutes les théologies dont j'ai pu hériter et qui s'opposent à ta gloire, je te demande de me remplir de ton Saint-Esprit et de ton feu afin que je puisse marcher dans ton onction tous les jours de ma vie. Au nom de Yeshua, amen.

PORTAIL 6

COMME J'AIME TON ESPRIT

Les 3 "ne pas..."

N'éteignez pas l'Esprit, ne méprisez pas les messages prophétiques, mais testez tout, tenez-vous en à ce qui est bon.

—1 THESSALONICIENS 5:19–21

1: N'éteignez pas l'Esprit (1 Thes. 5:19)

Nous étouffons, rétrécissons et diminuons le Saint-Esprit en nous lorsque les messages prophétiques sont méprisés, raillés, rejetés ou pris à la légère. Les messages prophétiques ne correspondent pas toujours à notre compréhension doctrinale. Lorsque cela se produit, les gens les rejettent généralement. Parfois, un message prophétique est apporté par des vaisseaux improbables. Cela peut offenser notre fierté et nous pouvons les rejeter comme s'ils n'étaient rien. Il est très important de les tester, avant de les rejeter comme étant ridicules, "hors de propos" ou sans importance. Une façon de les tester est de prier et de demander au Père de nous révéler ce qui vient vraiment de Lui. Une autre façon est d'attendre de voir si la parole prophétique se réalise.

Par exemple, en 1993, j'ai reçu du Saint-Esprit la prophétie de la rose décrite au début de ce livre. J'ai publié cette prophétie dans mon livre « La puissance de guérison des racines. » Ceux qui y ont répondu se sont repentis et ont été grandement transformés. Mais beaucoup ont dit qu'elle était "hors d'atteinte" et que leur vie s'était asséchée. 27 ans plus tard, cette prophétie s'est réalisée, car il y a de nombreux signes d'apostasie et de mort spirituelle dans de nombreuses églises. Cette génération ne veut même pas aller à l'église. Le péché est aussi répandu à l'intérieur de l'église qu'à l'extérieur : cela inclut l'avortement, l'inceste, le divorce, les abus sexuels, la pornographie, l'adultère (même en chaire), la toxicomanie, la cigarette et l'alcoolisme, et la liste est longue. Et la plupart des pasteurs ne réprimandent pas les brebis parce qu'ils sont eux-mêmes immatures et ont besoin d'être corrigés. L'amour de Mammon et l'ambition égoïste règnent en maître. Il est rare de trouver des croyants vraiment oints, abandonnés et obéissants.

Vous souvenez-vous de la prophétie de la rose ?

Avant d'écrire mon premier livre sur le sujet (connu dans le monde entier sous le nom de *"The Healing Power of the Roots")* *la puissance de guérison des racines,* j'ai demandé au Tout-Puissant : "pourquoi est-il si important d'exercer le ministère sur les racines juives à l'Église ? Sa réponse m'a été très claire et m'a permis de continuer à transmettre ce message pendant près de trois décennies : "C'est une question de vie ou de mort. L'Église a été comme une rose coupée de ses racines et placée dans un vase avec de l'eau pendant deux jours. Mais le troisième jour, si elle n'est pas replantée, elle mourra sûrement". Un jour est comme mille ans pour L'Éternel. C'est le troisième jour, le troisième millénaire, et la rose est en train de mourir.

2: N'attristez pas l'Esprit (Eph. 4:30)

N'attristez pas le Ruah HaKodesh (Esprit Saint) de Dieu, par lequel vous avez été scellé pour le jour de la rédemption. Débarrassez-vous de toute amertume, de toute rage, de toute colère, de toute querelle et de toute calomnie, ainsi que de toute malveillance. Soyez plutôt bons les uns envers les autres, compatissants, vous pardonnant mutuellement, comme Dieu vous a pardonné dans le Messie.

— Ephesiens 4:30–32

La Teshuvah (repentance sincère) guérirait la plupart des maladies des croyants.

Beaucoup ont attristé l'Esprit en rejetant les choses suivantes : Les Juifs, la judaïcité de l'Évangile, le culte davidique et la Torah (disant que la Loi est abolie). On croit souvent qu'Israël n'est qu'un pays parmi d'autres au Moyen-Orient. À cause du chagrin de l'Esprit, beaucoup finissent par mépriser les Juifs et tout ce qui est juif. Attrister le Saint-Esprit est pire que l'extinction du Saint-Esprit, et peut conduire à de graves problèmes, voire à la fermeture de congrégations entières. J'ai vu deux congrégations qui ont connu un réveil être complètement démantelées parce que les pasteurs ont attristé le Saint-Esprit.

Dans les années 90, nous étions pasteurs d'une congrégation à Dallas, au Texas. En fait, nous l'avons implantée. Des amis que nous avions rencontrés à l'école biblique ont été pasteurs d'une autre petite congrégation. Ils nous ont demandé de les rejoindre et de fusionner les deux groupes. La raison en était le fait que Dieu s'était servi de moi pour leur apporter le réveil. Je suis venu à leur secours et les ai aidés dans leur culte lorsque leur responsable de culte a soudain démissionné.

Après que le pasteur ai prêché, mes mains ont commencé à "picoter", et Dieu a libéré le ciel. Le Saint-Esprit est tombé en ce lieu comme jamais auparavant - les gens ont été sauvés et guéris miraculeusement. C'était la première fois que je comprenais ce qu'étaient les "rouleaux sacrés", car les gens étaient "ivres" sous la puissance du Saint-Esprit, et roulaient littéralement dans les allées. Ce qui s'est passé était incroyable !

Mon mari n'était pas avec moi car il s'était mis à part pour prier pendant sept jours à l'intérieur d'un placard, s'abstenant de toute nourriture ou eau. Il voulait que le Tout-Puissant le guide pour "son ministère". Cependant, le Dieu de l'univers qui ne fait pas acception de personnes, est tombé sur cette femme israélienne avec une onction de réveil qui m'accompagnera pour le reste de mon voyage terrestre.

Des déversements et des apparitions du Saint-Esprit ont eu lieu dans différentes dimensions au cours de nos 30 années de ministère, voyageant dans plus de 50 nations. Mais de retour à Dallas, au Texas, nos amis pasteurs ont été stupéfaits et nous ont demandé de fusionner. Ils convoitaient ce que nous avions pour leur peuple. Avec le recul, nous avons fait une erreur : nous aurions dû nous lier et non pas fusionner, en maintenant notre congrégation séparée. Mais nous ne savions pas ce qui allait se passer ensuite.

Après que nous ayons fusionné et que nous soyons devenus co-pasteurs, ils nous ont interdit d'introduire quoi que ce soit de juif dans la congrégation, y compris toute danse biblique israélienne. Ils ne croyaient pas au culte davidique, et ne voulaient pas non plus ce que nous avions, à part le pouvoir du Saint-Esprit de faire des miracles. Cependant, nous avons été appelés à ramener spirituellement l'Église de Rome à Jérusalem et à l'Évangile original fait en Sion avec des racines juives. Et mon onction est très particulière au message que je porte. C'est une question de vie ou de mort pour l'Église de se repentir de l'antisémitisme ouvert et caché. Croyez-moi, les deux existent dans la plupart des églises et dans toutes les différentes dénominations. Dieu m'a donné le privilège d'afficher Sa puissance miraculeuse pour que les gens puissent écouter attentivement le message de repentance. Au moment où ces pasteurs ont voulu que l'onction soit dans ma vie sans le message, sans notre "danse juive" et nos racines juives, le Saint-Esprit a été violemment affligé. Il nous a dit de quitter cette relation, que ce serait *ichabod* (la gloire partirait). Nous sommes partis en n'emmenant personne avec nous, et avec nous, la gloire s'en est allée. En quelques mois, cette église a fermé. Nous étions très tristes. Combien d'autres églises seront fermées par le Père pour avoir rejeté les apôtres juifs envoyés de Sion ? Vous vous souvenez de ce qui s'est passé avec Michal (la fille de Saül qui est devenue la femme du roi David) ? Elle est devenue stérile parce qu'elle critiquait son mari qui dansait et vénérait YAH . Eh bien, cette congrégation a cessé d'exister parce qu'ils se sont opposés à la danse davidique, qui était "trop juive" à leurs yeux. L'écriture suivante parle de nous, les descendants d'Abraham, d'Isaac et de Jacob.

Il n'a permis à personne de les opprimer - pour leur bien, il a réprimandé les rois : Ne touchez pas à Mes oints, et ne faites pas de mal à Mes prophètes.

— Psaume 105:14–15

En 2006, l'Esprit nous a envoyés d'Israël pour participer au centenaire de la rue Azusa à Los Angeles. Nous n'avons eu que deux semaines pour préparer un stand d'exposition et rassembler notre équipe. Nous n'avions pas d'argent, mais j'avais entendu l'instruction du Seigneur d'y aller, et comme ceux qui me connaissent peuvent en témoigner, je ne veux ni éteindre ni affliger le Saint-Esprit. Nous avons fait ce que j'appelle des "acrobaties financières", et nous nous sommes présentés au Centenaire d'Azusa. Il y avait de nombreux stands dans la salle d'exposition, dont certains étaient sponsorisés par des Israéliens. Dans notre stand, nous avions tous mes livres et quelques articles de Judaïca comme des shofars et des manteaux de prière tallit. Nous avions tous de grandes attentes. Il y avait beaucoup de grands prêcheurs et des milliers de participants. Certaines personnes sont venues à notre stand pour acheter certains de mes livres. Un jeune homme du nom de Doug, le fils d'un pasteur, a acheté un exemplaire de Grafted In (Greffés en, un livre basé sur Romains 11). Dans ce livre, j'enseigne à l'Église comment revenir à l'évangile original qui est sorti d'Israël il y a environ 2 000 ans, avec des racines juives, le Shabbat et les fêtes bibliques. J'explique également les commandements de Dieu et comment marcher comme le faisaient les anciens apôtres et disciples juifs, lorsque même leur ombre guérissait les malades. Le jour suivant, Doug est revenu au stand et a dit : "Je ne comprends pas cela ; j'ai acheté beaucoup de livres dans d'autres stands, mais le Saint-Esprit ne me laisse rien lire d'autre que votre livre « Greffé » et cela change la vie!

Cependant, j'ai vu les anges du réveil partout dans cet endroit, et ils restaient inactifs. (Oui, YHVH-Dieu utilise les anges dans Ses réveils). J'ai demandé au Père pourquoi les anges du réveil étaient inactifs avec tant de grands prêcheurs et tant de milliers de personnes désireuses de se réveiller. La réponse est venue le dernier jour où Jack Hayford prêchait l'importance d'Israël.

Le Saint-Esprit a dit : "À moins que l'Église évangélique charismatique et pentecôtiste ne se repente d'avoir ignoré et pris Israël à la légère et d'avoir rejeté le message de restauration de l'évangile original venant d'Israël il y a 2000 ans, je les contournerai tous dans le réveil à venir". La restauration de l'identité du Messie en tant que juif est d'une importance capitale, et avec elle la restauration de l'identité perdue de l'épouse du Messie telle qu'elle a été greffée sur un olivier juif. L'heure est venue d'exposer et de déraciner la fausse identité romaine de Yeshua. Le Saint-Esprit est affligé dans tant d'églises et de congrégations lorsque ce sujet est négligé, pris à la légère ou carrément rejeté. Cependant, le deuil du Saint-Esprit n'est pas seulement quelque chose qui se produit lorsque les gens rejettent les racines juives de la foi. Il afflige Dieu lorsque les gens veulent le réveil et le message, mais seulement superficiellement, car ils continuent à pécher ou à couvrir leurs péchés. L'évangile original tel que prêché en Israël par Yeshua et ensuite par ses disciples juifs commençait par le mot "repentir". En hébreu, la repentance est la teshuva. Il signifie "revenir, se repentir, restaurer" et "la réponse". La réponse à tous nos problèmes est toujours de revenir à Dieu et à Ses voies - en laissant derrière nous nos voies et nos interprétations religieuses politiquement correctes.

Comme ce que beaucoup appellent "l'évangile de la grâce à bon marché" est maintenant de plus en plus populaire (beaucoup l'appellent même "contemporain"), ils ont oublié que l'Ancien des Jours ne change pas. Ce qui était un péché dans l'Ancienne Alliance est aussi un péché dans la Nouvelle Alliance. Tout ce qu'il considérait comme une abomination ou un dégoût pour lui dans l'Ancienne Alliance est toujours une abomination dans la Nouvelle Alliance. En fait, dans la Nouvelle Alliance, le niveau de moralité est beaucoup plus élevé que dans l'Ancienne Alliance, tout comme l'exigence d'obéissance au Maître.

> "Il ne permit à personne de les opprimer, et il reprit des rois à cause d'eux, disant, Ne touchez pas à mes oints, et ne faites pas de mal à mes prophètes."
>
> — 1 Chroniques 16:22

Il y a des conséquences à accepter les racines juives et la manifestation de l'Esprit tout en hébergeant un péché caché dans la direction et dans la congrégation.

Je leur ai dit : "Nous ne sommes pas du réveil de la rue Azusa, ni d'aucune dénomination connue. Nous venons d'Israël, et nous sommes la continuation du réveil de Jérusalem qui s'est produit il y a 2 000 ans".

Puis j'ai pris ma guitare et j'ai chanté une de mes chansons qui est devenue l'hymne de ce réveil de la fin des temps et de ce mouvement de restauration. Cela commence ainsi :

> Restaurer, restaurer la gloire que nous avons perdue il y a si longtemps ; Fais-nous un en Toi, Gentil et Juif.
>
> Ensemble, nous nous lèverons et nous atteindrons toutes les nations ; Comme nous sommes un en Toi, Gentil et Juif.
>
> Car la Clé d'Abraham a été donnée à l'humanité ; Et la Clé d'Abraham ouvre toutes les portes.

Pendant que je chantais, notre plus jeune membre de l'équipe (alors âgée d'une vingtaine d'années) a dansé sous l'onction du Saint-Esprit. Soudain, la puissance de Dieu est tombée comme au jour de la fête de Shavuot (Pentecôte) à Jérusalem, comme mentionné dans le deuxième livre des Actes. Les gens couraient vers l'autel en se repentant, pour ensuite tomber sous la puissance de Dieu sur le tapis. Une dame est tombée de sa chaise et est entrée en transe.

L'Éternel l'a emmenée au ciel pendant quatre heures et lui a dit de pardonner et de ne plus nourrir d'amertume. Les enfants sont arrivés en courant au sanctuaire principal après l'école du dimanche et tombaient sous la puissance de Dieu et pleuraient de repentir. Ils avaient vu sur un écran ce qui se passait dans le sanctuaire principal et ils ont demandé pardon à leurs camarades, à leurs professeurs et à leurs parents pour la colère, la jalousie et la rébellion. Le tapis était rempli de corps d'hommes, de femmes et d'enfants sous le pouvoir d'ADONAI - Dieu - qui se repentait, pleurait, riait, guérissait et s'abandonnait au Messie juif.

L'un des rares qui n'était pas sur le sol était le pasteur. Il regardait cette scène de réveil depuis le banc de devant, les yeux grands ouverts, et je le regardais. Il était stupéfait.

Après quatre heures de cette scène, il m'a attrapé et m'a dit : "Tu ne partiras pas avant de m'avoir expliqué ce que c'est." Nous sommes restés et avons expliqué comment l'Église, divorcée de ses racines juives, a perdu le puissance, et comment l'antisémitisme et la peur de tout ce qui est juif ont affligé le Saint-Esprit. Nous avons également expliqué comment l'Église s'est divisée en plusieurs dénominations, abandonnant le Shabbat et les fêtes bibliques, ce qui a entraîné beaucoup de divisions, de jalousie et de suspicion. Enfin, nous avons partagé comment le Dieu d'Israël voulait que toute l'Église se repente et retourne chez elle, à l'évangile qui est sorti de Jérusalem il y a 2000 ans avec la Torah et l'Esprit.

Je ne sais pas à quel point il a compris, mais ce pasteur, sa femme et ses fidèles ont continué à nous chercher pendant quelques années après cela, et sont même venus faire une tournée en Israël avec nous. Cependant, le pasteur était enchanté par les manifestations spirituelles, mais refusait de se repentir de son adultère. Il trompait sa femme depuis longtemps. Finalement, le Saint-Esprit a été totalement affligé et a fermé cette église.

Dieu est très jaloux de sa présence, et de l'importance de la sainteté. Malheureusement, beaucoup de ceux qui aiment les manifestations du Saint-Esprit le prennent à la légère en rejetant ses commandements écrits. Ils affligent le Saint-Esprit ; ainsi, de nombreux réveils ont été interrompus à cause du péché, en particulier chez les dirigeants.

Lorsque nous savons que Yeshua est le Lion Juif en vérité, nous réalisons que nous ne pouvons pas le prendre à la légère, ni son Esprit, ni sa Parole. Dans la première congrégation juive de croyants messianiques à Jérusalem, le péché ne pouvait pas se cacher. Les apôtres juifs traitaient le péché de façon radicale, comme avec Ananias et Saphira, qui mentaient à propos d'une offrande. Il n'est pas étonnant (dans une telle atmosphère de sainteté et de crainte de YHVH) que même l'ombre des apôtres guérissait les malades.

> **Pierre lui dit : Ananias, pourquoi Satan a-t-il rempli ton cœur, au point que tu mentes au Saint-Esprit, et que tu aies retenu une partie du prix du champ ? S'il n'eût pas été vendu, ne te restait-il pas ? Et, après qu'il a été vendu, le prix n'était-il pas à ta disposition ? Comment as-tu pu mettre en ton cœur un pareil dessein ? Ce n'est pas à des hommes que tu as menti, mais à Dieu. Ananias, entendant ces paroles, tomba, et expira. Une grande crainte saisit tous les auditeurs. Les jeunes gens, s'étant levés, l'enveloppèrent, l'emportèrent, et l'ensevelirent.**
>
> — Actes 5:3–6

Restaurer la judaïcité du Messie ne signifie pas former une autre confession ou un autre système religieux. Une véritable restauration des racines juives de la foi et de l'évangile original de Sion devrait nous conduire à une marche radicale d'obéissance et de sainteté. Dans les deux cas ci-dessus, les églises ont fermé peu après avoir fait le deuil du Saint-Esprit.

Sans repentance le péché pollue les réveils

Il y a quelques années, une effusion du Saint-Esprit a eu lieu dans une ville de Lakeland, en Floride. Comme dans beaucoup d'autres réunions, les gens tombaient sous la puissance de Dieu, en trem-blant et en riant. J'y suis allé avec beaucoup de mes disciples, jeunes et vieux, en espérant recevoir une touche de son Esprit et quelques rafraîchissements. J'ai ouvert mon cœur à tout ce qu'Abba voulait faire. Je veux toujours plus de son Esprit et de sa présence. Cependant, je n'ai rien ressenti, et aucun de mes disciples n'a ressenti d'onction. Ne voulant pas juger, j'ai juste prié : "Abba, montre-moi si cela vient de Toi, et pourquoi je ne ressens rien puisque j'aime tant ton Esprit ?" Bientôt, je suis tombée à genoux, et pendant que les autres tremblaient, riaient et s'amusaient, je sanglotais en poussant de profonds soupirs, puis je me suis mis à pleurer en demandant le pardon de Dieu. Je ne savais pas pourquoi je faisais mon deuil alors que tous les autres riaient.

Quelques jours plus tard, tout est devenu clair. Le chef de ce réveil était dans l'adultère avec une femme parmi ses disciples. Plus tard, il a divorcé de sa femme et a épousé sa maîtresse. Le Saint-Esprit était affligé, et il m'a fait gémir et me repentir en son nom sans savoir pourquoi. Parfois, un véritable mouvement de l'Esprit peut être pollué à cause du péché des dirigeants, ou en ne confrontant pas le péché du peuple. C'est pourquoi le Saint-Esprit est appelé "saint", et si nous permettons au péché de se propager sans contrôle, nous pleurons sa sainteté et polluons ses mouvements !

C'est pourquoi il est si important de rester près de lui - alors nous aurons du discernement, et nous traiterons le Saint-Esprit et l'onction avec respect.

> Pour lui, le portier ouvre, et les brebis entendent sa voix. Le berger appelle ses propres brebis par leur nom et les conduit dehors. "Quand il a fait sortir toutes les siennes, il les devance ; et les brebis le suivent parce qu'elles connaissent sa voix. Elles ne suivront jamais un étranger, mais elles le fuiront, car elles ne connaissent pas la voix des étrangers."
>
> — JEAN 10:3-5

Lorsque la véritable judéité de l'Évangile sera rétablie et que nous retrouverons l'identité du Lion de Juda, la crainte saine et sainte de L'Éternel sera également rétablie. Et avec elle vient l'onction de la sainteté, de l'autorité divine et de sa gloire.

Si vous vous considérez comme un chrétien ou un messianique, et que vous fuyez l'onction et la puissance du Saint-Esprit, vous avez été trompé par la principauté anti-Messie. Vous êtes dans la théologie du remplacement, comme vous avez remplacé le pouvoir divin pour la religion, la politique de l'église et le professionnalisme. Vous pouvez même faire des choses merveilleuses, mais à moins qu'il ne s'agisse d'un pouvoir divin, et que vous marchiez en communion intime avec Yeshua par l'intermédiaire du Saint-Esprit, vous pourriez découvrir trop tard que vous avez adoré une contrefaçon et non le Messie juif.

3: Ne blasphémez pas contre l'Esprit (Mat. 12:31)

> C'est pourquoi je vous dis : Tout péché et tout blasphème sera pardonné aux hommes, mais le blasphème contre l'Esprit

ne sera point pardonné. Quiconque parlera contre le Fils de l'homme, il lui sera pardonné ; mais quiconque parlera contre le Saint-Esprit, il ne lui sera pardonné ni dans ce siècle ni dans le siècle à venir.

— Matthieu 12:31-32

Le blasphème du Saint-Esprit est un pas de plus après attrister l'Esprit. Rejeter le Saint-Esprit est une progression qui commence par l'extinction de l'Esprit et des prophéties. On passe ensuite à l'attristement de l'Esprit par l'orgueil, l'arrogance, l'incrédulité, l'amertume et le péché impénitent. Elle culmine avec le seul péché qui n'est pas pardonné : le blasphème contre le Saint-Esprit.

Pour expliquer cela, chaque fois qu'il y a une manifestation valable du Saint-Esprit (prière en langues, guérisons miraculeuses, chute sous la puissance de Dieu, etc.), et que vous dites que c'est du diable, vous pouvez franchir la ligne du seul péché impardonnable.

Seul Abba connaît le cœur des hommes. Mais le principe est l'humilité et l'honneur. Sois assez humble pour ne pas juger ce que tu ne comprends pas. Ne vous empressez pas de réprimer les manifestations qui vous semblent étranges. Attendez l'Éternel, et il vous montrera la vérité.

Les manifestations de l'Esprit offensent les personnes à l'esprit carnassier. C'est pourquoi il est si important de garder un cœur humble, de s'abstenir d'éteindre ou de faire le deuil de l'Esprit, et de ne jamais juger quoi que ce soit avant l'heure. Nous devons traiter l'onction avec beaucoup de respect et avoir l'humilité de faire attention à ce qui ne correspond pas à notre doctrine. Nous pouvons nous abstenir de participer si nous sommes incertains, mais nous devons également nous abstenir de juger ce que nous ne comprenons pas. Les mots sont "humilité et prudence", jusqu'à ce que nous ayons la révélation du Père.

Michal, la fille de Saül, a jugé David alors qu'il dansait devant l'Arche de YHVH sans ses robes royales, vêtu seulement du vêtement sacerdotal de base appelé l'éphod. Il n'était pas nu, comme beaucoup l'ont mal interprété. Dieu l'a punie par la stérilité jusqu'à la fin de ses jours ; elle ne pouvait pas porter d'enfants. Combien de congrégations sont aujourd'hui stériles, sans un seul mouvement de l'Esprit, et sans nouveau-né ?

> David est revenu pour bénir sa propre maison. Mais la fille de Saül, Mical, sortit pour rencontrer David et dit : "Comment le roi d'Israël s'est distingué aujourd'hui, quand il s'est découvert (de ses robes royales) aujourd'hui aux yeux des filles esclaves de ses sujets, comme tout homme ordinaire et vulgaire se découvrirait sans honte ! "C'est devant ADONAÏ," dit David à Michal, "qui m'a choisi au lieu de ton père et de toute sa famille, en me nommant chef du peuple d'ADONAÏ, d'Israël ! J'ai donc dansé devant ADONAÏ, et je me déshonorerai encore plus que cela, et je serai humilié à mes propres yeux. Mais aux yeux des esclaves que vous avez mentionnées, je serai honoré." Ainsi, la fille de Saül, Michal, n'eut pas d'enfants jusqu'au jour de sa mort.
>
> — 2 SAMUEL 6:20-23

Normalement, lorsque le Très-Haut apporte une nouvelle étape ou bénédiction, elle est différente et "hors norme" pour la plupart. Nous devons rester humbles, souples et enseignables, et faire attention à ne pas penser que nous avons toute la vérité. Nous n'arriverons jamais, nous serons toujours sur son chemin vers plus de lumière, plus de vérité et d'une restauration abondante. Nous devons garder nos cœurs humbles et notre relation avec le Messie Yeshua très attentive à son Esprit Saint.

Accepter le vrai Messie juif et son royaume nous conduira à une obéissance radicale, à une sainteté non religieuse et non rigide, et à une marche sans compromis avec le Saint-Esprit.

L'une des principales marques de la nouvelle alliance donnée au peuple d'Israël pour qu'il la partage avec les nations est l'onction. Sans elle, nous ne sommes rien d'autre que les membres d'une religion morte. Aucun système religieux ne peut sauver, guérir et libérer véritablement le peuple ; seul le Messie juif, avec son onction en nous, peut le faire.

> **L'esprit du Seigneur, Ruah d'Adonaï Elohim, est sur moi, Car Adonaï m'a oint pour porter de bonnes nouvelles aux malheureux ; Il m'a envoyé pour guérir ceux qui ont le cœur brisé, Pour proclamer aux captifs la liberté, Et la libération de la prison à ceux qui sont liés;**
>
> — Esaie 61:1

Avez-vous rejeté la judaïcité de l'évangile ou les manifestations du Saint-Esprit ? Avez-vous eu de mauvaises expériences dans les milieux charismatiques qui vous ont rendu amer et méfiant ?

Avez-vous jugé ce que vous ne connaissez pas ? L'orgueil et la rigidité de la religion vous ont-ils rendus sourds au Bon Pasteur ? Avez-vous peur que l'abandon au Saint-Esprit vous rende "bizarre" ? Vous sentez-vous déprimé ? Êtes-vous constamment malade ? Pensez-vous avoir éteint ou affligé l'Esprit ? Avez-vous peur d'avoir blasphémé le Saint-Esprit, et qu'il n'y ait pas de retour possible ?

La réponse est la repentance de la Teshuva :

Les sacrifices de Dieu sont un esprit brisé. Un cœur brisé et contrit, ô Dieu, tu ne mépriseras pas.

— Psaume 51:19 (Verset 17 dans d'autres versions)

Une Prière de Teshuva: Repentance, Retour, et Restauration

Père, pardonne-moi si j'ai éteint ou affligé Ton Esprit de quelque façon que ce soit. Pardonne-moi d'avoir rejeté une partie de la judaïcité du Messie, ou d'avoir fait preuve d'hostilité, de déshonneur ou d'apathie dans mon cœur envers le peuple juif. Je renonce et résiste au démon de l'anti-Messie, qui est contre Ton onction. Je m'abandonne complètement à Ton Fils, mon Messie juif Yeshua, à Ton Esprit Saint et à la plénitude de Ta Parole. Je me repens de toute rigidité, de toute religiosité et de toute attitude moralisatrice, ainsi que de tout péché de cœur, de corps, d'esprit ou d'âme qui t'offense et m'empêche d'avoir une relation intime avec toi. Merci pour Ton pardon et Ta miséricorde et pour me remplir à nouveau de Ton Esprit Saint et de Ton feu, afin que je puisse Te servir et T'adorer de tout mon cœur tout au long de mes jours. Au nom de Yeshua et pour son bien. Amen !

Pour en savoir plus sur l'Entête numéro un, je vous recommande de lire mon livre, *The Healing Power of the Roots*.*

---

* www.kad-esh.org/shop/the-healing-power-of-the-roots

PORTAIL 7

ISRAËL NOTRE MÈRE

Entête Numéro 2: Anti-Israël

Je dis donc : Est-ce pour tomber qu'ils ont bronché ? Loin de là ! Mais, par leur chute, le salut est devenu accessible aux païens, afin qu'ils fussent excités à la jalousie.

— ROMAINS 11:11

Un des grands principes de la théologie du remplacement et de L'USURPATION D'IDENTITÉ du Messie est le mensonge selon lequel l'Église a remplacé ou supplanté Israël. Dans de nombreuses vieilles églises, des statues de deux femmes étaient placées à un endroit bien en vue du bâtiment de l'église. L'une des statues était celle d'une femme reine, debout avec une couronne sur la tête, et l'autre était celle d'une femme pauvre, brisée, humiliée et courbée. La femme reine représentait "l'Église triomphante" sur l'autre femme, la "Synagogue vaincue", ou les chrétiens triomphant sur les Juifs brisés et humiliés.

La compréhension du christianisme depuis le divorce des racines juives au cours du quatrième siècle - en raison de la codification des décrets au Conseil de Nicée - est qu'Israël est sous une malédiction à jamais. Les prédicateurs déclaraient constamment aux masses que l'Église avait hérité de toutes les bénédictions données par Dieu au peuple d'Israël, et que les Juifs avaient hérité de toutes les malédictions. L'antisémitisme était et est toujours une doctrine fondatrice dans de nombreuses dénominations et églises.

"Nous sommes Israël", disent avec arrogance de nombreux chrétiens ; "Nous sommes l'Israël de Dieu, le vieil Israël a manqué le temps de sa visite quand Jésus-Christ est venu, alors maintenant nous, les chrétiens païens, avons hérité de l'alliance et de toutes ses bénédictions. Et pourtant, Dieu est très clair dans les Ecritures qu'il ne brisera jamais son alliance avec Israël. Il peut la discipliner, mais Il ne la détruira jamais, ne l'abandonnera jamais, et ne cessera jamais d'être le Dieu d'Israël.

> Maintenant, ne crains pas, Jacob Mon serviteur", dit ADONAÏ, "et ne sois pas consterné, Israël, car voici que Je te sauve de loin, ta postérité du pays de son exil. Jacob sera de nouveau tranquille et à l'aise, et personne ne lui fera peur. Car je suis avec toi, déclare ADONAÏ, pour te sauver, car j'anéantirai toutes les nations où je te disperserai. Mais je ne vous détruirai pas complètement. Car je vous disciplinerai avec justice, mais je ne vous laisserai pas impunis."
>
> — JEREMIE 30:10-11

Des nations viendront et des nations iront, et toute nation qui se lèvera contre Israël prendra fin, mais Israël restera à jamais.

"Mais tous ceux qui vous dévoreront seront dévorés, et tous vos ennemis - tous - iront en captivité. Ceux qui vous pillent seront pillés, et je donne comme proie tous ceux qui vous pillent. Car je vous rendrai la santé et je vous guérirai de vos blessures." C'est une déclaration d'ADONAÏ. "Car ils t'ont traité de paria : "Sion - personne ne se soucie d'elle." Ainsi parle ADONAÏ : "En effet, je ramènerai les tentes de Jacob de l'exil, et j'aurai de la compassion pour ses habitations. La ville sera reconstruite sur son tertre. La citadelle occupera la place qui lui revient de droit. D'elles sortiront des actions de grâce et le son de la célébration. Je les multiplierai, afin qu'elles ne diminuent pas. Je les honorerai également, afin qu'elles ne soient pas insignifiantes. Ses enfants aussi seront comme autrefois - sa communauté s'est établie devant moi - et je punirai tous ses oppresseurs".

— JEREMIE 30:16–20

Ce fut un énorme choc pour la plupart des chrétiens quand Israël revint à la vie sur sa propre terre, le 14 mai 1948, après que la Shoah nazie (Holocauste) ait décimé la population juive en anéantissant plus de six millions de personnes, cela a été un choc énorme pour la majeure partie de la chrétienté. Pourtant, malgré la destruction de la plupart des communautés juives et des synagogues d'Europe (des villages entiers ont été rasés de la surface de la terre), cette "synagogue vaincue" a surgi comme un phénix des cendres d'Auschwitz, Birkenau, Treblinka, Sobibor et de nombreux autres camps de la mort et de concentration. Ce furent de véritables survivants : Ces squelettes juifs qui avaient tout perdu à cause d'un régime rempli de haine qui était le point culminant de tout ce que le christianisme avait enseigné au cours des années depuis Constantin et le Concile de Nicée. Hitler a dit : "Je fais la volonté de Dieu" (Hitler). Il a également qualifié Martin Luther de "génie" pour avoir écrit comment traiter durement les Juifs dans son livre "Sur les Juifs et leurs mensonges". (Süss et Luther)

Les églises catholique et protestante ont été endoctrinées à travers les générations à propos des Juifs. La théologie de substitution a appris à la plupart d'entre elles à se moquer de nous et à nous haïr. Cela s'est poursuivi jusqu'à aujourd'hui dans de nombreux cercles. J'aimerais pouvoir vous dire que c'est fini, mais ce n'est pas fini. Il y a constamment des messages sur Internet avec des événements antisémites liés à ceux qui professent un christianisme ou un autre.

Récemment, un groupe du New Jersey appelé les "Hébreux noirs" a assassiné de sang froid des Juifs qui célébraient la fête juive de Hanoukka dans la maison privée de leur rabbin. Ce groupe a prétendu qu'ils étaient les vrais Hébreux et non ces Juifs, et que parce qu'ils ont soi-disant assassiné le Christ, ils méritaient de mourir. Le fait que cela se soit produit aux États-Unis au XXIe siècle a choqué de nombreuses personnes. Pourtant, je ne suis pas surprise, car cette principauté démoniaque se cache dans la doctrine de nombreuses églises et dénominations. Et pourtant, le Dieu d'Israël a dit à maintes reprises dans sa Sainte Parole qu'Israël est la nation qu'Il a choisie pour toujours - et Il ne voulait pas dire l'Église ou une quelconque nation chrétienne.

Dernièrement, lors de la pandémie du coronavirus, ou COVID-19, un pasteur baptiste blanc de Floride a affiché de terribles accusations contre Israël, disant que les Israéliens étaient à l'origine du coronavirus. Nous appelons cela une diffamation du sang. C'est alors que les Juifs et, dans ce cas, l'ensemble de l'État d'Israël, sont accusés de crimes qu'ils n'ont pas commis, incitant ainsi les masses à les haïr. Un autre pasteur et radiodiffuseur antisémite aux États-Unis a déclaré que le coronavirus est une punition de Dieu pour les Juifs qui ne suivent pas Jésus. (Ligue anti-diffamation)

Celui-ci n'enseignera plus son prochain, Ni celui-là son frère, en disant : Connaissez YHVH ! Car tous me connaîtront, Depuis le plus petit jusqu'au plus grand, dit YHVH ; Car je pardonnerai leur iniquité, Et je ne me souviendrai plus de leur péché. Ainsi parle YHVH, qui a fait le soleil pour éclairer le jour, Qui a destiné la lune et les étoiles à éclairer la nuit, Qui soulève la mer et fait mugir ses flots, Lui dont le nom est L'ETERNEL des armées: Si ces lois viennent à cesser devant moi, dit YHVH, La race d'Israël aussi cessera pour toujours d'être une nation devant moi.

— JEREMIE 31:34-36

Nous devons restaurer l'identité juive du Messie pour avoir une division sainte dans l'Église : entre ceux qui l'accepteront en tant que Juif, et qui béniront et feront une juste restitution à l'Israël naturel, et entre ceux qui continueront à prétendre qu'ils sont le vrai Israël, et que l'Israël du Moyen-Orient est un pays de contrefaçon avec un peuple qui mérite de mourir.

La vie de nombreux chrétiens trompés est en jeu. La restauration de l'identité volée de l'Église - d'un usurpateur romanisé d'Israël à une Église greffée en Ruth (celle qui rejoint Israël par le sang du Messie juif Yeshua) - est la clé du salut des nations et du réveil de la fin des temps.

YHVH-ELOHIM, le Dieu d'Israël, a promis que son alliance avec Israël est éternelle. Il n'a jamais dit qu'il remplacerait Israël par l'Église.

En fait, Il a dit que l'Eglise doit être greffée ou rejoindre Israël, et non pas remplacer Israël.

> **Mais si quelques-unes des branches ont été retranchées, et si toi, qui étais un olivier sauvage, tu 'as été greffé au milieu d'elles, et rendu participant de la racine et de la graisse de l'olivier, ne te glorifie pas aux dépens de ces branches. Si tu te glorifies, sache que ce n'est pas toi qui portes la racine, mais que c'est la racine qui te porte. Tu diras donc : Les branches ont été arrachées, afin que moi je fusse enté. Cela est vrai ; elles ont été arrachées pour cause d'incrédulité, et toi, tu subsistes par la foi. Ne t'abandonne pas à l'orgueil, mais crains ; car si Dieu n'a pas épargné les branches naturelles, il ne t'épargnera pas non plus.**
>
> — **Romains 11:17-21**

L'apôtre juif des païens est un rabbin du nom de Shaul, également connu sous son nom romain Paul, qui a mis en garde les croyants païens de ne jamais être arrogants contre les Juifs, ni de penser qu'ils peuvent usurper leur place. En fait, son avertissement est si sérieux qu'il a déclaré que, si les païens deviennent arrogants contre les branches juives-israéliennes, leur arrogance pourrait leur coûter leur salut éternel. De combien de personnes Dieu a-t-il brisé l'olivier en adorant un Christ romanisé qui déteste le peuple d'Israël ? Combien ont été arrachés et sont arrachés de l'olivier du salut pour avoir haï les Juifs, pour avoir été arrogants à leur égard et pour avoir prêché que l'Église est maintenant Israël, remplaçant ainsi la nation d'Israël tout entière ?

Paul a également mis en garde contre le fait de construire sur d'autres fondations que celle qu'il a déclarées, à savoir Yeshua le Messie, le Roi juif oint et Sauveur promis à Israël seul. Mais la théologie du remplacement, avec son monstre à cinq têtes, a été entrelacée dans la doctrine de l'Église jusqu'à ce jour, en s'appuyant constamment sur un fondement romano-païen qui engendre l'antisémitisme.

> **Car personne ne peut poser un autre fondement que celui qui a été posé, savoir Yeshua le Messie. Or, si quelqu'un bâtit sur ce fondement avec de l'or, de l'argent, des pierres précieuses, du bois, du foin, du chaume, l'œuvre de chacun sera manifestée ; car le jour la fera connaître, parce qu'elle se révèlera dans le feu, et le feu éprouvera ce qu'est l'œuvre de chacun. Si l'œuvre bâtie par quelqu'un sur le fondement subsiste, il recevra une récompense. Si l'œuvre de quelqu'un est consumée, il perdra sa récompense ; pour lui, il sera sauvé, mais comme au travers du feu.**
>
> — 1 CORINTHIENS 3:11–15

Combien de pasteurs risquent de voir tous leurs travaux forcés brûler dans le feu du jugement de YHVH à cause de la théologie du remplacement et de l'antisémitisme manifeste ou caché ? Il est dangereux d'épouser la théologie trompeuse selon laquelle l'Église a remplacé Israël, et ils l'enracinent dans une jalousie qui engendre le meurtre.

> Et Dieu dit : Qu'as-tu fait ? La voix du sang de ton frère crie de la terre jusqu'à moi. Maintenant, tu seras maudit de la terre qui a ouvert sa bouche pour recevoir de ta main le sang de ton frère. Quand tu cultiveras le sol, il ne te donnera plus sa richesse. Tu seras errant et vagabond sur la terre.
>
> — GENESIS 4:10–12

Cain était jaloux d'Abel et s'est levé pour l'assassiner plutôt que de se repentir de sa jalousie. Si vous regardez Israël et les Juifs de haut, avec une arrogance spirituelle et en vous disant que l'Église est meilleure qu'Israël, ou qu'elle a supplanté Israël, réfléchissez à deux fois, de peur que le Tout-Puissant ne démantèle église après église, dénomination après dénomination - car Il a dit qu'Il a un jour de vengeance pour justifier Israël. Ce jour-là, vous ne pourrez pas lui montrer vos références confessionnelles pour vous sauver de Son jugement.

Car ADONAÏ a un jour de vengeance, une année de récompense pour l'hostilité contre Sion.

— Esaie 34:8

Souvenez-vous que le jugement commence toujours en premier par la maison de Dieu.

Car le temps est venu pour le jugement à commencer par la maison de Dieu. Si le jugement commence d'abord avec nous, que sera la fin pour ceux qui désobéissent à la bonne nouvelle d'ADONAÏ ?

— 1 Pierre 4:17

Voici la bonne nouvelle : Un juif est mort pour vous et son nom est Yeshua. Cependant, si les gens insistent pour minimiser sa famille naturelle, le peuple connu d'Israël avec lequel il a une alliance éternelle, il pourrait devenir un ennemi.

Car dit AʜONAÏ-Tzva'ot (LE SEIGNEUR des Armées), après cela, viendra la gloire ! Il m'a envoyé vers les nations qui vous ont dépouillés ; Car celui qui vous touche touche la prunelle de son œil.

— ZACHARIE 2:8

La clé d'Abraham

Je bénirai ceux qui te bénissent mais ceux qui te maudissent je les maudirai, et en toi toutes les familles de la terre seront bénies.

— GENESE 12:3 NASB

Israël n'est pas "le frère aîné" mais la "mère des nations". Notre relation avec une mère diffère de notre relation avec un frère.

Je vais vous présenter *la Clé d'Abraham : La Clé divine qui peut ouvrir ou fermer la porte de la bénédiction et du salut pour les individus, les familles et les nations entières.* Cette Clé, donnée à Abraham, Isaac et Jacob, se répète tout au long des Écritures.

Israël est la seule nation avec laquelle le Dieu de l'univers a conclu une alliance, et jusqu'à présent, il en est toujours ainsi. Toutes les bénédictions accordées aux Gentils viennent du peuple d'Israël, les descendants originaux d'Abraham, d'Isaac et de Jacob, avec lesquels Dieu a fait alliance. L'unique alliance de Dieu est avec Abraham, ses descendants et tous ceux qui le sont :

- Rejoindre Israël au travers d'un Messie Juif
- Bénissez Israël

> **Voici, les jours viennent, dit L'Eternel, Où je ferai avec la maison d'Israël et la maison de Juda Une alliance nouvelle,**
> **Non comme l'alliance que je traitai avec leurs pères, Le jour où je les saisis par la main Pour les faire sortir du pays d'Egypte, Alliance qu'ils ont violée, Quoique je fusse leur maître, dit L'Eternel.**
> **Mais voici l'alliance que je ferai avec la maison d'Israël, Après ces jours-là, dit L'Eternel : Je mettrai ma loi au dedans d'eux, Je l'écrirai dans leur cœur ; Et je serai leur Dieu, Et ils seront mon peuple.**
>
> — Jeremie 31:31,33

Cette écriture fait référence à la Nouvelle Alliance. Les païens se joignent à cette alliance par le sang de Yeshua. Dieu n'est pas obligé de bénir une nation à moins que cette nation ne soit greffée sur Israël et bénisse Israël. Ce sont les seules stipulations pour la bénédiction des nations. Sont-elles bonnes ou mauvaises pour Israël ? Marchent-elles dans les voies du Dieu d'Israël telles qu'elles ont été données à Israël, ou ne le font-elles pas ?

C'est la clé pour le salut et la bénédiction des nations. Cette clé a été perdue depuis près de 1 700 ans, mais elle est maintenant en train d'être restaurée. Quand elle sera complètement rétablie, le salut des nations suivra, et alors seulement nous offrirons au Père de nombreuses nations de moutons !

"Je bénirai ceux qui te béniront, et je maudirai celui qui te maudira, et en toi (Abram) toutes les familles de la terre seront bénies" (Gen. 12:3). Etudions maintenant ce verset de l'hébreu :

Le mot pour la bénédiction est ici *bracha*. *Lebarech* du mot bracha signifie, "décréter une parole de vie, de bonté, de faveur, de santé, de succès et de prospérité sur quelqu'un." Cette bénédiction comporte de nombreux événements et opportunités merveilleux et positifs qui apporteront une grande joie, le bonheur, la plénitude, la prospérité, la grandeur, l'abondance, la fécondité et l'accomplissement (Deut. 28:1-14) !

Cependant, ce mot vient du mot berech qui signifie "genou" en hébreu. Laissez-moi donc paraphraser ce verset pour vous :

"Je (le Dieu d'Israël) fléchirai mon genou royal pour relever et favoriser ceux qui fléchissent leurs genoux, et s'humilier pour honorer, dire du bien, défendre et faire du bien à mon peuple Israël" (Gen. 12:3a)

YHVH Tzva'ot, LE SEIGNEUR des armées, le Dieu de l'univers, le Créateur du ciel et de la terre s'est engagé par sa Parole infaillible et immuable à fléchir son genou royal pour bénir, favoriser et exalter ceux qui s'humilient, et à fléchir les genoux pour exalter et honorer Israël ! Cependant, s'ils ne le font pas, Il s'engage également à les maudire.

> "Je maudirai ceux qui te maudissent,".
>
> — GENESE 12:3B

Il y a deux mots dans ce verset utilisés en Hébreu pour le mot malédiction, un d'eux est Klala, et l'autre meera. Klala vient du mot kal, qui signifie « léger » (opposé de lourd). Cette malédiction fait référence à ceux qui prennent Israël et les juifs avec légèreté, et n'honore ni ne respecte le pays et ses bien-aimés choisis. Dieu utilise le même mot pour ceux qui maudissent leur père et leur mère.

> **Et celui qui maudit son père ou sa mère sera certainement mis à mort.**
>
> — EXODE 21:17

Ceux qui manquent de respect à leurs parents vont mourir ! Prendre ses parents à la légère, se moquer d'eux, ne pas écouter leurs instructions ou leur manquer de respect, c'est faire le malheur de sa vie. Dieu compare Israël à un parent, une mère, la mère des nations. Il appelle les nations à l'honorer comme une mère. Dieu nous commande d'honorer nos parents même dans leur imperfection : notre vie en dépend !

> **Honore ton père et ta mère comme Adonaï ton Dieu te l'a ordonné, afin que tes jours soient longs et que tout aille bien pour toi dans le pays que Adonaï ton Dieu te donne.**
>
> — Deuteronome 5:16

Si nous ne nous humilions pas pour honorer nos parents, même dans leur imperfection, cela ne va pas bien se passer pour nous. Lorsque nous les prenons à la légère (kal-klala), la malédiction ou la destruction vient à nous, c'est-à-dire à Meera. Israël est considéré par le Tout-Puissant comme la Mère des nations. Elle est celle qui a apporté à l'humanité la Bible, le Messie et l'Évangile. Sans Israël, il n'y aurait pas de salut pour aucune nation, de la même façon que sans votre mère naturelle, vous n'auriez pas pu naître. Cela suffit à vous faire honorer et remercier votre mère, même dans son imperfection. Elle vous a donné la vie ! Israël a donné la vie à toutes les nations. Le Messie est juif, et le salut vient des juifs.

> **Vous adorez ce que vous ne connaissez pas ; nous adorons ce que nous connaissons, car le salut vient des Juifs.**
>
> — Jean 4:22

Meera signifie "déclarer un décret en parole pour la destruction de quelqu'un". Elle est suivie de nombreux événements maléfiques qui apporteront l'angoisse, la détresse, le chagrin, la maladie, la confusion, la perte, le manque, la faillite, la solitude, les conflits, le rejet, la futilité, la peur, l'échec, la terreur, l'autodestruction et l'anéantissement total. (Deut. 28:14-68)

Remarquez que dans les deux cas (la bénédiction et la malédiction), Dieu les relie à l'émission d'un décret ou à la prononciation d'une parole. Dès le début, tout est créé par ELOHIM qui émet un décret et prononce Sa Parole :

> **Au début, ELOHIM a créé les cieux et la terre. La terre était informe et vide, et les ténèbres étaient à la surface de l'abîme. Et l'Esprit d'ELOHIM planait sur la surface des eaux. Alors ELOHIM dit : "Que la lumière soit" ; et la lumière fut.**
>
> **— GENESE 1:1–3 (TRADUCTION LIBRE DE L'HÉBREU)**

Israël, bien-aimés, est pour toujours le peuple élu de Dieu, et aucune église ne peut le remplacer ou supplanter la Mère des nations. D'Israël viennent la Bible, le Messie, l'Évangile et les apôtres juifs des nations. Elle peut tomber parfois ; elle peut être dans l'incrédulité pendant un certain temps, mais le Dieu d'Israël la restaure pour qu'elle devienne la principale nation de brebis que toutes les autres nations suivront.

> **Entendez la Parole d'ADONAÏ, ô nations, et déclarez-la dans les îles lointaines, et dites : "Celui qui a dispersé Israël se rassemblera et veillera sur lui, comme un berger sur son troupeau."**
>
> **— JEREMIE 31:9**

> "Chante d'allégresse et réjouis-toi, fille de Sion, car voici que je viens et j'habiterai au milieu de toi", déclare l'Éternel. En ce jour, de nombreuses nations s'uniront à l'Éternel et deviendront mon peuple. Alors j'habiterai au milieu de toi, et tu sauras que l'Éternel des armées m'a envoyé vers toi. L'Éternel possédera Juda comme sa part dans la terre sainte, et il choisira de nouveau Jérusalem. "Taisez-vous, toute chair, devant l'Éternel, car il s'est réveillé de sa sainte demeure."
>
> — Zacharie 2:10–13 NASB

Le mensonge selon lequel l'Église a remplacé Israël a empêché les nations chrétiennes de devenir des nations de brebis qui s'associeront au Dieu d'Israël, honorant Israël comme la Mère des nations, et non pas en la remplaçant. Son jugement est maintenant aux portes de chaque nation qui a son fondement dans le christianisme - la repentance personnelle et nationale est obligatoire si nous voulons voir le réveil et le salut mondial.

Un véritable croyant dans le Messie aimera et honorera Israël, le peuple élu, et les frères de Yéshua lui-même, qui est juif. Lorsque nous rétablirons son identité juive, l'antisémitisme sera une chose du passé et l'épouse du Messie se lèvera dans toute sa gloire.

Pour les chrétiens qui ne recevront pas ce message urgent, la seule chose à rechercher est le jugement.

> Approchez-vous, ô nations, pour entendre et écouter, ô peuples ! Que la terre entende, et tout ce qu'elle contient, le monde, et toute sa progéniture ! Car ADONAÏ est enragé contre toutes les nations, et furieux contre toutes leurs armées. Il les détruira complètement. Il les livrera au carnage. Car

ADONAÏ a un jour de vengeance, une année de récompense pour l'hostilité contre Sion.

— Esaie 34:1,2,8

Ma prière est que beaucoup se repentent et deviennent des défenseurs d'Israël en ces temps de fin très périlleux.

Au prochain portail, nous discuterons du retour à la Parole de Dieu comme au temps du premier siècle. Pour une lecture plus approfondie, je vous recommande mes livres : *Sheep Nations and The Key of Abraham**. *(les nations de brebis et la clé d'Abraham.)*

Une prière de repentance pour l'hostilité envers Israël

Père céleste, je Te demande pardon d'héberger le mensonge selon lequel l'Église a remplacé ou supplanté Israël. Je réalise maintenant que j'avais tort, et que ce mensonge est dangereusement ancré dans la tromperie et la jalousie. Je rejette totalement la théologie du remplacement et la doctrine selon laquelle l'Église remplace Israël. Merci de me délivrer de toutes les malédictions qui s'abattent sur ceux qui prennent Israël à la légère, sont arrogants à son égard ou nuisent à sa réputation. S'il te plaît, enseigne-moi comment honorer Israël en tant que mère des nations, et comment réparer les péchés commis contre elle par les chrétiens à cause de la terrible tromperie de la théologie de remplacement. Au nom de Yeshua. Amen !

---

* Nations de brebis : www.kad-esh.org/shop/sheep-nations/ | The Key of Abraham: www.kad-esh.org/shop/the-key-of-abraham-2/

PORTAIL 8

RETOUR À LA PAROLE DE DIEU

Entête numéro 3: Anti-Torah

« Voici, les jours viennent, dit L'Eternel, Où je ferai avec la maison d'Israël et la maison de Juda Une alliance nouvelle, Non comme l'alliance que je traitai avec leurs pères, Le jour où je les saisis par la main Pour les faire sortir du pays d'Egypte, Alliance qu'ils ont violée, Quoique je fusse leur maître, dit L'Eternel. Mais voici l'alliance que je ferai avec la maison d'Israël, Après ces jours-là, dit L'Eternel : Je mettrai ma loi en eux, Je l'écrirai dans leur cœur ; Je serai leur Dieu, et ils seront mon peuple. »

—JÉRÉMIE 31:31–33 (WEB)

Le chef anti-Torah de la principauté démoniaque anti-MESITOJUS de la théologie du remplacement maintient l'Eglise dans une "Egypte spirituelle de l'esclavage" à cause de son mélange païen et de l'anarchie. Dieu donne la Nouvelle Alliance à Israël et à Juda, pas aux païens. Aucune nation n'a d'Ancienne Alliance ; ainsi, aucun Gentil n'a de Nouvelle Alliance. Il n'y a pas de Nouvelle Alliance en dehors d'Israël et de Juda, point final.

L'Évangile est venu de Sion ; le Messie est juif, et Dieu ne donne la promesse d'un Sauveur qu'à la nation d'Israël. Les païens s'unissent par le sang d'un Messie juif. Ils sont également greffés dans la communauté d'Israël, ne remplaçant pas Israël, mais rejoignant Israël en tant que vaisseau de Dieu pour apporter le salut et la rédemption aux Gentils. Ce vase doit être honoré pour l'éternité, indépendamment de toutes les imperfections.

Sans Israël, il n'y aurait pas de Messie et pas de chrétiens. La nouvelle alliance stipule que la même Torah (lois de Dieu) que celle donnée au peuple d'Israël serait maintenant écrite dans les cœurs et les esprits de ceux qui croient dans le Messie. Elle ne dit nulle part que la Torah est supprimée. C'est l'un des plus grands et des plus dangereux mensonges de la théologie de substitution, et ce mensonge a rendu l'Église malade par des tromperies païennes impies et l'anarchie.

Israël est la Mère des nations - depuis 1700 ans, la théologie de substitution a enseigné à la plupart des membres de l'Église à haïr, rejeter ou se méfier de tout ce qui est juif. Cette haine de nos origines spirituelles de naissance a fait de l'Église une orpheline. Elle conduit à la haine de soi à cause de la confusion identitaire.

Les enfants qui haïssent ou ont honte de leurs parents souffrent de troubles de la personnalité et même de schizophrénie. Ils font de leur mieux pour se dissocier de leur identité d'origine et se retrouvent avec des personnalités dissociées. Lorsque les chrétiens n'embrassent pas les racines juives, l'importance de la Torah, du Shabbat, des fêtes bibliques et de l'honneur d'Israël, ils souffrent de la haine de soi. Il y a un sentiment constant de culpabilité et de condamnation et un manque de *shalom* intérieur, (en hébreu pour "bien-être" et "paix") - menant jusqu'à ce que *j'appelle la schizophrénie spirituelle*. Il faut une quantité énorme d'énergie émotionnelle et spirituelle pour se dissocier de nos origines, ce qui provoque une foule de maladies mentales, spirituelles et physiques.

À travers Israël, les païens ont reçu tout leur héritage spirituel : les Saintes Écritures, le Sauveur et l'Évangile messianique. Nous ne pouvons pas jouir d'un héritage lorsque nous détestons ses origines et ceux qui nous l'ont donné. Lorsque nous honorons le légataire, nous pouvons aussi profiter de l'héritage qu'il nous a laissé.

> **Si les prémices sont saintes, la masse l'est aussi ; et si la racine est sainte, les branches le sont aussi. Mais si quelques-unes des branches ont été retranchées, et si toi, qui étais un olivier sauvage, tu as été enté au milieu d'elles, et rendu participant de la racine et de la graisse de l'olivier, ne te glorifie pas aux dépens de ces branches. Si tu te glorifies, sache que ce n'est pas toi qui portes la racine, mais que c'est la racine qui te porte.**
>
> — **Romains 11:16–18**

La racine de ce que nous sommes, tant dans le naturel que dans le spirituel, nous soutient et nous donne une épine dorsale. Si nous rejetons la racine, nous n'avons aucun soutien et nous sommes courbés, sans victoire. C'est de la pure misère !

Dans ce portail, nous apprendrons à aimer les racines juives du christianisme à travers Israël, qui a reçu tous les commandements du Père et les principes de la foi. Nous apprendrons à embrasser les racines de la foi avec amour et honneur, afin de pouvoir guérir de l'orphelinat et de la schizophrénie spirituelle. La Clé d'Abraham (comme mentionné dans le portail précédent) nous conduit au retour par la teshuva et à la repentance pour la restauration. C'est la teshuva qui est la réponse à tous nos malheurs.

> **Si mon peuple sur qui est invoqué Mon Nom, s'humilie prie et me cherche, s'il se détourne de ses mauvaises voies, je l'exaucerai des cieux, j'effacerai son péché et son pays je guérirai.**
>
> — 2 Chroniques 7:14

Lorsque la doctrine de l'Église est basée sur la théologie du remplacement, l'enseignement le plus répandu et le plus trompeur est basé sur ce que le Concile de Nicée a stipulé : "Nous n'avons rien en commun avec les Juifs parce que le Sauveur (voleur d'identité) nous a montré une autre voie" (un autre évangile qui apporte une malédiction - Gal. 1:8). Et puisque nous n'avons rien en commun avec le Juif, alors la Torah, les instructions de Dieu et ses Commandements sont "supprimés". Les prédicateurs proclament cela comme un mantra spirituel depuis presque toutes les chaires.

Le mensonge : "La loi est supprimée."

Essayez de dire cela à votre gouverneur ou à votre président et vous finirez par être arrêté.

Dieu donne la Nouvelle Alliance à Israël et à Juda, et à travers eux aux païens. La marque principale de la nouvelle alliance est que la Torah, les lois de YHVH, sont écrites dans l'esprit et le cœur des croyants. Mais depuis le quatrième siècle, Constantin a remplacé la Torah dans l'Église par les lois et les traditions de Rome, et cela nous touche encore aujourd'hui. Lorsque la théologie du remplacement est devenue la doctrine de l'Église, elle a tout changé pour inclure tout ce qui était romain (comme les fêtes païennes romaines) à l'exclusion de tout ce qui était juif, hébreu ou de l'ancienne alliance. Il est temps de revenir aux anciens sentiers et de trouver le repos ou le *Shabba*t pour nos âmes.

> **Ainsi parle L'Eternel :** ''Placez-vous sur les chemins, regardez, Et demandez quels sont les anciens sentiers, Quelle est la bonne voie ; marchez-y, Et vous trouverez le repos de vos âmes ! Mais ils répondent : Nous n'y marcherons pas...''
>
> — Jeremie 6:16

Ma prière est que vous trouviez et marchiez sur les anciens sentiers et que vous trouviez enfin le repos. Un autre mot pour le repos est "Shabbat", le jour saint mis à part et béni de la Création.

> **Dieu acheva au septième jour son œuvre, qu'il avait faite : et il se reposa au septième jour de toute son œuvre, qu'il avait faite. Dieu bénit le septième jour, et il le sanctifia, parce qu'en ce jour il se reposa de toute son œuvre qu'il avait créée en la faisant.**
>
> — Genese 2:2-3

Nous faisons référence à la Torah de deux façons. La première est celle des cinq premiers livres de la Bible (que l'on appelle aussi le Pentateuque, ou les livres de Moïse). Deuxièmement, elle fait référence à toutes les instructions d'Elohim, le Dieu créateur dans la justice. La Torah n'est pas nécessairement le judaïsme ou la religion juive : la Torah est la Parole de Dieu. Le Livre du Lévitique est souvent répété :

> **Et Adonaï appela Moïse et lui parla de la Tente d'assignation, en disant...**

> **Adonaï parla à Moïse et lui dit...**
> **Adonaï parla à Moïse et lui dit...**
> **Alors Adonaï parla à Moïse en disant...**
> **Adonaï a parlé à Moïse, en disant...**
>
> — **Levitique 1:1; 4:1; 5:14,20; 6:1**

Vous voyez le tableau ; Dieu parle, et la Parole enregistre ce qu'Il dit. On retrouve cela dans les cinq premiers livres de la Bible (appelés la Torah), en commençant par le livre de la Genèse où Elohim le Créateur "parle, et il en est ainsi", YHVH Adonaï "parle, et il en est ainsi". En vérité, le Dieu d'Israël parle, et il en est ainsi.

Alors Dieu dit, "Que la lumière soit !" et la lumière fut.

— **Genese 1:3**

Alors Dieu dit : "Qu'il y ait une étendue au milieu de l'eau ! Qu'elle serve à séparer les eaux d'avec les eaux." Alors Dieu fit l'étendue et il sépara l'eau qui était au-dessous de l'étendue de l'eau qui était au-dessus de l'étendue. Et c'est ce qui s'est passé.

— **Genese 1:6-7**

Alors Dieu dit, "Que les eaux qui sont au-dessous du ciel se rassemblent en un seul lieu, et que le sec paraisse. Et cela fut ainsi.

— **Genese 1:9**

> Puis Dieu dit : Faisons l'homme à notre image, selon notre ressemblance, et qu'il domine sur les poissons de la mer, sur les oiseaux du ciel, sur le bétail, sur toute la terre, et sur tous les reptiles qui rampent sur la terre. Dieu créa l'homme à son image, il le créa à l'image de Dieu, il créa l'homme et la femme.
>
> — Genese 1:26-27

Faites attention lorsque vous lisez Sa Parole et remarquez bien chaque fois qu'elle dit qu'Il parlait ou "disait". Au lieu d'avoir une interprétation théologique de remplacement dans vos oreilles, faites attention à ce que le Tout-Puissant a dit à Israël, la mère des nations, et permettez au Saint-Esprit de vous instruire pendant que vous lisez. Ses paroles dans l'Ancienne Alliance (qui est la seule écriture sainte que les premiers croyants avaient jusqu'au quatrième siècle et au Concile de Nicée) révolutionneront votre foi et votre marche, et vous aurez votre identité spirituelle restaurée. Nous pouvons tous devenir aussi puissants et glorieux que les croyants du premier siècle si nous permettons à Sa Parole, telle qu'elle a été donnée à Israël, de former notre doctrine et non les paroles de Constantin et de ceux qui sont appelés à tort "les pères de l'Eglise".

Les véritables pères de l'Église sont les 12 tribus d'Israël et les 12 apôtres juifs de l'Agneau. Ce sont les 24 anciens du livre de l'Apocalypse et non Constantin, Augustin, Chrysostome ou Martin Luther.

Aux 12 apôtres juifs, Il a dit :

> **Et Yeshua leur dit :** "Amen, je vous le dis, quand le Fils de l'homme sera assis sur son trône glorieux dans le nouveau

monde, vous qui m'avez suivi, vous serez aussi assis sur douze trônes, pour juger les douze tribus d'Israël."

— Matthieu 19:28

Quand il eut pris le livre, les quatre êtres vivants et les vingt-quatre vieillards se prosternèrent de-vant l'agneau, tenant chacun une harpe et des coupes d'or remplies de parfums, qui sont les prières des saints. Et ils chantaient un cantique nouveau, en disant : Tu es digne de prendre le livre, et d'en ouvrir les sceaux ; car tu as été immolé, et tu as racheté pour Dieu

— Apocalypse 5 : 8–9

En Apocalypse 21, dans le récit de la Nouvelle Jérusalem, nous réalisons pleinement l'identité des 24 anciens. Ceux sont les pères bibliques de tout le peuple de la Nouvelle Alliance.

Et il me transporta en esprit sur une grande et haute montagne. Et il me montra la ville sainte, Jérusalem, qui descendait du ciel d'auprès de Dieu, ayant la gloire de Dieu. Son éclat était semblable à celui d'une pierre très précieuse, d'une pierre de jaspe transparente comme du cristal. Elle avait une grande et haute muraille. Elle avait douze portes, et sur les portes douze anges, et des noms écrits, ceux des douze tribus des fils d'Israël: à l'orient trois portes, au nord trois portes, au midi trois portes, et à l'occident trois portes. La muraille de la ville avait douze fondements, et sur eux les douze noms des douze apôtres de l'agneau.

— Apocalypse 21:10–14

Voici la paternité sacerdotale complète pour les croyants au Messie, juifs et païens - ce sont les 12 tribus d'Israël et les 12 apôtres juifs de l'Agneau, avec à leur tête le Lion de Juda, le Messie juif, le seul qui soit digne d'ouvrir les livres du jugement.

Et je pleurai beaucoup de ce que personne ne fut trouvé digne d'ouvrir le livre ni de le regarder. Et l'un des vieillards me dit : Ne pleure point ; voici, le lion de la tribu de Juda, le rejeton de David, a vaincu pour ouvrir le livre et ses sept sceaux.

— **Apocalypse 5:4–5**

Comment un Sauveur juif, associé à ses anciens juifs israélites, va-t-il juger une Église qui est divorcée de sa Torah, qui déteste, ignore ou déshonore son peuple juif et usurpe la place d'Israël ? Quel sera le sort de ceux qui exaltent les pères de l'Église chrétienne et les théologiens qui étaient tous des antisémites et qui ont enseigné à l'Église à haïr les Juifs ?

Ces mêmes pères de l'Église et théologiens sont honorés et leurs tromperies sont incorporées dans toutes les doctrines de l'Église, et en particulier celle qui dit : "La Loi ou la Torah est abolie, nous sommes chrétiens, pas juifs ; par conséquent, nous célébrons le dimanche, Pâques, Noël et Halloween - tous les Saints, et non le Shabbat, la Pâque, le Shavuot, Yom Kippour et Souccoth". (Voir Lév. 23, il les appelle "Mes fêtes").

<u>Comment le Lion de Juda jugerait-il une Église qui a été engendrée par un héritage romain païen qui déteste sa judaïcité, au lieu d'une Église qui a accepté son héritage israélite privilégié (étendu comme une grande grâce au Gentil) par un Messie juif et ses apôtres juifs ?</u>

Torah, Enseignement et Instruction

> Détourne-moi de la voie de la tromperie, et fais-moi grâce de Ta Torah.
>
> — Psaume 119 : 29

Torah, en hébreu, signifie "enseignement ou instruction". Les instructions d'YHVH ne sont pas des "suggestions". Tout au long de Sa Parole, Il nous dit ce qu'Il aime et ce qu'Il déteste, et Il est très clair à ce sujet. Cependant, des multitudes de chrétiens de toutes confessions font la sourde oreille à Ses instructions. La plupart des prédicateurs ne cessent de prêcher contre les commandements de Dieu, ou de les banaliser.

C'est devenu un tel fléau que le péché et l'anarchie sévissent dans de nombreuses églises. Tant d'abominations sont commises et tolérées dans les bâtiments de l'Eglise qu'Il doit en juger. Il ferme les portes de nombreuses églises. Au moment où j'écris ce message, les portes de toutes les églises d'Amérique, et de nombreuses autres nations, sont fermées à cause du coronavirus. Le gouvernement américain n'autorise pas les rassemblements de plus de dix personnes. Dieu frappe à la porte pour voir s'il y a au moins dix justes dans chaque famille d'église - dix, qui le loueront encore et honoreront ses commandements, avec ou sans bâtiments d'église.

YHVH a dit à Abraham qu'il ne détruirait pas Sodome et Gomorrhe s'il y avait au moins dix justes.

> Puis il a dit : "S'il Te plaît, que mon Seigneur ne se fâche pas, afin que je puisse parler une fois de plus. Peut-être en trouvera-t-on dix là-bas ?" Et il a dit : "Je ne le détruirai pas à cause des dix."
>
> — Genese 18:32

Dieu nous donne à tous une opportunité énorme de faire de nos maisons un autel de prière et de culte afin que nous puissions trouver le repos, un Shabbat pour nos âmes. Il frappe à toutes nos portes pour revenir aux fondements originaux de la foi, et au même évangile que celui que les apôtres juifs ont prêché - un évangile qui appelait les croyants à la sainteté et à l'obéissance à ses commandements, au repos du Shabbat, aux fêtes bibliques et au saint culte.

Pas de célébrations de Pâques.

> Va, mon peuple, entre dans ta chambre, Et ferme la porte derrière toi ; Cache-toi pour quelques instants, Jusqu'à ce que la colère soit passée. Car voici, L'Eternel sort de sa demeure, Pour punir les crimes des habitants de la terre ; Et la terre mettra le sang à nu, Elle ne couvrira plus les meurtres.
>
> — Esaie 26 :20-21

En raison du verrouillage dû à la COVID-19, aucune église ne pourra célébrer Pâques ; aucun spectacle n'aura lieu au printemps 2020, pas même en Terre Sainte. Depuis des années, le shofar (trompette) souffle pour appeler l'Eglise à sortir de la théologie de la substitution et des célébrations romaines païennes pour observer les fêtes bibliques. Easter (Pâques en anglais) n'est pas la fête de la résurrection du Messie, mais le nom et la date proviennent tous deux de la déesse babylonienne-romaine de la fertilité nommée Ishtar. Ishtar faisait partie du panthéon du culte du soleil de Babylone, de la Grèce et de Rome. Ils la vénéraient par des orgies, où les femmes faisaient l'amour avec les prêtres du temple d'Ishtar. Ensuite, elles mettaient au monde des bébés au cours de ces orgies. Un an plus tard, les bébés avaient trois mois, ou une dîme, ou une partie de la "récolte" de bébés, était sacrifiée à la déesse pour la prier d'être plus fertile et d'avoir plus de bébés.

<u>Ensuite, les œufs étaient trempés dans le sang des bébés massacrés et les œufs peints au sang étaient exposés pour que tous puissent voir combien de bébés avaient été sacrifiés à la déesse.</u>

De ce culte est née la tradition pascale des œufs peints, y compris les œufs en chocolat et les lapins qui n'ont rien à voir avec la résurrection du Messie juif Yeshua. Les lapins sont des symboles de fertilité et d'immoralité depuis Babylone. Même les magazines pornographiques comme Playboy utilisent un lapin comme logo. Des jeunes filles vêtues d'oreilles et de queues de Bunny le lapin servent des boissons dans des clubs, représentant le culte d'Ishtar à la déesse de la fertilité et de l'immoralité.

Comment pouvons-nous faire référence à la fête de la Résurrection d'un Messie juif portant le nom de la déesse Ishtar (Easter) et inclure les traditions romaines païennes ? C'est l'héritage de la théologie du remplacement que nous ne pouvons plus ignorer. Notre Dieu frappe à la porte de chaque cœur, de chaque église et de chaque confession pour faire la *teshuva*, pour se repentir, revenir et être restauré à l'évangile fait en Sion et à un Messie Juif plutôt qu'à un Christ romain. Constantin a institué Easter lorsqu'il a interdit de célébrer la Pâque, considérée comme une célébration juive. Mais la Pâque et les Premiers Fruits concernent l'alliance de sang, la mort, la mise au tombeau et la résurrection de Yeshua.

Yeshua célébrait la Pâque, et non pas " Easter" ou Ishtar avec ses disciples, lorsque ce qui suit a eu lieu,

Car j'ai reçu du Seigneur ce que je vous ai enseigné ; c'est que le Seigneur Jésus, dans la nuit où il fut livré, prit du

pain, et, après avoir rendu grâces, le rompit, et dit : Ceci est mon corps, qui est rompu pour vous ; faites ceci en mémoire de moi. De même, après avoir soupé, il prit la coupe, et dit : Cette coupe est la nouvelle alliance en mon sang ; faites ceci en mémoire de moi toutes les fois que vous en boirez.
Car toutes les fois que vous mangez ce pain et que vous buvez cette coupe, vous annoncez la mort du Seigneur, jusqu'à ce qu'il vienne.

— 1 Corinthiens 11:23–26

Mais Constantin imposa Easter, les Pâques, la fête païenne Ishtar, et confectionna pour elle des "habits chrétiens." Cependant, il lui a gardé la date et les traditions païennes intactes.

Le Concile de Nicée

De la lettre de l'empereur (Constantin) à tous ceux qui ne sont pas présents au conseil. (Trouvé dans Eusèbe, Vita Const., Lib III 18-20)

Lorsque la question relative à la fête sacrée de Pâques s'est posée, il a été universellement admis qu'il serait opportun que tous les hommes célèbrent la fête en un seul jour ; car quoi de plus beau et de plus désirable que de voir cette fête, par laquelle nous recevons l'espoir de l'immortalité, célébrée par tous d'un commun accord et de la même manière ? Il a été déclaré particulièrement indigne que cette fête, la plus sainte des fêtes, suive les coutumes (le calcul) des Juifs qui s'étaient souillés les mains avec les crimes les plus effrayants, et dont l'esprit était aveuglé. En rejetant leur coutume, nous pouvons transmettre à nos descendants le mode légitime de célébration de Pâques, que nous avons observé depuis le temps de la passion du Sauveur selon le jour de la semaine.

> Nous ne devons donc rien avoir en commun avec le Juif, car le Sauveur nous a montré une autre voie : notre culte suit un cours plus légitime et plus commode (l'ordre des jours de la semaine) : Et par conséquent, en adoptant unanimement ce mode, nous désirons, très chers frères, nous séparer de la détestable compagnie du Juif. (Université de Fordham)

Cette séparation a été très coûteuse et a conduit au meurtre de millions de Juifs au nom de Jésus-Christ et de ses disciples. Elle a également provoqué la mort spirituelle de millions de chrétiens qui ont offensé le Saint-Esprit en poursuivant l'héritage païen de l'empereur Constantin, adorateur du soleil, par le culte du dimanche, de Pâques, de Noël et d'Halloween-Tous les Saints adorent (formule empruntée à Halloween).

Noël ou Sukkot?

Le Messie n'est pas né le 25 décembre, le jour du solstice d'hiver de la sorcellerie. La fête païenne des Saturnales, le culte du dieu-soleil et des arbres à feuilles persistantes, a plutôt eu lieu à cette date. Yeshua est né (selon de nombreux spécialistes actuels) pendant la fête de Souccoth, la fête des Tabernacles, lorsque toutes les nations ont reçu l'ordre de monter à Jérusalem pendant son règne millénaire, après que Dieu ait déversé sa colère sur les nations qui ont attaqué Israël.

> Ensuite, tous les survivants de toutes les nations qui ont attaqué Jérusalem se lèveront d'année en année pour adorer le Roi, Adonaï-Tzva'ot, et pour célébrer Souccoth. De plus, si aucune des nations de la terre ne monte à Jérusalem pour adorer le roi, Adonaï-Tzva'ot, il n'y aura pas de pluie.
>
> — Zacharie 14:16–17

Le "déroulement pratique du culte", qui sépare les chrétiens de tout ce qui est juif, adopté par Constantin et les pères païens de l'Église du quatrième siècle, a été mortel et sanglant à tous égards. La plupart des pogroms de l'Église contre les Juifs en Europe ont eu lieu soit à Noël, soit à Pâques. En voici quelques exemples tirés de documents historiques :

> D'anciens textes religieux juifs donnaient l'instruction à tous les Juifs de rester chez eux la veille de Noël, car les chrétiens risquaient de les attaquer, voire de les tuer. Historiquement parlant, cependant, beaucoup plus d'actes de violence ont été commis contre les juifs à Pâques, lorsque les chrétiens marquent le jour de la mort de Jésus, qu'à Noël, lorsqu'il est censé être né.

> Des pogroms éclataient également quarante jours après Pâques, le jour où les chrétiens croient que Jésus est monté au ciel. Au printemps, les attaques contre les Juifs étaient généralement plus nombreuses qu'en décembre, car le temps était plus chaud et le sol n'était pas recouvert de neige. (Gottesman)

> Le terme de pogrom est devenu fréquemment utilisé vers 1881 après l'éruption de violences antisémites à la suite de l'assassinat du tsar Alexandre II. Des groupes anti-juifs ont affirmé que le gouvernement avait approuvé des représailles contre les Juifs. Les premières violences ont éclaté à Yelizavetgrad, en Ukraine, puis se sont étendues à 30 autres villes, dont Kiev.

> À Noël de la même année, la ville de Varsovie, en Pologne, sous contrôle russe, a connu une explosion de violence qui a entraîné la mort de deux Juifs. La mort de 29 personnes dans une ruée

sur l'incendie d'une église a été faussement attribuée à des pickpockets juifs.

Des flambées meurtrières contre les Juifs se sont poursuivies jusqu'en 1884 en Biélorussie, en Lituanie, à Rostov et à Ekaterinoslav. Nizhni Novgorod a accueilli le dernier pogrom russe de cette période, qui a entraîné la mort de neuf Juifs. (Rédacteurs de History.com)

Le 17 avril 1389 est le premier jour d'un assaut de deux jours mené contre la communauté juive de Prague par ses voisins chrétiens. Le Pogrom de Prague, comme on l'appelle désormais, a entraîné la mort de 900 Juifs selon les estimations, bien que certaines des chroniques historiques qui décrivent les événements donnent des chiffres bien plus élevés.

Comme tant de massacres médiévaux de Juifs en Europe, le Pogrom de Prague a eu lieu pendant la Semaine Sainte catholique, autour de la célébration de Pâques. L'étincelle qui a déclenché l'attaque a été, comme souvent, une accusation de "profanation d'hostie" (lorsque des "Juifs blasphématoires", soi-disant, abusent physiquement de la tablette de pain eucharistique qui, selon la tradition chrétienne, se transforme en corps du Christ lorsqu'un fidèle communie). (Haaretz.com)

Les chrétiens médiévaux ont ainsi reçu le message du Vendredi Saint selon lequel les juifs qui vivaient parmi eux étaient les ennemis des chrétiens qui ont tué leur Sauveur et devaient soit se convertir au christianisme, soit faire face à la punition divine. Ce langage sur les Juifs dans la liturgie médiévale du Vendredi Saint s'est souvent traduit par des violences physiques à l'encontre des communautés juives locales.

Il était courant que les maisons juives soient attaquées par des jets de pierres. Souvent, ces attaques étaient menées par le clergé. David Nirenberg, un spécialiste des relations judéo-chrétiennes au Moyen Âge, soutient que cette violence reproduisait la violence de la souffrance et de la mort de Jésus.

Un autre spécialiste de cette histoire, Lester Little, soutient que l'attaque de la communauté juive était censée être une vengeance pour la mort de Jésus et un acte rituel qui renforçait la frontière entre juifs et chrétiens. (Joslyn-Siemiatkoski)

La Pâque et les premiers fruits

> **Mais le fait est que le Messie a été relevé de la mort, les premiers fruits de ceux qui sont morts.**
>
> — 1 Corinthiens 15:20

Yeshua n'est pas mort le vendredi saint, mais lors de la Pâque, qui est tombée un mercredi. Il est resté dans la tombe pendant trois jours et trois nuits, comme Il l'a Lui-même prophétisé en se référant au signe de Jonas.

> **Car de même que Jonas a été dans le ventre du grand poisson pendant trois jours et trois nuits, de même le Fils de l'homme sera au cœur de la terre pendant trois jours et trois nuits.**
>
> — Matthieu 12:40

Le moment exact de la résurrection du Messie juif n'est pas pendant les rites de fertilité d'Ishtar, mais pendant la fête biblique des premiers fruits et des pains sans levain qui suit la Pâque.

> **Débarrassez-vous de l'ancien hametz (levain/sin), afin d'être une pâte nouvelle, tout comme vous êtes sans levain, car le Messie, notre Agneau de la Pâque, a été sacrifié.**
>
> **— 1 Corinthiens 5:7**

Yeshua n'est pas notre "Agneau de Pâques" ; Il est notre "Agneau de la Pâque".

Il est ressuscité d'entre les morts pendant la fête des premiers fruits, et le Messie est le premier fruit de la résurrection. Comme YHVH a donné les instructions de la Pâque à Moïse pour Israël, Il a dit de Lui apporter l'offrande des premiers fruits le premier jour de la semaine après le Shabbat qui tombe pendant la Pâque et la fête de la Matza (Pain sans levain).

> **L'Eternel parla à Moïse, et dit : Parle aux enfants d'Israël et tu leur diras : Quand vous serez entrés dans le pays que je vous donne, et que vous y ferez la moisson, vous apporterez au sacrificateur une gerbe, prémices de votre moisson.**
>
> **— Levitique 23 : 9-11**

Le jour biblique commence le soir, et non le matin avec le lever du soleil ; par conséquent, le premier jour de la semaine commence avec le coucher du soleil "après le Shabbat" ou le septième jour de repos.

Il y a donc eu le soir et le matin - un jour.

— **Genese 1:5B**

Yeshua ressuscite d'entre les morts après trois jours et trois nuits dans la tombe.

Il se lève lorsque le soleil se couche sur le Shabbat, faisant officiellement du Shabbat le premier jour de la semaine, le jour de l'élévation des premiers fruits offerts à YHVH. Lorsque le soleil se couche le septième jour (le Shabbat), le Fils de Dieu se lève d'entre les morts. Il passe trois shabbats, jours de repos dans la tombe. Selon la Torah, le premier jour de la fête de la Pâque / des pains sans levain est un Shabbat, un jour de repos et une sainte convocation. Selon la tradition juive, cela se poursuit pendant deux jours dans les villes fortifiées afin que tous les Juifs en exil dans des fuseaux horaires différents puissent également se rattraper. Puis vint le septième jour, qui était un troisième Shabbat. À la fin du Chabbat hebdomadaire, l'Éternel du Chabbat, Yeshua, se leva d'entre les morts.

Car le Fils de l'homme est Seigneur du Shabbat.

— **Matthieu 12:8**

La tradition du "lever du soleil" vient de Rome où l'on vénère le dieu soleil, comme à Pâques/Ishtar ; cependant, le soleil s'incline devant le Fils de Yah (Dieu) qui se lève quand le soleil se couche. C'est pourquoi Miriam (Marie) est venue au tombeau alors qu'il faisait encore nuit le premier jour, et Yeshua n'était plus dans le tombeau, car Il s'était levé dans la nuit de samedi à dimanche.

> Or, le premier jour de la semaine, Marie-Madeleine est venue de bonne heure au tombeau, alors qu'il faisait encore nuit, et a vu la pierre déjà enlevée du tombeau.
>
> — Jean 20:1

Le Shabbat et la COVID-19

> Souvenez-vous de Yom Shabbat (le jour du sabbat), pour le garder saint. Tu dois travailler six jours et faire tout ton travail, mais le septième jour est un Shabbat pour Adonaï ton Dieu. Tu n'y feras aucun travail, ni toi, ni ton fils, ta fille, ton serviteur, ta servante, ton bétail, ni l'étranger qui est dans tes portes. Car en six jours Adonaï a fait le ciel et la terre, la mer et tout ce qui s'y trouve, et il s'est reposé le septième jour. Ainsi, Adonaï bénit Yom Shabbat et le rendit saint.
>
> — Exode 20:8–11

La plupart des pays du monde travaillent sept jours sur sept, enfreignant constamment le quatrième commandement. Comme Israël est un mélange de laïcs, de conservateurs et de religieux, le Shabbat n'est pas respecté dans de nombreuses régions d'Israël, comme à Tel-Aviv par exemple. À Jérusalem, principalement, les magasins sont fermés pour le Shabbat (le septième jour de repos), et il n'y a pas de transports publics. Pour la première fois dans l'histoire moderne d'Israël, le pays tout entier a dû garder le Shabbat au printemps 2020 en raison du verrouillage des coronavirus. Ce fut un sentiment exceptionnel. Toutes les autres nations qui ont été mises en quarantaine l'ont observé. Comme la plupart des entreprises, des écoles et des églises étaient fermées, les gens restaient chez eux le jour du Shabbat. En Amérique, les samedis sont les jours les plus chargés, les magasins restant ouverts plus longtemps. Mais pendant la COVID-19, presque toute l'humanité a été forcée de se reposer et de garder le Shabbat !

La plupart des ministères ont prêché à leur congrégation que le Shabbat n'est pas pour les chrétiens, qu'il est acceptable de faire ce que l'on veut le jour de sa sainteté, mais cela rappelle la théologie du remplacement. En fait, les premiers croyants au Messie, juifs et païens, se rencontraient à l'origine le jour du Shabbat dans les synagogues. Ils ont gardé le Shabbat jusqu'en 364 après J.-C., lorsque le Concile de Laodicée a interdit cette pratique, parce qu'ils disaient qu'elle était "juive".

Canon 29 : Les chrétiens ne judaïseront pas et ne resteront pas désœuvrés le samedi, mais ils travailleront ce jour-là ; et ils honoreront particulièrement le jour du SEIGNEUR et, étant chrétiens, ne feront si possible aucun travail ce jour-là. Mais s'ils sont trouvés judaïsant, ils seront exclus de Christ. (La Sentinelle du Sabbat)

Après cela, je reviendrai, et je relèverai de sa chute la tente de David, J'en réparerai les ruines, et je la redresserai, afin que le reste des hommes cherche le SEIGNEUR, Ainsi que toutes les nations sur lesquelles mon nom est invoqué, Dit le Seigneur, qui fait ces choses, et à qui elles sont connues de toute éternité. C'est pourquoi je suis d'avis qu'on ne crée pas des difficultés à ceux des païens qui se convertissent à Dieu, mais qu'on leur écrive de s'abstenir des souillures des idoles, de l'impudicité, des animaux étouffés et du sang. <u>Car, depuis bien des générations, Moïse a dans chaque ville des gens qui</u>

le prêchent, puisqu'on le lit tous les jours de sabbat dans les synagogues.

— Actes 15:16-21

Les apôtres s'attendaient à ce que les croyants païens se rendent dans les synagogues pour entendre la Torah telle qu'elle a été donnée à Moïse. Ensuite, le Saint-Esprit les convaincrait de péché et écrirait les commandements de la Torah dans leur cœur. Les Juifs et les Gentils adoraient ensemble dans le même olivier, avec le même Messie juif et le même évangile. C'était l'ère pré-Constantin.

J'ai déjà raconté comment l'empereur romain Constantin et les pères de l'église païenne du quatrième siècle ont établi un autre évangile et un autre système de culte avec un Christ romain, des fêtes romaines païennes et des traditions. Cependant, garder le Shabbat saint est l'un des dix commandements, que j'appelle la Constitution céleste. Le peuple d'Israël était le destinataire de cette Constitution céleste, mais le but était de partager ses principes divins avec toutes les nations.

Et les étrangers qui s'attacheront à L'Eternel pour le servir, Pour aimer le nom de L'Eternel, Pour être ses serviteurs, Tous ceux qui garderont le sabbat, pour ne point le profaner, Et qui persévéreront dans mon alliance, Je les amènerai sur ma montagne sainte, Et je les réjouirai dans ma maison de prière ; Leurs holocaustes et leurs sacrifices seront agréés sur mon autel ; Car ma maison sera appelée une maison de prière pour tous les peuples.

— Esaie 56:6-7

Nulle part dans les Saintes Écritures il n'est dit que le Créateur a changé le septième jour, ou qu'il a plutôt béni le dimanche. Il n'a jamais remplacé son jour saint ! Cependant, Constantin, étant un adorateur du soleil, a établi le jour du soleil pour adorer le dieu soleil dans une chrétienté qu'il a instituée. Au départ, de nombreux croyants se sont opposés à cette initiative, car ils connaissaient la vérité depuis 300 ans avant le Concile de Nicée. Mais Constantin, soutenu par les pères païens de l'église, a régné avec une main de fer. Le Shabbat a donc été interdit et le culte du dimanche a été institué à la place. Cet état de fait se poursuit encore aujourd'hui. Mais le Dieu de la Bible appelle toute l'humanité à se reposer et à l'adorer le jour de sa sainteté, et non pas le jour du soleil de Constantin. En fait, le véritable culte du Shabbat prévaudra tout au long du règne millénaire du Messie Yeshua de Jérusalem.

> "Et il arrivera que d'une Nouvelle Lune à une autre, et d'un Shabbat à un autre, toute chair viendra se prosterner devant Moi", dit ADONAI.
>
> — ESAIE 66:23

Je crois que nous pouvons adorer YHVH chaque jour de la semaine, tout en séparant le Shabbat comme le jour saint de repos et d'adoration établi lors de la création et qui dure pour toujours, comme le faisait la première Église. Yeshua n'a pas dit : "Je suis l'Éternel du dimanche", mais a déclaré : "Je suis l'Éternel du Shabbat" (Mat. 12:8). Il nous rappelle de passer de l'adoration du soleil à l'adoration de la sainteté biblique.

> Car le Fils de l'Homme est Seigneur du Shabbat.
>
> — Matthieu 12:8

La Pâque, Pâques/Easter, et la COVID-19

Pendant la pandémie COVID-19, les gens étaient enfermés. Toutes les églises et la plupart des entreprises ont été fermées entre mars et avril 2020. Il n'était pas possible d'organiser des services de Pâques et des reconstitutions historiques, car ces services nécessitent un bâtiment d'église et la présence de nombreuses personnes. Le gouvernement a autorisé des rassemblements de dix personnes maximum. Cependant, les célébrations de la Pâque ont continué comme d'habitude, car elles ont lieu dans les maisons.

Comme toutes les fêtes bibliques d'Israël, la Pâque et les pains sans levain sont célébrés à la maison avec la famille en premier lieu. Les familles juives pouvaient encore célébrer la Pâque pendant le confinement de COVID-19. Là encore, le Dieu d'Israël mettait l'accent sur le retour aux fondements originels de l'évangile et déplaçait l'autel du culte des bâtiments de l'église vers les maisons familiales.

Dieu a ordonné le premier confinement biblique pour protéger son peuple de la peste envoyée contre l'Egypte. Il a ensuite ordonné au peuple de manger les agneaux sacrifiés et de célébrer la Pâque au sein de leurs familles pour toujours.

> Moïse appela tous les anciens d'Israël, et leur dit : Allez prendre du bétail pour vos familles, et immolez la Pâque. Vous prendrez ensuite un bouquet d'hysope, vous le tremperez dans le sang qui sera dans le bassin, et vous toucherez le linteau et les deux poteaux de la porte avec le sang qui sera dans le bassin.

Nul de vous ne sortira de sa maison jusqu'au matin. Quand L'Eternel passera pour frapper l'Egypte, et verra le sang sur le linteau et sur les deux poteaux, L'Eternel passera par-dessus la porte, et il ne permettra pas au destructeur d'entrer dans vos maisons pour frapper. Vous observerez cela comme une loi pour vous et pour vos enfants à perpétuité.

— Exode 12:21-24

Les Romains ont crucifié Yeshua pendant la Pâque, et Il devint l'Agneau de la Pâque.

Votre vantardise (sur le péché et l'immoralité) n'est pas bonne. C'est bien à tort que vous vous glorifiez. Ne savez-vous pas qu'un peu de hameth (levain) fait lever toute la pâte ? Faites disparaître le vieux hametz (levain), afin que vous soyez une pâte nouvelle, puisque vous êtes sans levain, car le Messie, notre Pâque, a été immolé. Célébrons donc la fête, de Pâque non des Pâques/Easter, non avec du vieux levain, non avec un levain de malice et de méchanceté, mais avec les pains sans levain de la pureté et de la vérité.

— 1 Corinthiens 5 : 6-8

Le temps de se débarrasser du vieux levain

Faites disparaître le vieux levain, afin que vous soyez une pâte nouvelle, puisque vous êtes sans levain, car Christ, notre Pâque, a été immolé.

— 1 Corinthiens 5:7

En hébreu, Torah signifie "les instructions de Dieu dans la justice". Bien que la Torah soit utilisée pour décrire divers livres juifs tels que le Talmud et la Gemara, dans son contexte original, elle fait référence aux cinq livres de Moïse, les commandements que YHVH a donnés au peuple d'Israël. Les lois sacrificielles ne sont pas pour nous aujourd'hui, puisque Yeshua le Messie juif et l'Agneau de la Pâque est le sacrifice ultime. Mais les lois sociales morales, et même les principes de culte sont bien vivants, et ils doivent être écrits dans nos cœurs et nos esprits. C'est la marque de la Nouvelle Alliance telle qu'elle a été donnée au peuple d'Israël, et ce que les apôtres juifs du premier siècle ont partagé avec les païens.

> "Voici venir des jours, dit l'Éternel, où je ferai avec la maison d'Israël et la maison de Juda une nouvelle alliance, différente de celle que j'ai faite avec leurs pères, le jour où je les ai pris par la main pour les faire sortir du pays d'Égypte, mon alliance qu'ils ont rompue alors que je les avais épousés, dit l'Éternel. "Mais voici l'alliance que je conclurai avec la maison d'Israël après ces jours-là, déclare l'Éternel, je mettrai ma loi au dedans d'eux et je l'écrirai dans leur cœur ; je serai leur Dieu et ils seront mon peuple. Ils n'enseigneront plus, chacun son voisin et chacun son frère, en disant : "Connaissez l'Éternel, car tous me connaîtront, du plus petit d'entre eux au plus grand", déclare l'Éternel, "car je pardonnerai leur iniquité, et je ne me souviendrai plus de leur péché".
>
> — Jeremie 31:31–34

La tromperie est profonde en ce qui concerne les lois et les normes du Tout-Puissant. Un "évangile de grâce bon marché" a été prêché. Les gens connaissent maintenant des orateurs motivés et des pasteurs qui se caressent les oreilles, fermant les yeux sur le péché et l'anarchie dans leurs églises. Cela a provoqué une situation sans gloire (ichabod en hébreu) comme mentionné dans le livre de 1 Samuel, lorsque le grand prêtre Eli n'a pas réussi à corriger ses fils.

> **Alors ADONAI dit à Samuel :** "Voici que je vais faire quelque chose en Israël qui fera vibrer les deux oreilles de tous ceux qui l'entendront. En ce jour-là, j'accomplirai contre Éli tout ce que j'ai dit sur sa maison, du début à la fin. <u>Car je lui ai dit que je vais juger sa maison pour toujours, à cause de l'iniquité qu'il a connue, parce que ses fils se sont maudits eux-mêmes et qu'il ne les a pas réprimandés.</u> C'est pourquoi j'ai juré à la maison d'Éli que l'iniquité de la maison d'Éli ne sera jamais expiée par un sacrifice ou une offrande".
>
> — 1 SAMUEL 3:11-14

Les pasteurs n'ont pas corrigé leurs troupeaux ; ils ont peur de perdre "leurs moutons" et avec eux leurs dîmes. Mais notre Père ne peut plus ignorer cela, car ses brebis sont maintenues dans un état perpétuel d'Égypte spirituelle" en étant esclaves du péché, de l'immoralité, de la cupidité et de l'idolâtrie.

La plus grande tromperie vient du fait que l'Église est divorcée du Lion de Juda et de ses voies, parce qu'elle a remplacé son identité par un Christ romanisé et païen qui fait un clin d'œil au péché. Elle est loin de l'évangile fait en Sion, qui a été remplacé par un faux évangile occidental, humaniste, un évangile sans repentance, sans sainteté, sans justice et sans obéissance.

> **Mais, quand nous-mêmes, quand un ange du ciel annoncerait un autre Evangile que celui que nous vous avons prêché, qu'il**

soit anathème ! Nous l'avons dit précédemment, et je le répète à cette heure : si quelqu'un vous annonce un autre Evangile que celui que vous avez reçu, qu'il soit anathème ! Et maintenant, est-ce la faveur des hommes que je désire, ou celle de Dieu ? Est-ce que je cherche à plaire aux hommes ? Si je plaisais encore aux hommes, je ne serais pas serviteur de Christ.

— Galates 1 :8-1

Il y a deux milles ans, le Messie Yeshua nous a mis en garde contre cela dans l'Evangile de Matthieu ; et ici nous sommes aujourd'hui face aux conséquences qui sont exactement celles pour lesquelles Il nous a mis en garde.

Les pasteurs n'ont pas corrigé leurs troupeaux ; ils ont peur de perdre Ne croyez pas que je sois venu abolir la Loi (Torah) ou les Prophètes ! Je ne suis pas venu pour abolir, mais pour accomplir. Amen, je vous le dis, tant que le ciel et la terre ne passeront pas, pas la moindre lettre ou le moindre serif ne disparaîtra de la Torah jusqu'à ce que tout s'accomplisse. Par conséquent, quiconque enfreindra l'un de ces plus petits commandements, et enseignera aux autres le même, sera appelé le plus petit dans le royaume des cieux. Mais quiconque les observera et les enseignera, celui-là sera appelé grand dans le royaume des cieux. Car je vous dis que si votre justice ne dépasse pas celle des pharisiens et des érudits de la Torah, vous n'entrerez jamais dans le royaume des cieux !

— Matthieu 5:17-20

Les prédicateurs de la plupart des églises ont fait écho à ce mantra : "La loi a été supprimée, et vous n'avez pas besoin de garder les lois de

Dieu ; vous êtes maintenant sous la grâce". Ils donnent à d'innombrables fidèles trompés un placebo chaque dimanche pour qu'ils se sentent bien dans leur peau, sans qu'il soit nécessaire de se repentir ou de changer de mode de vie. Nous condamnons une génération entière à l'enfer si nous ne changeons pas le récit de toute urgence !

Yeshua a déclaré dans Matthieu 5, "Ne vous imaginez même pas que je sois venu abolir la Torah (les lois et les commandements de mon père) et tout ce que les prophètes (hébreux) ont instruit et prophétisé. Je suis venu apporter une interprétation complète de ceux-ci ; sans Moi et Mon Esprit Saint, vous ne pouvez pas marcher dans la justice. Mais avec Moi et par Moi, vous pouvez les garder et les enseigner. En fait, si vous n'obéissez pas aux Commandements de Mon Père plus que les chefs religieux d'Israël ne le font, vous qui avez cru en Moi n'entrerez même pas dans le royaume des cieux !

Ceci est très éloigné du récit qui, dans les églises d'aujourd'hui, dit : la Loi est abolie.

Comment pouvons-nous espérer avoir la victoire dans notre marche si nous n'obéissons pas aux paroles de notre Messie juif ? Il a déclaré que le niveau de sainteté et de justice pour nous dans la Nouvelle Alliance est un niveau beaucoup plus élevé que celui de l'Ancienne Alliance. Il ne parlait pas des lois du sacrifice parce qu'Il deviendrait le sacrifice ultime pour les péchés. Mais Il voulait définitivement dire que nos normes morales, sociales et de culte devraient être plus élevées que celles des Pharisiens, qui étaient les leaders d'Israël observant la Torah en Son temps.

Notez la suite de Son avertissement dans ce chapitre de Matthieu 5, car il énonce le principe de ces normes plus élevées.

> Vous avez entendu qu'il a été dit aux anciens : "Vous ne tuerez pas, et quiconque commet un meurtre sera jugé. Mais je vous dis que quiconque se met en colère contre son frère sera jugé. Et quiconque dit à son frère : "Raka" (en araméen, "sans valeur") sera soumis au conseil ; et quiconque dit : "Insensé !" sera soumis à la géhenne ardente (l'enfer).
>
> — Matthieu 5:21-22

Dieu considère la malédiction ou la haine de nos frères et sœurs comme un meurtre - non seulement l'acte de tuer quelqu'un, mais les paroles et le cœur de la colère et de la haine impies sont jugés. Seigneur, aie pitié ! Combien d'entre nous ont été des meurtriers sans le savoir ?

Yeshua continue d'expliquer la Torah, les commandements de Son Père et de notre Père :

> Vous avez entendu dire qu'il a été dit : "Vous ne commettrez pas d'adultère". Mais je vous dis que quiconque regarde une femme pour la convoiter a déjà commis un adultère avec elle dans son cœur.
>
> — Matthieu 5:27-28

En vertu de la nouvelle alliance, le péché d'adultère n'est pas seulement un acte de fornication avec le conjoint d'une autre personne, ou avec un homme ou une femme avec qui on n'est pas légalement marié, mais même la luxure dans le cœur d'une personne sans commettre cet acte est jugée comme un adultère. Les millions d'hommes chrétiens qui se plongent dans la pornographie sur Internet commettent un adultère flagrant, en convoitant du regard d'autres femmes dans leur cœur et leur esprit. Yeshua a été très clair sur ce qu'il faut faire dans ces circonstances, et cela n'a rien à voir avec les sermons complaisants, pâles et tolérants qui sont prêchés aujourd'hui. C'est ce qu'il a dit.

> Et si votre œil droit vous fait trébucher, arrachez-le et jetez-le ! Il vaut mieux pour vous qu'une partie de votre corps soit détruite, que votre corps entier soit jeté dans la géhenne (l'enfer). Et si votre main droite vous fait trébucher, coupez-la et jetez-la ! Il vaut mieux pour vous qu'une partie de votre corps soit détruite que votre corps tout entier soit jeté dans la géhenne (l'enfer).
>
> — MATTHIEU 5:29-30

Il a dit que nous devions être radicaux et nous engager à fond pour déraciner le péché et la perversion de nos vies ! Ces messages insipides et tolérants qui trompent le peuple dans l'anarchie sont une grande offense contre le Grand Berger de ses brebis. Il est sur le point d'éliminer les bergers qui gardent leurs troupeaux en esclavage dans un évangile sans loi enraciné dans la théologie du remplacement et la haine de la Torah, les lois de Dieu.

> C'est pourquoi, bergers, écoutez la Parole d'ADONAÏ : "Je suis vivant" - c'est une déclaration d'ADONAÏ - "aussi sûrement que Mes brebis sont devenues des proies et que Mes brebis sont devenues la nourriture de toutes les bêtes des champs, parce qu'il n'y avait pas de berger, et Mes bergers n'ont pas cherché Mes brebis, mais les bergers se sont nourris eux-mêmes et n'ont pas nourri Mes brebis", donc, vous les bergers, écoutez la Parole d'ADONAÏ, ainsi dit ADONAÏ ELOHIM : "Voici, J'en veux aux bergers et Je réclamerai Mes brebis de leur main. Je

vais les renvoyer de la garde du troupeau. Les bergers ne se nourriront plus eux-mêmes. Je sauverai Mes brebis de leur bouche, ainsi elles ne seront plus leur nourriture."

— Ezekiel 34:7–10

Cette heure tardive n'est pas une heure pour "jouer à l'église". C'est le moment de se repentir et de revenir aux anciennes voies données au peuple d'Israël, et telles que prêchées par les apôtres juifs il y a deux mille ans. Je vous assure qu'aucun de ces apôtres juifs n'aurait toléré des églises pleines de péché, d'immoralité, d'homosexualité, d'avortement, d'ivresse, d'addiction, de rébellion et d'avidité. Ils seraient totalement choqués de voir l'Église d'aujourd'hui, et comment les véritables voix prophétiques sont réduites au silence en faveur de ceux qui caressent les oreilles du troupeau de Yah (Dieu).

> Ne savez-vous pas que les injustes n'hériteront point le royaume de Dieu ? Ne vous y trompez pas : ni les impudiques, ni les idolâtres, ni les adultères, ni les efféminés, ni les infâmes, ni les voleurs, ni les cupides, ni les ivrognes, ni les outrageux, ni les ravisseurs, n'hériteront le royaume de Dieu. Et c'est là ce que vous étiez, quelques-uns de vous. Mais vous avez été lavés, mais vous avez été sanctifiés, mais vous avez été justifiés au nom du Seigneur Yeshua le Messie, et par l'Esprit de notre Dieu.
>
> — 1 Corinthiens 6:9–11

Les Lois de Dieu sont éternelles

Que dire alors ? Allons-nous continuer à pécher pour que la grâce abonde ? Qu'elle ne le soit jamais ! Comment pouvons-nous, nous qui sommes morts au péché, continuer à y vivre ? Ou ne savez-vous pas que nous tous qui avons été plongés dans le Messie Yeshua avons été plongés dans Sa mort ? C'est pourquoi nous avons été enterrés avec Lui par immersion dans la mort - afin que, tout comme le Messie a été ressuscité des morts par la gloire du Père, nous puissions nous aussi marcher dans la nouveauté de la vie.

— ROMAINS 6:1–4

Veuillez noter que la nouvelle alliance (ou l'alliance renouvelée) n'est pas conclue avec les païens mais avec Juda et Israël. Les Gentils ont accès à la Nouvelle Alliance par l'intermédiaire du Messie juif, car ils se joignent à leurs frères juifs dans la Nouvelle Alliance. L'Église des Gentils n'existe pas. L'Église est, dans sa totalité, greffée en Israël. Il n'y a pas une "Église païenne unique" et une "Église juive unique". Il n'y a qu'une seule Église Ecclesia, et elle est greffée sur l'olivier (lire Rom. 11 et Apoc. 21). L'Église doit retrouver son identité d'origine !

Et bien que chaque nation ait une identité et une vocation uniques, le point central et les lois fondamentales doivent être les mêmes : le même Dieu, la même Parole et la même Torah, le même Esprit, la même allégeance au peuple d'Israël.

Alors pourquoi l'Église célèbre-t-elle des fêtes différentes de celles qui sont écrites dans la Bible ? C'est à cause de la théologie du remplacement qui a supprimé tout ce qui est juif dans l'Église, adoptant à la place les fêtes païennes romaines, les habillant comme si elles étaient saintes. C'est du vol, de L'USURPATION D'IDENTITE ! Bien-aimés, vous pouvez habiller un cochon pour qu'il ressemble à un agneau, mais il sent toujours le cochon. Le Dieu d'Israël frappe aux portes des églises depuis de nombreuses années, les poussant à abandonner les fêtes romanisées avec leurs traditions païennes. Cependant, ces prédicateurs ont essayé de plaire au troupeau plus qu'au berger du troupeau qui est Yeshua.

Même de nombreux ministres qui prêchent sur les racines juives de la foi et sur Israël ont compromis la vérité afin de ne pas perdre leurs partenaires et leurs fidèles. Beaucoup ont fait attention à ne pas offenser les autres chrétiens, mais ont-ils fait attention à ne pas offenser le Dieu d'Israël.

C'est lui qui a dit de ne pas suivre les voies des païens dans le culte. Il a Lui-même ordonné de ne pas décorer les arbres en signe d'adoration. Et pourtant, des millions de chrétiens ramènent leurs arbres de Noël à la maison, et les pasteurs les placent bien en vue dans leurs églises et "les fixent avec des clous". L'arbre de Noël est une tradition païenne de la fête des Saturnales qui précède Noël, et c'est une fête d'idolâtrie et de culte du soleil. Pourquoi pensons-nous que cela plairait à un Messie juif ?

> **Écoutez la Parole qu'ADONAÏ vous adresse, maison d'Israël, Ainsi parle ADONAÏ : "N'apprenez pas la voie des nations et ne soyez pas effrayés par les signes des cieux - bien que les nations en soient terrifiées. Les coutumes des peuples sont inutiles : ce n'est qu'un arbre coupé dans la forêt, le travail des mains d'un artisan avec un ciseau. Ils le décorent avec de l'argent et de l'or, et le fixent avec un marteau et des clous pour qu'il ne vacille pas.**
>
> — JEREMIE 10:1-4

Il y a tant de "politiquement correct" où la vérité a été compromise. Les prêcheurs continuent de plaire au peuple en enseignant les traditions des hommes qui offensent le Tout-Puissant et font que le Saint-Esprit se retire de nos églises. L'internet regorge d'informations à ce sujet.

Beaucoup ont prêché et écrit de nombreux livres sur l'importance de la repentance en célébrant des fêtes chrétiennes ancrées dans le paganisme. YHVH appelle l'Église depuis de nombreuses années à embrasser le culte saint en rejetant le christianisme romanisé avec ses fêtes païennes - en revenant aux fêtes bibliques telles qu'il les a données au peuple d'Israël pour les partager avec toute l'humanité.

Tant que nous habillerons l'Église avec des fêtes chrétiennes romaines, son identité sera toujours volée et l'identité juive du Messie restera cachée aux masses. Ensuite, l'antisémitisme continuera à sévir dans de nombreux milieux chrétiens. Dieu est Saint, et il nous appelle à l'adorer en Esprit et en Vérité (Jean 4 : 24).

Les cultes de Noël, Pâques, Halloween/tous les Saints et le dimanche sont un héritage de Rome et de Babylone et n'ont rien à voir avec le Messie juif Yeshua. Satan a établi tout cela dans le cadre d'un plan démoniaque par l'intermédiaire de l'empereur romain d'Orient Constantin et des pères de l'Eglise du quatrième siècle pour séparer l'Eglise d'Israël pour toujours. Ce faisant, le diable a voulu séparer l'Église du Messie juif en introduisant une contrefaçon de Jésus-Christ romanisé, avec des fêtes païennes romaines et des lois contraires aux lois bibliques de la Torah.

Tout cela est le plus grand vol d'identité de l'histoire ! Et cela coûte la rédemption à des millions de personnes, faisant en sorte que des nations entières ne deviennent pas des nations de brebis jusqu'à ce que l'épouse du Messie retrouve enfin son identité d'épouse d'un époux juif. Yeshua n'aurait pas osé célébrer des fêtes romaines défiant les commandements de son père, encore moins planter des arbres ou appeler des fêtes au nom de dieux étrangers comme Ishtar/Pâques avec des traditions païennes.

Il est grand temps de rendre les fêtes bibliques (jours saints) à l'Église dans le monde entier, sans le compromis des mélanges païens que beaucoup épousent, comme par exemple planter des arbres de Noël à côté des menorahs de Hanukkah, ou célébrer ensemble Pâque et Pâques. Le Dieu d'Israël ne partage pas le culte avec les dieux de Rome. C'est le Dieu d'Israël et son culte, ou Rome. Il n'y a pas de compromis.

Il a dit qu'il fallait être chaud ou froid. Il ne tolère pas du tout le mélange. Je sais que ce n'est pas politiquement correct, et cela peut hérisser beaucoup de plumes, mais c'est bibliquement correct. Et comme mon père Elijah l'a dit il y a des milliers d'années,

> **Alors Elijah(Elie) vint vers tout le peuple et dit, "Combien de temps allez-vous balancer d'un pied sur l'autre entre deux opinions? Si ADONAÏ est Dieu, suivez-Le; si Baal est Dieu, suivez-le."**
>
> — 1 ROIS 18:21

Toutes les fêtes de la chrétienté sont empruntées à Rome, au culte du soleil, qui est le culte du Baal. Tout comme dans l'Israël antique, leurs dirigeants ont semé la confusion chez les gens. Au lieu de leur enseigner la vérité, ils les maintenaient dans l'esclavage d'un mélange de cultes, "un peu d'hébreu, un peu de païen", juste pour satisfaire les masses, mais ils offensaient grandement le Dieu d'Israël. Il a envoyé son prophète, Élie, pour affronter ce compromis, et il le fait à nouveau par l'Esprit d'Élie. Il nous appelle à prendre enfin une décision : resterons-nous des chrétiens romains, greffés sur l'arbre de Noël, ou deviendrons-nous une épouse conventionnelle, greffée sur l'olivier dans notre culte ?

> Mais si certaines des branches ont été coupées et que vous - qui êtes un olivier sauvage - avez été greffé parmi elles et êtes devenu un participant de la racine de l'olivier avec sa richesse, ne vous vantez pas contre les branches. Mais si vous vous vantez, ce n'est pas vous qui soutenez la racine, mais la racine qui vous soutient.
>
> — Romains 11:17-18

Combien de membres de l'Église évangélique savent réellement que leur culte est catholique et qu'ils s'attachent encore à eux avec un cordon ombilical spirituel à l'Église catholique romaine ? Perçoivent-ils que c'est du christianisme romain que proviennent les cultes de Pâques, de Noël, d'Halloween/Tous les Saints et du dimanche ? Et qu'il n'en était pas ainsi jusqu'au quatrième siècle - pendant 300 ans, les croyants au Messie juif ont célébré le Shabbat et les fêtes bibliques, et ont appelé le Messie juif par son nom, Yeshua.

Il est temps d'enlever les vêtements romains - les fêtes païennes - et de revêtir les vêtements bibliques. Le rétablissement du saint culte permettra de restaurer l'identité de l'épouse du Messie et du Messie juif. Cela rendra le peuple juif jaloux de Le recevoir en retour.

"Otez l'Identité du porc de Mon Peuple."

> C'est par le feu que L'Eternel exerce ses jugements, C'est par son glaive qu'il châtie toute chair ; Et ceux que tuera L'Eternel seront en grand nombre.
> Ceux qui se sanctifient et se purifient dans les jardins, Au milieu desquels ils vont un à un, Qui mangent de la chair

de porc, Des choses abominables et des souris, Tous ceux-là périront, dit L'Eternel.

— Esaie 66:16–17

La pandémie de COVID-19 au printemps 2020 a fait prendre conscience que les animaux impurs apportent de terribles fléaux (le fléau du coronavirus aurait débuté dans le marché des animaux impurs de Wuhan, en Chine, où ils vendent de nombreux animaux impurs et de la vermine pour la consommation humaine). Ici, le COVID-19 provient d'une chauve-souris qui est une souris avec des ailes. Dans Sa parole, YHVH dit qu'Il portera un jugement sur l'ensemble de l'humanité pour avoir mangé des animaux impurs. Dans Esaïe 66, Dieu a mentionné les porcs ou les cochons, la vermine et les souris. Dans le Lévitique 11, il donne une liste plus longue et qualifie les animaux impurs de détestables. Par exemple, Dieu qualifie de "détestables" les crustacés et les poissons-chats.

> Mais ceux qui n'ont pas de nageoires et d'écailles dans les mers ou les rivières, parmi ceux qui fourmillent sur les eaux, ou parmi tous les êtres vivants qui sont dans les eaux, ils vous répugnent. Ils doivent être détestables pour vous. Vous ne mangerez pas de leur viande et vous détesterez leurs carcasses. Tout ce qui n'a ni nageoires ni écailles dans les eaux, c'est une chose détestable pour vous.

— Levitique 11:10–12

Les Juifs qui se sont convertis au christianisme, par la force ou de leur plein gré, ont dû montrer à travers les âges qu'ils étaient de "vrais chrétiens" et qu'ils étaient "vraiment sauvés" en mangeant du porc et des animaux impurs. Lorsque, étant juive, j'ai livré ma vie à Yeshua, les premières instructions que m'ont données certains chrétiens ont été : « Tu es libre de la Loi. »

Vous pouvez manger tout le porc que vous voulez !

C'était déroutant : Jusqu'alors, j'étais une pécheresse qui avait enfreint les commandements de Yah (Dieu), et maintenant le salut devrait-il signifier que je peux rester sans loi ? De nombreuses autres personnes sont également troublées lorsqu'elles entendent ces étranges instructions. Jusqu'alors, j'étais végétarienne et je ne savourais pas la viande, encore moins le porc. Mais ces chrétiens bien intentionnés voulaient me voir enfreindre les Commandements alimentaires du Dieu vivant pour les mettre de côté puisque j'étais vraiment sauvé. De nombreux croyants juifs vous raconteront la même histoire.

Cela est enraciné dans la théologie du remplacement et est antisémite. Les nations les plus antisémites en Europe à travers les âges ont été les nations chrétiennes où le porc est l'aliment de base numéro un. En fait, dans certains de ces pays, il est difficile de trouver d'autres viandes : le porc est la moins chère et la plus disponible. C'est le cas de l'Espagne, du Portugal, de l'Allemagne, de la Pologne et d'autres pays.

Manger du porc, du porc ou du porc et ses dérivés est appelé "détestable" et est lié à l'idolâtrie et au culte de la mort. Il n'est donc pas surprenant que le christianisme romanisé ait fait du porc un aliment de base dans toutes les fêtes chrétiennes romaines païennes et les célébrations de l'église.

Ces gens Me provoquent continuellement en face, se sacrifiant dans les jardins, brûlant de l'encens sur des briques, s'asseyant parmi les tombes, passant la nuit dans des tombes troglodytes

> ; mangeant de la chair de porc, et le bouillon de choses détestables est dans leurs pots...
>
> — Esaie 65:3-4

Puisque Yeshua n'est pas venu abolir la Torah et les prophètes, il n'a pas non plus aboli les commandements alimentaires (Mat. 5:17-21). Noé connaissait les animaux propres et impurs avant que Dieu ne donne la Torah. Il a apporté à l'Arche sept par sept des animaux propres et deux par deux des animaux impurs.

> **Vous prendrez avec vous sept animaux purs de chaque espèce, mâles et femelles, et deux animaux qui ne sont pas purs, mâles et femelles ;**
>
> — Genese 7:2

Elohim a créé les animaux purs pour le sacrifice et la nourriture, et les impurs pour des raisons écologiques, comme les broyeurs d'ordures pour nettoyer la terre. La plupart des chrétiens sont souvent malades à répétition à cause de la nourriture impure, et cela affecte aussi leur vie spirituelle.

On raconte qu'au début du XXe siècle, un grand apôtre de la foi nommé Smith Wigglesworth a été prié de bénir un cochon rôti sur la table en "rendant grâce". Les gens le connaissaient bien pour sa franchise, et le seul livre qu'il ait jamais lu était la Bible. Il connaissait la Parole de Dieu à l'envers et à l'endroit. Il savait que les porcs sont des animaux impurs, et que Dieu les appelait "détestables", alors il priait :

> "Cher Dieu, si tu peux bénir ce que tu as maudit, bénis ce porc au nom de Jésus. Amen". (Liardon)

Cela peut sembler drôle, mais ce n'est pas une blague ; les animaux impurs apportent une malédiction à notre corps et à notre marche spirituelle. Le Dieu de l'Univers a dit qu'il exécutera un jugement sur tous les mangeurs impurs. J'espère que Dieu ne vous trouvera pas parmi eux. Le coronavirus a attiré l'attention du monde entier.

La chrétienté a mal interprété de nombreuses Écritures de la Nouvelle Alliance en remplaçant les doctrines de la théologie. Veuillez comprendre que Yeshua est le Verbe fait chair ; ainsi, Il est la Torah faite chair, qui est la Parole de Son Père. Il n'est pas venu pour s'opposer aux Commandements de Son Père, mais pour apporter la pleine interprétation de ceux-ci.

Les chrétiens qui enfreignent les Commandements alimentaires souillent le Temple du Saint-Esprit, qui est leur corps. Tout comme dans le Temple saint de Jérusalem, les adorateurs ne pouvaient pas offrir de porcs ou d'animaux impurs sur l'autel, donc manger des animaux impurs nous souille et nous rend malade.

La vision de Pierre dans Actes 10 ne visait pas à sanctionner la consommation d'animaux purs et impurs. Il s'agissait d'un changement important concernant le salut des païens. Jusqu'alors, les Juifs appelaient les païens "impurs", parce qu'ils étaient en dehors de l'alliance et adoraient des idoles. Maintenant, Yeshua appelait son apôtre juif à tendre la main aux Gentils et à ne plus les appeler impurs. Lorsqu'il est arrivé à Corneille, le centurion romain de Césarée, où toute sa famille et ses amis étaient réunis, Pierre a interprété la vision qu'il a reçue.

Et il leur dit : "Vous savez vous-mêmes combien il est illégal pour un homme juif de s'associer avec un étranger ou de lui

rendre visite ; et pourtant Dieu m'a montré que je ne dois traiter aucun homme d'impur ou d'impur.

— Actes 10:28

Comment YHVH le lui a-t-il montré ? A travers une transe dans une vision qui a été grossièrement mal interprétée à travers les lunettes de la théologie du remplacement.

> Mais il eut faim et il voulut manger ; mais comme ils faisaient des préparatifs, il tomba en extase ; et il vit le ciel ouvert, et un objet semblable à une grande nappe qui descendait, abaissée par quatre coins sur le sol, et il y avait dedans toutes sortes d'animaux à quatre pattes et de créatures rampantes de la terre et des oiseaux du ciel. Une voix lui dit : "Lève-toi, Pierre, tue et mange !" Mais Pierre dit : "En aucune façon, Seigneur, car je n'ai jamais rien mangé de souillé et d'impur."

— Actes 10:10-14

Pierre ne voulait pas en manger ; il n'a jamais vu Yeshua manger des animaux impurs. Yeshua n'approuvait pas le fait de violer les commandements alimentaires de son Père, mais il faisait comprendre à Pierre que le salut était désormais accordé aux païens qui étaient autrefois appelés impurs. De la même façon, des écritures comme celle-ci seraient mal interprétées :

> Car tout ce qui a été créé par Dieu est bon, et rien ne doit être rejeté s'il est reçu avec gratitude ; car il est sanctifié par le moyen de la Parole de Dieu et de la prière.

— I timothee 4 : 4-5

À l'époque de Timothée, la seule parole de Dieu disponible était le Tanakh, l'ancienne alliance ou les Saintes Écritures, y compris la Torah. Le Nouveau Testament n'a été canonisé qu'au quatrième siècle après le Concile de Nicée. Jusqu'alors, ce que nous appelons le Nouveau Testament était constitué des récits des évangiles et des lettres apostoliques traitant des questions dans les églises. Il n'a jamais remplacé les Saintes Écritures telles qu'elles ont été données au peuple d'Israël.

Il a dit que notre nourriture est sanctifiée par deux choses :

- La Parole de Dieu, qui est la Torah
- La Prière

La prière seule ne peut pas sanctifier votre nourriture. C'est l'obéissance à Sa Parole, à Sa Torah, associée à la prière et à la gratitude qui la sanctifie. La Torah ne sanctifie jamais les animaux impurs, et un jugement de la fin des temps est déjà en cours (par des moyens comme le COVID-19 provenant peut-être d'une chauve-souris vendue sur le marché de la viande impure de Wuhan, en Chine). Voici ce que dit la fin du livre sur l'entrée dans la Nouvelle Jérusalem.

> **Il n'entrera jamais en elle rien d'impur, ni personne qui pratique l'abomination et le mensonge, mais seulement ceux dont les noms sont écrits dans le livre de vie de l'Agneau.**
>
> **— Apocalypse 21 :27**

Pour trouver ce qui est impur et ce qui est une abomination aux yeux de Yah (Dieu), vous devez aller à la Torah et faire en sorte que le Saint-Esprit l'écrive dans votre cœur.

Un grand réveil et un grand renouveau frappent aux portes. Etes-vous à l'écoute ? Et qu'arrivera-t-il à ceux qui refusent d'écouter ? Ils vont se dessécher, et la gloire passera à côté d'eux. La Rose mourra.

Une Invitation Prophétique vous est faite

"Venez, montons à la montagne de L'Éternel, à la maison du Dieu de Jacob ; Il nous enseignera Ses voies, et nous marcherons dans Son chemin. "Car de Sion sortira la Loi et la Parole de Yahveh, de Jérusalem."

— Esaie 2:3

Ni Sainteté, ni puissance, ni gloire!

Etes-vous en train de soupirer ?

YHVH lui dit : "Traverse la ville, traverse Jérusalem, et mets une marque sur le front des hommes qui soupirent et gémissent sur toutes les abominations qui sont commises en son sein.

— Ezekiel 9 :4

La dernière fois que j'ai participé à une réunion de renouveau, c'était à Lakeland, en Floride, en 2008. L'évangéliste qui a mené ce réveil était Todd Bentley. Le réveil est mort après août 2008, lorsque l'évangéliste a quitté le lieu d'accueil à Ignited Church. La raison de cet arrêt soudain était les problèmes conjugaux entre Todd et sa femme, qui ont finalement conduit à leur divorce. Ce divorce a eu lieu en raison d'une mauvaise relation avec une autre femme, qu'il a finalement épousée.

Le magazine Charisma a couvert cette question ; voici une citation du 15 octobre 2009 :

À l'époque, les dirigeants de ce qui est maintenant connu sous le nom de Transform International, qui n'est plus affilié à Bentley, ont exprimé leur inquiétude concernant la relation de l'évangéliste avec Jessa ainsi que sa consommation d'alcool, qui, selon un membre du conseil d'administration, avait "dépassé les limites". (Gaines)

Bien-aimés, Todd Bentley faisait de son mieux pour être un réceptacle du Saint-Esprit afin d'apporter le réveil aux Etats-Unis et au monde. Des gens de nombreuses nations venaient à ses réunions, environ 30 000 personnes y assistaient chaque semaine. Le ministère de Bentley a estimé que plus de 140.000 personnes de plus de 40 nations lui ont rendu visite, et que 1,2 millions de personnes ont regardé via Internet. Le 30 juin, plus de 400 000 personnes de plus de 100 nations avaient assisté à ses réunions, alors que God TV diffusait ses réunions tous les soirs.

En règle générale, je regarde les fruits spirituels produits lors de tels événements, et ne pose pas mes yeux sur les manifestations elles-mêmes. Ayant été utilisés par le Saint-Esprit pour allumer des feux de réveil dans de nombreuses nations, nous avons vu notre part de manifestations. Mais, après que les manifestations spirituelles impressionnantes se soient produites, j'aime en goûter le fruit. Si le fruit est bon, c'est la preuve d'un véritable réveil ! Cela est clair si le taux de criminalité dans la région diminue ou si le nombre de divorces diminue. Le mouvement est-il suivi par plus de sainteté, de droiture et de crainte de YHVH ?

Les manifestations vont et viennent, mais nous ne devrions jamais les juger avant leur temps. Certaines personnes s'opposent fièrement aux manifestations du Saint-Esprit - ce qui éteint le feu de l'Esprit ! Mais d'autres adorent les manifestations et accordent très peu d'attention à la Parole de Dieu, et à la vie de disciple qui mène à un style de vie juste ; par conséquent, des manifestations excessives se produisent qui sont démoniaques et non de Dieu. J'aimerais partager à ce sujet notre expérience personnelle du ministère.

Le Seigneur nous a envoyés en 1990 aux États-Unis pour travailler comme missionnaires avec *Youth With A Mission* (JEM) à Kona, Hawaï, puis pour suivre l'école biblique de Christ pour les nations à Dallas, Texas. Pendant que je fréquentais l'école biblique, j'ai écrit une série de livres et j'ai appelé l'un d'entre eux, Satan, Let My People Go (Laisse aller mon peuple)!

Ce livre décrivait comment l'Église en Amérique était tiède et remplie de péchés non repentis. C'était un appel à la repentance, à une obéissance radicale et à la justice. C'était un appel divin à revenir à l'évangile original tel que prêché par tous les apôtres juifs au cours du premier siècle ! Un pasteur bien connu qui a lu mon livre a dit qu'il était "religieux" et que les chrétiens sont sous la grâce, et non sous la Loi. Il m'a fortement exhorté à accepter que nous sommes tous dans un "processus" - les péchés comme l'immoralité, l'idolâtrie et l'adultère n'étaient pas un problème important, car les gens ne sont pas parfaits et que Jésus comprend et pardonne.

J'étais alors une croyante relativement nouvelle, ayant été sauvée à la saison de Yom Kippour de 1988 ; j'avais à peine deux ans en Yeshua. Et j'ai eu le "culot" d'écrire un livre appelant l'Église à la repentance, exposant le compromis mortel avec le péché dans la plupart des églises américaines, tel que je l'ai vécu.

Ce désir de voir les autres marcher dans la sainteté m'est également venu en Israël avant mon voyage aux États-Unis, et mon mariage avec le rabbin Baruch Bierman en 1990. Le Saint-Esprit tombait sur moi avec une parole d'exhortation, ou de réprimande envers ceux qui prétendaient être pieux mais qui avaient des péchés cachés. Chaque fois que j'exerçais mon ministère, rempli de l'amour du Père et du feu du Ruach (Esprit), les gens venaient à se repentir. J'étais une croyante née de nouveau, *soupirant sur* la triste condition du corps du Messie !

Personne ne m'a prêché l'Évangile ! Yeshua est venu me sauver Lui-même, tout comme Il l'a fait à l'apôtre Paul. (Vous pouvez lire mon livre, OUI, qui décrit le témoignage très impressionnant de mon salut, traduit en plusieurs langues). Ma nouvelle naissance a été précédée par une forte conviction du péché et un désespoir de pureté ! Lorsque Yeshua m'a appelé aux eaux du Kinneret (mer de Galilée), je n'avais pas besoin d'être convaincue que j'avais enfreint les commandements de Yah et que je méritais de mourir. Comme personne ne m'a prêché l'Évangile, je n'ai compris que cela : *Nous devons haïr nos péchés et aspirer à la pureté et au pardon d'un Dieu saint que nous avons offensé par notre rébellion contre Ses voies et Ses Commandements.*

J'aurais pu trouver de nombreuses excuses pour justifier mes terribles péchés en raison de mes "circonstances atténuantes". Mais, lorsque la crainte de YHVH s'empare de nos vies, il n'y a jamais d'excuses justifiables pour l'immoralité, l'idolâtrie et la rébellion. Dans ce contexte, j'ai fait l'expérience de Sa grâce étonnante, et j'ai rapidement fait l'expérience du remplissage du Saint-Esprit et du feu qui m'ont transformée en la femme de Yah que je suis aujourd'hui. Ai-je été immédiatement "parfaite" ? Sûrement pas, et je travaille encore à mon salut avec crainte et tremblement. Mais tous les péchés connus, tels que la fornication, l'adultère, l'idolâtrie, la cigarette et les jurons, ont disparu de ma vie en un jour après que j'ai dit "oui" à Yeshua ! Sa sainteté n'a pas permis à ces choses impures de rester en moi.

Qu'on n'entende ni paroles déshonnêtes, ni propos insensés, ni plaisanteries, choses qui sont contraires à la bienséance ; qu'on entende plutôt des actions de grâces. Car, sachez-le

bien, aucun impudique, ou impur, ou cupide, c'est-à-dire, idolâtre, n'a d'héritage dans le royaume de Christ et de Dieu. Que personne ne vous séduise par de vains discours ; car c'est à cause de ces choses que la colère de Dieu vient sur les fils de la rébellion.

— Ephesiens 5:4–6

Bien que je sache pleinement qu'Il nous atteint où que nous soyons, de nombreuses façons créatives, <u>un évangile sans repentance de la violation des Commandements de Yah, et la libération de la peur de YHVH n'est pas un évangile !</u> Un "évangile" qui laisse les gens dans leurs péchés, et les excuse, et même les excuse au nom de la "grâce" est une tromperie !

Yeshua a accordé son pardon à une femme prise en flagrant délit d'adultère, en opposition à tous ses accusateurs qui voulaient la lapider à mort, mais ce sont ses paroles qui lui ont été adressées :

Alors je ne te condamne pas non plus", a dit Yeshua. "Va, et ne pèche plus."

— Jean 8:11

Il avait des paroles similaires pour le paralytique qu'il avait guéri près du Temple :

Après cela, Jésus le retrouve dans le Temple. Il lui dit, « regarde, tu as été guérie ! Ne pèche plus, afin que rien d'autre ne t'arrive."

— Jean 5:14

Pasteurs, dirigeants, saints : Il est temps de *soupirer* et de *se repentir* pour toutes les abominations qui sont perpétrées à l'intérieur des églises chrétiennes et des synagogues messianiques ! Nous ne pouvons plus être apathiques ! Le soupir et la repentance doivent commencer, alors que le jugement frappe aux portes de Son Temple, le corps du Messie dans le monde entier. Bientôt, Il enverra Ses anges pour *marquer* ceux qui *soupirent* à cause de l'immoralité et de l'idolâtrie, nous séparant de ceux qui ne soupirent pas, mais l'appellent "l'évangile de la grâce".

Dans la Parole de Yah (Dieu), je vois l'évangile défini de nombreuses façons, mais je ne lis pas une seule écriture qui se réfère à "un évangile de grâce bon marché". Je vois l'évangile du Royaume, l'évangile de la paix (ou plutôt shalom), et l'évangile éternel. Mais aucun "évangile de grâce bon marché" n'est mentionné dans les Saintes Écritures. Le mot "grâce" est toujours associé à la *repentance,* à l'abandon du péché, à la désobéissance et à la rébellion, et au pardon qui en découle. La grâce est gratuite, mais elle n'est jamais bon marché, et elle ne *pardonne jamais* le péché ! Son véritable évangile de la grâce conduit à la *repentance*.

> Ou bien n'avez-vous aucune considération pour la richesse de sa gentillesse, de sa tolérance et de sa patience [en retenant sa colère] ? Êtes-vous [réellement] inconscient ou ignorant [du fait] que la bonté de Dieu vous conduit à la repentance [c'est-à-dire à changer votre moi intérieur, votre ancienne façon de penser - cherchez Son but pour votre vie] ? Mais à cause de votre entêtement et de votre cœur impénitent, vous accumulez [délibérément] de la colère pour vous-même au jour de la colère où Dieu vous révélera un jugement juste. Il RENDRA A CHAQUE PERSONNE EN FONCTION DE SES ACTES [avec justice, comme le méritent ses actes] :
>
> — ROMAINS 2:4–6 AMP

Le but de la *grâce* est de nous conduire à la *repentance,* ce qui est *teshuva* en Hébreu!

Que dirons-nous donc ? Demeurerions-nous dans le péché, afin que la grâce abonde ? Loin de là ! Nous qui sommes morts au péché, comment vivrions-nous encore dans le péché ? Ignorez-vous que nous tous qui avons été baptisés en Yeshua le Messie, c'est en sa mort que nous avons été baptisés ?

— Romains 6:1-3

Le mot hébreu, *teshuva,* signifie 4 choses:
- Réponse
- Retour
- Repentance
- Restauration

Car le salaire du péché c'est la mort, mais le don gratuit de Dieu c'est la vie éternelle dans le Messie Yeshua notre Seigneur.

— Romains 6:23

L'évangile "made in Sion" est l'évangile du royaume, le véritable évangile de la grâce. Il nous appelle à retourner vers le Créateur, à nous repentir d'avoir enfreint Ses Commandements. Cela conduit à la restauration, décrite dans la Parole comme l'évangile du shalom : réconciliation, guérison, bien-être et intégrité (traduit par une "paix" générique dans la plupart des Bibles).

C'est l'évangile éternel, et il n'y en a pas d'autre ! Et cet évangile est suivi de signes, de prodiges et de miracles - de nombreuses manifestations dramatiques qui culminent en fruits, le fruit de la teshuva (repentance). C'est l'évangile qui peut changer et transformer nos sociétés, nos écoles, nos enfants et nos générations en sociétés pieuses et en nations de moutons !

> **Je vis un autre ange qui volait par le milieu du ciel, ayant un Evangile éternel, pour l'annoncer aux habitants de la terre, à toute nation, à toute tribu, à toute langue, et à tout peuple. Il disait d'une voix forte : Craignez Dieu, et donnez-lui gloire, car l'heure de son jugement est venue ; et adorez celui qui a fait le ciel, et la terre, et la mer, et les sources d'eaux. Et un autre, un second ange suivit, en disant : Elle est tombée, elle est tombée, Babylone la grande, qui a abreuvé toutes les nations du vin de la fureur de son impudicité !**
>
> — APOCALYPSE 14:6–8

L'évangile "fait en Sion" est l'évangile du royaume, le vrai Dieu marquera ceux d'entre nous qui sont dans *l'angoisse* et qui soupirent avec la marque de YHVH, et ceux qui tolèrent le péché porteront une autre marque qui mènera à la destruction éternelle. Nous soupirons pour que YHVH fasse pleuvoir la justice sur nos enfants, nos églises, nos synagogues, nos villes et nos nations, et nous Le supplions d'envoyer *le réveil !* Un véritable réveil naît des soupirs et du désespoir de la pureté.

> **Bénis soient ceux qui ont le cœur pur, car Ils verront Dieu.**
>
> — MATTHIEU 5:8

> N'éteignez pas le feu de l'Esprit.
>
> — 1 Thessaloniciens 5:19

Une prière de vie et de mort pour la repentance

Père qui es aux cieux, pardonne-moi d'avoir porté sur moi d'autres marques que les Tiennes, et de toute haine ou jalousie contre Ton peuple juif et Tes Commandements. Je Te demande de me marquer comme saint pour Toi, *kadosh* le YHVH (qui signifie "saint pour YHVH" en hébreu), car je choisis de me repentir et de rejeter complètement le chef anti-Torah de la principauté démoniaque anti-MESITOJUS. S'il te plaît, viens avec Ton Esprit Saint et Ton feu et écris Tes instructions et Tes Commandements dans mon cœur et mon esprit. Je renonce à manger tous les animaux impurs comme mentionné dans le Lévitique 11, toute immoralité et les fêtes païennes romaines héritées du Christianisme romanisé. Par la présente, je consacre de nouveau ma vie en esprit, dans mon âme et corporellement pour être un vase de feu sacré et d'honneur, pour amener beaucoup de gens à la justice au nom de Yeshua. Amen.

Pour une lecture plus approfondie, je vous recommande de lire mon livre « greffés en.. » *Grefted In.**

---

* www.kad-esh.org/shop/grafted-in/

PORTAIL 9

ARROGANCE ET ANTISÉMITISME

Entête numéro 4: Anti-Juif

Considère donc la bonté et la sévérité de Dieu : sévérité envers ceux qui sont tombés, et bonté de Dieu envers toi, si tu demeures ferme dans cette bonté ; autrement, tu seras aussi retranché.

— ROMAINS 11:22

A nti-Juif est la quatrième tête du monstre, cette principauté démoniaque appelée anti-MESITOJUS. Cette tête résulte des trois autres:

- Anti-Messie
- Anti-Israël
- Anti-Torah

La haine des Juifs est qualifiée à tort d'antisémitisme. Nous tirons ce mot du nom de Sem, le deuxième fils de Noé, dont le peuple juif descend. Cependant, les Arabes sont également des descendants de Sem, tout comme les Chinois. Mais l'antisémitisme, c'est la haine contre les Juifs uniquement. Il aurait été préférable de l'appeler "La haine des Juifs". Hitler ne cherchait pas à exterminer tous les Arabes ou tous les Chinois, mais il voulait sûrement exterminer tous les Juifs. En fait, de nombreuses personnalités arabes importantes, comme Haj Amin Al Husseini, le grand mufti de Jérusalem dans les années 1930, était un ami exceptionnel d'Hitler, et cherchait à exterminer les Juifs en terre d'Israël. Nous en dirons plus sur cette personnalité au portail 11.

Antisémitisme, ou haine des Juifs, n'est pas unique à la chrétienté. En fait, ceci prévaut beaucoup chez les Musulmans et dans d'autres groupes non-religieux, spécialement chez des intellectuels humanistes contemporains. Mais la persécution religieuse contre les Juifs a été le domaine strict du christianisme depuis le IVe siècle jusqu'à nos jours. L'antisémitisme et la haine des Juifs sont devenus la doctrine de l'Église par le biais de la théologie de la substitution. Pendant des siècles, les prêcheurs ont nourri la haine contre les Juifs dans nombre de leurs sermons les plus passionnés. Ils ont accusé les Juifs d'être des meurtriers de Dieu, des tueurs du Christ, d'être une race maudite, une couvée de vipères, etc. La rhétorique religieuse haineuse ne meurt pas facilement.

Nous devons comprendre que les milliers et les millions de sermons prêchés à travers les âges, qui comportaient de manière flagrante ou implicite des remarques haineuses et désobligeantes à l'encontre des Juifs, ont façonné le christianisme d'aujourd'hui. Même si certains cercles sont devenus éclairés, il y a trop d'autres cercles chrétiens qui restent dans l'obscurité.

Au fond du cœur de nombreux chrétiens, il y a une graine d'antisémitisme latente prête à s'enflammer si les circonstances s'y prêtent. Cette graine est alimentée quotidiennement par la théologie du remplacement adoptée dans la plupart des églises. Les églises catholiques et protestantes-évangéliques sont toutes deux dans le mélange. Il en va de même pour les églises prophétiques charismatiques. Sans aucun doute, il y a plus de lumière au XXIe siècle, et aujourd'hui, de nombreux chrétiens merveilleux font de leur mieux pour défendre Israël et le peuple juif ; mais, malheureusement, ils sont encore minoritaires.

Mon mari et moi avons eu le privilège d'exercer un ministère dans plus de 50 nations et dans de nombreuses confessions. Nous avons rencontré le monstre de la théologie de la substitution dans des églises de différentes confessions.

Nous en citerons quelques exemples.

Cette haine ancienne est enracinée dans la jalousie

Nous pouvons voir que le premier à haïr Israël avec passion est Satan lui-même. Il sait que l'existence même d'Israël prouve que le Dieu de la Bible est vrai.

Si Israël disparaît, toute trace de foi en un Dieu tout-puissant fidèle et infaillible - alors Satan pourrait régner en maître, ce qui est son objectif depuis qu'il s'est rebellé contre YHVH.

La chute de Lucifer/Satan

> Te voilà tombé du ciel, Astre brillant, fils de l'aurore ! Tu es abattu à terre, Toi, le vainqueur des nations ! Tu disais en ton cœur : Je monterai au ciel, J'élèverai mon trône au-dessus des étoiles de Dieu ; Je m'assiérai sur la montagne de l'assemblée, A l'extrémité du septentrion ; Je monterai sur le sommet des nues, Je serai semblable au Très-Haut. Mais tu as été précipité dans le séjour des morts, Dans les profondeurs de la fosse.
>
> — Esaie 14 : 12–15

Ce serpent ancien, qui était l'ange le plus important du ciel, a été jeté sur terre en route vers la fosse à cause de la jalousie. La jalousie est à l'origine de la plupart des meurtres, jusqu'à Caïn, qui a assassiné le juste Abel dans Genèse 4. Lucifer, qui signifie "étoile du matin", convoitait la place tenue par les étoiles de Dieu, et il voulait être au-dessus des étoiles de Dieu. Alors, qui sont ces étoiles de Dieu ?

> **Et il dit : Je le jure par moi-même, parole de L'ETERNEL ! parce que tu as fait cela, et que tu n'as pas refusé ton fils, ton unique, je te bénirai et je multiplierai ta postérité, comme les étoiles du ciel et comme le sable qui est sur le bord de la mer ; et ta postérité possédera la porte de ses ennemis.**
> **Toutes les nations de la terre seront bénies en ta postérité, parce que tu as obéi à ma voix.**
>
> — **GENESE 22:16–18**

Après qu'Abraham ait obéi au Tout-Puissant et ait sacrifié son fils unique, Isaac, il a fait la promesse à Abraham "... tes descendants seront comme les étoiles dans le ciel..." : Ce sont les étoiles de Dieu, les descendants d'Abraham, et Satan est jaloux. Cependant, cette promesse est étendue à travers Isaac et Jacob à tous les descendants d'Israël.

> **Souviens-toi d'Abraham, d'Isaac et d'Israël, Tes serviteurs, à qui Tu as juré par Toi-même, et à qui Tu as dit : "Je multiplierai ta postérité comme les étoiles du ciel, et tout ce pays dont j'ai parlé, je le donnerai à tes descendants, et ils l'hériteront à jamais."**
>
> — **EXODUS 32:13**

Ici, nous voyons la promesse "... d'être aussi nombreux que les étoiles dans le ciel..." incluant également le pays de Canaan. Nous développerons ce sujet au portail 11.

Pour s'assurer que les étoiles de Dieu sont le peuple d'Israël, le verset suivant est très révélateur. C'est Moïse qui parle à tout le peuple d'Israël dans le désert, après près de quarante ans d'errance.

ADONAÏ votre Dieu vous a multiplié—et vous êtes aujourd'hui aussi nombreux que les étoiles dans le ciel.

— DEUTERONOME 1:10

Lucifer voulait être le Messie, il voulait s'élever au-dessus des étoiles de Dieu, au-dessus du peuple élu d'Israël et usurper la place du Roi des rois et de l'Éternel des seigneurs, le Juif ultime - Yeshua, le Fils de David.

Depuis qu'ELOHIM l'a refusé et banni, son plan majeur a été de détruire Israël, le peuple juif, les descendants naturels d'Abraham, d'Isaac et de Jacob. C'est son principal objectif parmi tous les objectifs démoniaques. Il est aveuglé et enragé de jalousie et utilisera tous les moyens et tous les systèmes pour accomplir cette destruction.

Il a découvert que les chrétiens païens pouvaient être pervertis par la jalousie. Il a donc utilisé l'adorateur du soleil romain de l'Est, "Constantin le prétendu chrétien", avec les évêques compromis du quatrième siècle pour élaborer un plan hideux et démoniaque. Satan exécuterait ce plan par le biais d'un système chrétien de remplacement qui endoctrinerait tous ses adeptes pour les faire haïr les Juifs. Le pouvoir sacerdotal encouragerait le peuple à humilier et à persécuter les Juifs - leur devise serait :

"Tueurs de Christ."

L'appel était de se séparer de la détestable compagnie des tueurs du Christ, c'est-à-dire de toute la nation juive. Dans la racine de la plupart des cœurs chrétiens, ces mots résonnent encore : "Les Juifs ont rejeté le Christ ; les Juifs sont raides et rebelles ; les Juifs ont assassiné le Christ ; ils sont sous la malédiction ; ils méritent de mourir."

Le Concile de Nicée

> De la lettre de l'empereur (Constantin) à tous ceux qui ne sont pas présents au conseil. (Trouvé dans Eusèbe, Vita Const., Lib III 18-20)
>
> Lorsque la question relative à la fête sacrée de Pâques s'est posée, elle a été déclarée particulièrement indigne de cette fête, la plus sainte des fêtes à suivre les coutumes (le calcul) des Juifs qui s'étaient souillés les mains avec le plus redoutable des crimes, et dont l'esprit était aveuglé. En rejetant leur coutume, nous pouvons transmettre à nos descendants le mode légitime de célébration de Pâques, que nous avons observé depuis le temps de la passion du Sauveur selon le jour de la semaine.
>
> Nous ne devons donc rien avoir en commun avec le Juif, car le Sauveur nous a montré une autre voie : notre culte suit un cours plus légitime et plus commode (l'ordre des jours de la semaine) : Et par conséquent, en adoptant unanimement ce mode, nous désirons, très chers frères, nous séparer de la détestable compagnie du Juif. (Université de Fordham)
>
> Ces paroles de Constantin sont à la base de tout l'antisémitisme chrétien, qui a causé la misère et le meurtre de plusieurs millions de Juifs au cours des siècles. Ils ont propulsé une telle haine des Juifs que des actes horribles, tels que l'enlèvement d'enfants juifs

pour les élever en tant que chrétiens, les croisades, l'inquisition espagnole et d'autres, se sont poursuivis jusqu'à la fin du XIXe siècle. Ces mots ont incité à des pogroms dévastateurs en Russie et en Europe de l'Est ; la Shoah nazie (l'Holocauste) au cours du XXème siècle, et le BDS maintenant au XXIème siècle - initié par des facteurs musulmans/palestiniens, mais épousé par de nombreuses organisations chrétiennes "bien intentionnées". L'antisémitisme est très flagrant au sein des Nations unies et en particulier du COE (Conseil œcuménique des Églises).

J'aimerais pouvoir vous dire que tout cela appartient au passé et n'affecte pas le christianisme et les chrétiens d'aujourd'hui. Mais je vous mentirais. L'article suivant est très éclairant :

Du Jérusalem Post

14 janvier 2019

Le COE se définit comme le plus vaste groupe organisé d'églises et affirme qu'il cherche à représenter 350 églises membres dans 110 pays et 500 millions de chrétiens dans le monde entier. Son site web indique que l'objectif du groupe est l'unité des chrétiens.

Pourtant, il semble y parvenir notamment par le biais d'un plaidoyer anti-Israël, qui a parfois des connotations antisémites explicites, comme le définit l'Alliance internationale pour la mémoire de l'Holocauste. Cette définition a été acceptée par l'UE qui, avec certains de ses pays membres, finance le programme d'accompagnement œcuménique en Palestine et en Israël (EAPPI).

Les responsables du COE et les volontaires de l'EAPPI ont à plusieurs reprises comparé les actions israéliennes à celles de l'Allemagne nazie lors de leurs sessions de sensibilisation. Par exemple, le secrétaire général du COE, le Dr Olav Fyske Tveit, a déclaré "J'ai entendu parler de l'occupation de mon pays pendant les cinq années de la Seconde Guerre mondiale comme étant l'histoire de mes parents. Maintenant, je vois et j'entends les histoires de 50 ans d'occupation".

En 2017, un observateur, le révérend Gordon Timbers de l'Église presbytérienne du Canada, a fait une présentation. Lorsqu'un membre de l'auditoire a demandé si "les Juifs qui entrent pour voir... le modèle des chambres à gaz" voient des similitudes entre cela et la Cisjordanie, Timbers a répondu qu'"il y a des similitudes", notamment l'utilisation de papiers d'identité.

Le militant sud-africain de l'EAPPI, Itani Rasalanavho, a déclaré lors d'un événement de la "Semaine de l'Apartheid" dans son pays que "le temps est venu de dire que les victimes de la Shoah en sont maintenant devenues les auteurs".

Dans une présentation du révérend Joan Fisher, un militant de l'EAPPI, elle cite les propos d'un ecclésiastique palestinien : "Nous compatissons à la souffrance de nos frères et sœurs juifs dans la Shoah, mais on ne traite pas une injustice en créant une autre injustice."

Le IHRA* (the International Holocaust Rememberance Alliance) travaillant à la definition de l'antisémitisme stipule que

---

* The International Holocaust Remembrance Alliance (IHRA) jusqu'en Janvier 2013 était connu comme la Task Force for International Cooperation on Holocaust Education, Remembrance, and Research (or ITF).

"faire des comparaisons sur la politique israélienne contemporaine et celle des Nazis" est un exemple d'antisémitisme.

Le COE soutient les boycotts et le désinvestissement des colonies, mais les militants d'EAPPI ont appelé au boycott de tout Israël.

La publication de l'EAPPI "Faith Under Occupation" a appelé en 2012 à des "sanctions et à la suspension de l'aide américaine à Israël", à "contester Israël devant les tribunaux locaux et internationaux" et à des "boycotts économiques".

La coordinatrice nationale de l'EAPPI en Afrique du Sud, Dudu Mahlangu-Masango, a signé une lettre adressée au président de l'époque, Jacob Zuma, appelant "notre gouvernement et la société civile à lancer un vaste programme de boycott, de désinvestissement et de sanctions contre Israël" en 2012. Elle a répété cet appel dans une interview télévisée en 2018, appelant à des "sanctions totales" contre Israël.

L'organisation cherche également à combattre le sionisme chrétien. Lors d'un événement du COE en 2015, le sionisme a été qualifié d'"hérésie" selon la théologie chrétienne, les Israéliens modernes n'auraient aucun lien avec les anciens Israélites et la société israélienne serait "pleine de racisme et de privilèges de la peau claire". Leurs dirigeants ont également comparé Israël à l'Afrique du Sud de l'apartheid.

En mai 2016, la militante de l'EAPPI Hannah Griffiths a fait une présentation à Londres, dans laquelle elle a blâmé le "lobby juif" pour les évangéliques chrétiens américains qui soutiennent Israël, et a affirmé qu'Israël plante des couteaux dans les corps des

Palestiniens qui ont été abattus après avoir tenté de poignarder des Israéliens.

Les militants de l'EAPPI ont également répandu des mensonges sur Israël, comme celui d'un Britannique qui a déclaré qu'Israël avait une politique visant à réduire la population arabe en envoyant des citoyens arabes en Cisjordanie ou à Gaza. D'autres ont montré leur ignorance du conflit, comme un volontaire d'EAPPI au Canada qui a déclaré que les Israéliens ne sont pas autorisés dans la zone A non pas à cause du danger, mais "pour empêcher les Israéliens de voir ce qui se passe".

Les communautés juives locales ont constaté que les bénévoles de l'EAPPI ont attisé l'antisémitisme.

La présidente du UK Jewish Board of Deputies en 2012, Vivian Wineman, a déclaré que "les membres des communautés juives de tout le pays ont subi des harcèlements et des abus lors des réunions de l'EAPPI", et l'organisation a déclaré que l'EAPPI "a contribué à créer un climat d'hostilité envers Israël au sein de l'Église d'Angleterre." (The Jerusalem Post)

Satan est jaloux d'Israël et surtout de Juda. De Juda, du peuple juif, viendra le Lion de Juda, le Messie juif, Yeshua, qui régnera sur toute l'humanité. Satan voulait détruire Israël avant la Première Venue du Messie, et maintenant il essaie de le faire avant Sa Seconde Venue qui établira Son règne millénaire dans la capitale d'Israël-Jérusalem. Le malin continue à utiliser le christianisme comme son principal moyen de financement des ennemis d'Israël. Nous expliquerons cela au portail 11.

Nous comprenons maintenant que le principal objectif de Satan est de tuer ou d'anéantir tous les Juifs de la planète par *jalousie*. Son but est d'empêcher le retour du Messie, car il n'y aurait alors pas de nation juive pour l'accueillir. Yeshua a dit qu'il ne reviendra que lorsque le peuple juif l'accueillera à nouveau. S'il n'y a plus de juifs, pas de fête de bienvenue !

> **Car je vous le dis (au peuple juif), vous ne me reverrez jamais avant d'avoir dit : "Baruch ha-ba b'shem ADONAÏ". Béni soit celui qui vient au nom du SEIGNEUR !**
>
> — MATTHIEU 23:39

Sans les Juifs sur cette scène, Satan règnerait de façon suprême sur la terre pour toujours. C'est son plan, mais derrière il y a le plan par excellence, celui de Dieu :

> **Pourquoi ce tumulte parmi les nations, Ces vaines pensées parmi les peuples ? Pourquoi les rois de la terre se soulèvent-ils Et les princes se liguent-ils avec eux Contre L'ETERNEL et contre son oint ? — Brisons leurs liens, Délivrons-nous de leurs chaînes ! — Celui qui siège dans les cieux rit, LE SEIGNEUR se moque d'eux. Puis il leur parle dans sa colère, Il les épouvante dans sa fureur: C'est moi qui ai oint mon Roi sur Sion, ma montagne sainte !**
>
> — PSAUME 2:1-6

La façon dont Satan a partiellement réalisé son plan diabolique de destruction des Juifs au fil des ans est la suivante, comme le montrent les Saintes Écritures.

L'usurpation D'identite

Meurtre des fils mâles en Egypte

Joseph, le fils de Jacob, fut vendu comme esclave à cause de la jalousie de ses frères. Finalement, dans un geste magnanime de pardon, il sauva son peuple de la famine en Canaan en lui ouvrant les portes de l'Égypte. Il était devenu l'homme le plus important d'Égypte après Pharaon, le roi d'Égypte, en raison de son intégrité devant Dieu et de son don prophétique. Le peuple de Joseph, fils d'Israël, s'installa dans une région fertile nommée Goshen où il fit paître ses troupeaux avec succès et devint nombreux. Cependant, à la mort de Joseph, un nouveau roi s'est levé en Égypte, qui ne connaissait pas Joseph et ne favorisait pas Israël, son peuple. Il commença à les asservir et à les maltraiter, ce qui aboutit à une tentative de génocide de toute la nation en assassinant tous les bébés mâles israélites. Dans l'Exode, nous lisons :

> Il s'éleva sur l'Egypte un nouveau roi, qui n'avait point connu Joseph. Il dit à son peuple : Voilà les enfants d'Israël qui forment un peuple plus nombreux et plus puissant que nous. Allons ! montrons-nous habiles à son égard ; empêchons qu'il ne s'accroisse, et que, s'il survient une guerre, il ne se joigne à nos ennemis, pour nous combattre et sortir ensuite du pays. Et l'on établit sur lui des chefs de corvées, afin de l'accabler de travaux pénibles. C'est ainsi qu'il bâtit les villes de Pithom et de Ramsès, pour servir de magasins à Pharaon. Mais plus on l'accablait, plus il multipliait et s'accroissait ; et l'on prit en aversion les enfants d'Israël. Alors les Egyptiens réduisirent les enfants d'Israël à une dure servitude. Ils leur rendirent la vie amère par de rudes travaux en argile et en briques, et par tous les ouvrages des champs : et c'était avec cruauté qu'ils leur imposaient toutes ces charges. Le roi d'Egypte parla aussi aux sages-femmes des Hébreux, nommées l'une Schiphra, et l'autre Pua. Il leur dit : Quand vous accoucherez les femmes

des Hébreux et que vous les verrez sur les sièges, <u>si c'est un garçon, faites-le mourir</u> ; si c'est une fille, laissez-la vivre. Mais les sages-femmes craignirent Dieu, et ne firent point ce que leur avait dit le roi d'Egypte ; elles laissèrent vivre les enfants.

— Exode 1:8–17

C'est le contexte de la montée de Moïse, le libérateur d'Israël, qui a conduit à l'histoire complète de la Pâque. Si Pharaon avait réussi son plan hideux, il aurait assassiné Moïse à la naissance. De plus, la Torah/Loi n'aurait jamais été donnée sur le Mont Sinaï, la tribu de Juda n'existerait pas, ni la maison de David, et le Messie Yeshua - le Sauveur juif de la maison de David - ne serait jamais né. Israël n'aurait pas été formé comme la nation que nous connaissons aujourd'hui.

Cependant, Elohim, le Dieu d'Israël, avait deux femmes qui ont sauvé Israël du génocide, toute l'humanité en fait, parce que nous savons déjà que sans Israël, tout le plan de salut des nations aurait été détruit. Il n'y aurait pas de Messie et pas de salut, et où seriez-vous ? Voilà le point : si les Juifs sont blessés et assassinés, le monde entier souffre. Le bien-être de toute l'humanité dépend du bien-être d'Israël et du peuple juif.

Je bénirai ceux qui te bénissent et je maudirai ceux qui te maudissent. Et en toi toutes les nations de la terre seront bénies.

— Genese 12:3

Ceci était, est et sera la Clé d'Abraham pour le bien-être de toute l'humanité. Et Satan le sait. Il sait que s'il peut utiliser quelqu'un pour faire du mal aux Juifs, cette perte coûtera cher au monde entier, à toute l'humanité qu'il déteste.

Dans chaque histoire du sauvetage du peuple d'Israël, nous voyons que YHVH a ses héros. Il utilise des gens qui se dressent contre les autorités maléfiques, qu'elles soient religieuses, gouvernementales ou les deux, qui persécutent son peuple élu. Ici, les sages-femmes étaient de simples femmes qui craignaient Dieu plus qu'elles ne craignaient le redoutable roi d'Égypte. Elles nous ont laissé un héritage inébranlable et un exemple à suivre. Le Dieu d'Israël les a récompensées pour leur position courageuse qui a sauvé la nation, et à travers Israël a sauvé le monde entier de la destruction.

> **Dieu a donc été bon pour les sages-femmes, et le peuple s'est multiplié, devenant très nombreux. Parce que les sages-femmes craignaient Dieu, il leur a donné des familles.**
>
> — **Exode 1:20–21**

Nous devrions tous suivre leur exemple dans les jours qui viennent.

Amalek dans le désert

Amalek était le petit-fils d'Ésaü, le frère jumeau aîné de Jacob. Ésaü a toujours été en colère et jaloux de Jacob, car Dieu a continué à bénir Abraham et Isaac par l'intermédiaire de Jacob, qui est devenu le premier-né par élection divine. Ésaü voulait assassiner Jacob, mais ne l'a pas fait de son vivant ; cependant, son petit-fils Amalek a poursuivi l'héritage de haine et de jalousie d'Ésaü. Amalek s'est fait un devoir d'anéantir complètement Israël. Ses tactiques étaient basses et perverses. Il avait recours à l'attaque des faibles, des personnes fragiles et fatiguées, des malades, des femmes enceintes et de leurs bébés. Hitler a imité ces tactiques, et la plupart des antisémites chrétiens et musulmans, qui partagent tous la tactique d'Amalek.

> Josué fit ce que lui avait dit Moïse, pour combattre Amalek. Et Moïse, Aaron et Hur montèrent au sommet de la colline. Lorsque Moïse élevait sa main, Israël était le plus fort ; et lorsqu'il baissait sa main, Amalek était le plus fort. Les mains de Moïse étant fatiguées, ils prirent une pierre qu'ils placèrent sous lui, et il s'assit dessus. Aaron et Hur soutenaient ses mains, l'un d'un côté, l'autre de l'autre ; et ses mains restèrent fermes jusqu'au coucher du soleil. Et Josué vainquit Amalek et son peuple, au tranchant de l'épée.
> ADONAÏ dit à Moïse : Ecris cela dans le livre, pour que le souvenir s'en conserve, et déclare à Josué que j'effacerai la mémoire d'Amalek de dessous les cieux. Moïse bâtit un autel, et lui donna pour nom : ADONAÏ ma bannière. Il dit : Parce que la main a été levée sur le trône de ADONAÏ, il y aura guerre de L'ETERNEL contre Amalek, de génération en génération.
>
> — EXODE 17:10–16

La bataille contre Amalek est la bataille de YHVH ; Il a une bataille avec Amalek de génération en génération. La vengeance privée de Dieu contre cette terrible haine et jalousie contre son peuple élu est qu'il effacera la mémoire d'Amalek de dessous le ciel. Toute personne qui, comme Amalek, déteste le peuple juif, est soumise au même jugement qu'Amalek. Le monde entier est en danger de la pire colère jamais déversée à cause de l'antisémitisme, que la Parole de Dieu appelle "hostilité contre Sion".

> Approchez-vous, ô nations, pour entendre et écouter, ô peuples ! Que la terre entende, et tout ce qu'elle contient, le monde, et toute sa progéniture ! Car Adonaï est enragé contre toutes les nations, et furieux contre toutes leurs armées. Il les détruira complètement. Il les livrera au carnage. Leurs morts seront jetés dehors, la puanteur de leurs cadavres s'élèvera, et les collines seront trempées de leur sang...
> Car Mon épée a bu son plein dans les cieux. Voyez, elle tombera sur Édom, sur le peuple que j'ai voué au jugement... Adonaï a un jour de vengeance, une année de rétribution pour l'hostilité contre Sion.
>
> — Esaie 34:1-3,5,8

Tous ceux qui nourrissent l'antisémitisme, la haine et la jalousie contre le peuple juif ont en eux la semence d'Amalek. Le Dieu d'Israël lui-même se bat pour son peuple contre Amalek, mais il a besoin de guerriers comme Josué, d'intercesseurs comme Moïse, et d'hommes d'État comme Aaron et Hur qui coopéreront avec lui dans cette bataille de vie et de mort. Allez-vous répondre à son appel ? Et si vous ne répondez pas, mais restez spectateur (maintenant que l'antisémitisme a atteint une dimension jamais vue depuis qu'Hitler était au pouvoir), que pensera-t-il de vous ? Le fait de garder le silence sur un crime fait de vous un complice de ce crime, et le Tout-Puissant juge les spectateurs.

> Délivre ceux qu'on traîne à la mort, Ceux qu'on va égorger, sauve-les ! Si tu dis : Ah ! nous ne savions pas ! ... Celui qui pèse les cœurs ne le voit-il pas ? Celui qui veille sur ton âme ne le connaît-il pas ? Et ne rendra-t-il pas à chacun selon ses œuvres ?
>
> — Proverbes 24:11-12

La neutralité n'est pas une option pour quiconque touche à la haine des Juifs et de l'antisémitisme.

> **Souviens-toi de ce que te fit Amalek pendant la route, lors de votre sortie d'Egypte, comment il te rencontra dans le chemin, et, sans aucune crainte de Dieu, tomba sur toi par derrière, sur tous ceux qui se traînaient les derniers, pendant que tu étais las et épuisé toi-même. Lorsque ADONAÏ, ton Dieu, après t'avoir délivré de tous les ennemis qui t'entourent, t'accordera du repos dans le pays que ADONAÏ, ton Dieu, te donne en héritage et en propriété, tu effaceras la mémoire d'Amalek de dessous les cieux : ne l'oublie point !**
>
> — DEUTERONOME 25:17-19

Balaam et Balak

Balaam était un sorcier païen "prophète", ou plutôt un devin car il ne marchait pas comme faisant partie du seul peuple de Dieu, le peuple d'Israël. Il avait des pouvoirs qui étaient bien respectés par les Moabites, qui craignaient le peuple d'Israël et cherchaient à l'anéantir.

> Balak, fils de Tsippor, vit tout ce qu'Israël avait fait aux Amoréens. Et Moab fut très effrayé en face d'un peuple aussi nombreux, il fut saisi de terreur en face des enfants d'Israël. Moab dit aux anciens de Madian: Cette multitude va dévorer tout ce qui nous entoure, comme le bœuf broute la verdure des champs. Balak, fils de Tsippor, était alors roi de Moab. Il envoya des messagers auprès de Balaam, fils de Beor, à Pethor sur le fleuve, dans le pays des fils de son peuple, afin de l'appeler et de lui dire : Voici, un peuple est sorti d'Egypte, il couvre la surface de la terre, et il habite vis-à-vis de moi. Viens,

je te prie, maudis-moi ce peuple, car il est plus puissant que moi ; peut-être ainsi pourrai-je le battre et le chasserai-je du pays, car je sais que celui que tu bénis est béni, et que celui que tu maudis est maudit. Les anciens de Moab et les anciens de Madian partirent, ayant avec eux des présents pour le devin. Ils arrivèrent auprès de Balaam, et lui rapportèrent les paroles de Balak.**

— Nombres 22:2-7

Comme le raconte l'histoire, Balaam a dit à ces messagers de rester la nuit jusqu'à ce qu'il entende parler de cette affaire par Dieu. Ce à quoi l'Elohim d'Israël répondit ce qui suit.

Dieu dit à Balaam, "Tu n'iras avec eux! Tu ne les maudiras pas, car ils ont été bénis!"

— Nombres 22:12

Alors Balaam envoya un message au chef moabite, Balak fils de Zippor, "Dieu ne me laisse pas faire cela". Cependant, le roi n'abandonna pas et envoya d'autres messagers offrant plus d'argent et d'or à Balaam pour utiliser ses pouvoirs en maudissant Israël. Balaam, qui ne connaissait pas vraiment YHVH, ne savait pas que le Dieu d'Israël ne change pas d'avis, qu'Il n'est pas un homme qui briserait Sa Parole. S'Il a dit "Non !", c'est qu'Il voulait dire non. Alors Balaam a essayé de convaincre Dieu de le laisser partir, et Dieu a semblé se conformer à lui. Cependant, une surprise attendait Balaam en chemin. Son âne est devenu son prophète !

Arrogance et Antisémitisme

Balaam se leva le matin, sella son ânesse, et partit avec les chefs de Moab. La colère de Dieu s'enflamma, parce qu'il était parti ; et l'ange de L'Eternel se plaça sur le chemin, pour lui résister. Balaam était monté sur son ânesse, et ses deux serviteurs étaient avec lui. L'ânesse vit l'ange de L'Eternel qui se tenait sur le chemin, son épée nue dans la main ; elle se détourna du chemin et alla dans les champs. Balaam frappa l'ânesse pour la ramener dans le chemin. L'ange de L'Eternel se plaça dans un sentier entre les vignes ; il y avait un mur de chaque côté. L'ânesse vit l'ange de L'Eternel ; elle se serra contre le mur, et pressa le pied de Balaam contre le mur. Balaam la frappa de nouveau. L'ange de L'Eternel passa plus loin, et se plaça dans un lieu où il n'y avait point d'espace pour se détourner à droite ou à gauche. L'ânesse vit l'ange de L'Eternel, et elle s'abattit sous Balaam. La colère de Balaam s'enflamma, et il frappa l'ânesse avec un bâton. L'Eternel ouvrit la bouche de l'ânesse, et elle dit à Balaam : Que t'ai je fait, pour que tu m'aies frappée déjà trois fois ? Balaam répondit à l'ânesse : C'est parce que tu t'es moquée de moi ; si j'avais une épée dans la main, je te tuerais à l'instant. L'ânesse dit à Balaam : Ne suis-je pas ton ânesse, que tu as de tout temps montée jusqu'à ce jour ? Ai-je l'habitude de te faire ainsi ? Et il répondit : Non. L'Eternel ouvrit les yeux de Balaam, et Balaam vit l'ange de L'Eternel qui se tenait sur le chemin, son épée nue dans la main ; et il s'inclina, et se prosterna sur son visage. L'ange de L'Eternel lui dit : Pourquoi as-tu frappé ton ânesse déjà trois fois ? Voici, je suis sorti pour te résister, car c'est un chemin de perdition qui est devant moi. L'ânesse m'a vu, et elle s'est détournée devant moi déjà trois fois ; si elle ne se fût pas détournée de moi, je t'aurais même tué, et je lui aurais laissé la vie.

— Nombres 22:21-33

Quiconque se met à maudire Israël, à faire du mal au peuple juif, que ce soit par cupidité ou pour des raisons politiques, trouvera que le Dieu d'Israël lui-même devient son adversaire. Finalement, Balaam a appris la leçon, et au lieu de maudire Israël, il les a bénis sous l'onction de l'Esprit de Dieu, avec l'une des plus belles paroles de la Bible.

> Balaam vit que L'ETERNEL trouvait bon de bénir Israël, et il n'alla point comme les autres fois, à la rencontre des enchantements ; mais il tourna son visage du côté du désert. Balaam leva les yeux, et vit Israël campé selon ses tribus. Alors l'esprit de Dieu fut sur lui. Balaam prononça son oracle, et dit: Parole de Balaam, fils de Beor, Parole de l'homme qui a l'œil ouvert, Parole de celui qui entend les paroles de Dieu, De celui qui voit la vision du Tout-Puissant, De celui qui se prosterne et dont les yeux s'ouvrent. Qu'elles sont belles, tes tentes, ô Jacob ! Tes demeures, ô Israël ! Elles s'étendent comme des vallées, Comme des jardins près d'un fleuve, Comme des aloès que L'ETERNEL a plantés, Comme des cèdres le long des eaux. L'eau coule de ses seaux, Et sa semence est fécondée par d'abondantes eaux. Son roi s'élève au-dessus d'Agag, Et son royaume devient puissant. Dieu l'a fait sortir d'Egypte, Il est pour lui comme la vigueur du buffle. Il dévore les nations qui s'élèvent contre lui, Il brise leurs os, et les abat de ses flèches. Il ploie les genoux, il se couche comme un lion, comme une lionne : Qui le fera lever ? Béni soit quiconque te bénira, Et maudit soit quiconque te maudira ! La colère de Balak s'enflamma contre Balaam ; il frappa des mains, et dit à Balaam : C'est pour maudire mes ennemis que je t'ai appelé, et voici, tu les as bénis déjà trois fois. Fuis maintenant, va-t'en chez toi ! J'avais dit que je te rendrais des honneurs, mais ADONAÏ t'empêche de les recevoir.
>
> — NOMBRES 24:1-11

Plus tard, l'histoire allait devenir encore moins glorieuse car Balaam n'avait pas complètement appris sa leçon. Il utilisa ses dons pour conseiller les Madianites sur la façon de détruire Israël par l'immoralité sexuelle en utilisant des femmes séduisantes pour tenter les princes d'Israël. Satan continue d'essayer toutes les combines possibles pour détruire le peuple élu (Nb. 25).

Lorsque Hitler et le régime nazi ont commencé à anéantir tous les Juifs, il a dit qu'il suivait les instructions du plus grand antisémite et réformateur de l'Église, Martin Luther, qui a écrit les détails utilisés pour la Solution finale pour les Juifs que Hitler a suivie (MacCulloch ; Goldhagen). Et pourtant, des cendres de la Shoah (l'holocauste nazi), la nation juive est née pour renaître sur sa propre terre après près de 2 000 ans d'exil. Le Dieu d'Israël a transformé la plus terrible malédiction de la destruction en une bénédiction de la restauration pour tout Israël, satisfaisant le désir ardent de tous les Juifs au cours de vingt siècles d'exil de retourner dans leur ancienne patrie. Et son plan directeur se poursuit.

Haman en Perse

Lorsque le peuple juif a été exilé à Babylone (dont le royaume a eu comme successeur l'empire des Perses et des Mèdes), l'esprit d'Amalek l'a confronté une fois de plus à la menace d'être annihilé. Je pourrais appeler cela le deuxième chapitre Amalek, car l'auteur de ce plan hideux de génocide s'appelait Haman l'Agagite, un descendant d'Amalek ; ce qui prouve que YHVH mène une bataille de génération en génération par le biais des descendants naturels d'Amalek, ou de ceux qui ont l'esprit d'Amalek. Cet esprit est une principauté démoniaque et l'esprit par lequel le chef anti-juif de la principauté anti-MESITOJUS opère.

> Après ces choses, le roi Assuérus fit monter au pouvoir Haman, fils d'Hammedatha, l'Agaguite ; il l'éleva en dignité et plaça son siège au-dessus de ceux de tous les chefs qui étaient auprès de lui. Tous les serviteurs du roi, qui se tenaient à la porte du roi, fléchissaient le genou et se prosternaient devant Haman, car tel était l'ordre du roi à son égard. Mais Mardochée ne fléchissait point le genou et ne se prosternait point. Et les serviteurs du roi, qui se tenaient à la porte du roi, dirent à Mardochée : Pourquoi transgresses-tu l'ordre du roi ? Comme ils le lui répétaient chaque jour et qu'il ne les écoutait pas, ils en firent rapport à Haman, pour voir si Mardochée persisterait dans sa résolution ; car il leur avait dit qu'il était Juif. Et Haman vit que Mardochée ne fléchissait point le genou et ne se prosternait point devant lui. Il fut rempli de fureur ; mais il dédaigna de porter la main sur Mardochée seul, car on lui avait dit de quel peuple était Mardochée, et il voulut détruire le peuple de Mardochée, tous les Juifs qui se trouvaient dans tout le royaume d'Assuérus.
>
> — Esther 3:1-6

Deux Juifs de Perse de cette époque sont devenus les héros de cette histoire : l'un d'eux était Mardochée le Juif, et l'autre sa fille adoptive Hadassah, la fille d'Abihail. Elle était une orpheline des exilés à Babylone. En fait, Hadassah était la cousine de Mardochée. Cette Hadassah a été choisie pour devenir l'épouse d'Assuérus, le roi de Perse, qui ne savait pas qu'elle était juive. Elle était connue sous le nom païen d'Esther, car elle cachait son identité juive.

Lorsque Haman s'est mis en colère parce que Mardochée ne s'était pas "incliné" devant lui, et sachant qu'il était juif, il a été dégoûté. Il avait hérité de cette jalousie et de cette haine contre les Juifs du sein de sa mère, héritées de son ancêtre Amalek, le petit-fils d'Ésaü. Il s'est mis à concocter une "Solution finale" pour tous les Juifs de Perse, et il a convaincu le roi que c'était pour le bien de son royaume. Le roi fit implicitement confiance à Haman comme son loyal conseiller, et accepta le plan sans savoir que sa propre femme, la reine Esther, était juive.

Lorsque Mardochée entendit parler de ce plan horrible, il se mit en deuil aux portes du palais, vêtu d'un sac et de cendres - les symboles du deuil juif traditionnel. Il envoya également des courriers pour demander à sa nièce et à sa fille adoptive, Esther, de plaider auprès du roi pour le salut des Juifs. Sa nièce, la reine, ne voulait pas risquer sa vie pour le bien de son peuple ; elle craignait que le roi ne la fasse tuer pour s'être approchée de lui sans avoir été convoquée. Mardochée envoya alors une autre lettre avec des mots qui résonnent à travers les âges jusqu'à aujourd'hui,

> **Mardochée fit répondre à Esther : Ne t'imagine pas que tu échapperas seule d'entre tous les Juifs, parce que tu es dans la maison du roi ; car, si tu te tais maintenant, le secours et la délivrance surgiront d'autre part pour les Juifs, et toi et la maison de ton père vous périrez. Et qui sait si ce n'est pas pour un temps comme celui-ci que tu es parvenue à la royauté ?**
>
> — Esther 4:13-14

C'est la clé pour que tout le monde comprenne : ELOHIM a un plan infaillible pour que le peuple juif reste et soit restauré. Il leur apportera toujours la délivrance de quelque part, mais il frappe à la porte de chacun d'entre nous, en attendant que nous agissions, pour sauver ses Juifs du plan séculaire de Satan pour les détruire. Quiconque dira "Non", c'est trop risqué, ou "Je suis bien là où je suis, pourquoi mettrais-je ma vie en danger pour sauver des Juifs" recevra cette réponse du Tout-Puissant.

> **Car, si tu te tais maintenant, le secours et la délivrance surgiront d'autre part pour les Juifs, et toi et la maison de ton père vous périrez. Et qui sait si ce n'est pas pour un temps comme celui-ci que tu es parvenue à la royauté ?.**
>
> — Esther 3:14a

Quelle que soit notre position, élevée ou basse, il y a quelque chose que nous pouvons faire pour sauver les Juifs. Cela me rappelle l'histoire d'Oscar Schindler, un homme d'affaires et entrepreneur nazi. Il a sauvé autant de Juifs que possible en utilisant sa fabrique de casseroles et de poêles. Il a acheté de nombreux Juifs à ses pairs nazis qui étaient chargés de les exterminer dans le camp de la mort d'Auschwitz. Il leur a dit qu'il en avait besoin pour son usine et a donné aux patrons du camp une liste de noms, en payant une bonne somme d'argent au Troisième Reich pour chaque Juif. Ils n'avaient aucune raison de douter de ses motivations, car il était nazi.

Mais ce nazi était différent, il avait une conscience - il devait craindre Dieu. Il a acheté un millier de Juifs, et à la fin de la Shoah nazie (l'Holocauste), ses Juifs étaient encore en vie. Mais il a eu le cœur brisé quand il a réalisé qu'il lui restait une voiture de luxe et une bague en diamant avec lesquelles il aurait pu acheter encore plus de Juifs. Il avait déjà donné tous ses biens pour acheter ces milliers de Juifs. Aujourd'hui, ils honorent Oscar Schindler dans le Yad Vashem d'Israël, le mémorial de la Shoah à Jérusalem, comme l'un des Justes des Nations. Un arbre est dédié à son nom, et il a été planté dans un cimetière chrétien officiel sur le mont Sion à Jérusalem, en signe d'honneur.

La reine Esther a finalement repris ses esprits et est allée jeûner et prier. Puis elle s'est approchée du roi, son mari, avec beaucoup de sagesse et de faveur, et a fait exposer et pendre Haman à la potence avec ses dix fils ! Au lieu d'un génocide, les Juifs pouvaient maintenant se défendre, et il est dit que beaucoup sont devenus des Juifs parmi les païens, mettant leur confiance dans le Dieu d'Israël. Il y a eu un grand réveil suivi par la célébration historique de Pourim, des jours de réjouissance que l'Écriture nous a demandé de célébrer chaque année.

> Mardochée écrivit ces choses, et il envoya des lettres à tous les Juifs qui étaient dans toutes les provinces du roi Assuérus, auprès et au loin. Il leur prescrivait de célébrer chaque année le quatorzième jour et le quinzième jour du mois d'Adar comme les jours où ils avaient obtenu du repos en se délivrant de leurs ennemis, de célébrer le mois où leur tristesse avait été changée en joie et leur désolation en jour de fête, et de faire de ces jours des jours de festin et de joie où l'on s'envoie des portions les uns aux autres et où l'on distribue des dons aux indigents.
> Les Juifs s'engagèrent à faire ce qu'ils avaient déjà commencé et ce que Mardochée leur écrivit. Car Haman, fils d'Hammedatha, l'Agaguite, ennemi de tous les Juifs, avait formé le projet de les faire périr, et il avait jeté le pur, c'est-à-dire le sort, afin de les tuer et de les détruire ; mais Esther s'étant présentée devant le roi, le roi ordonna par écrit de faire retomber sur la tête d'Haman le méchant projet qu'il avait formé contre les Juifs, et de le pendre au bois, lui et ses fils. C'est pourquoi on appela ces jours Purim, du nom de pur. D'après tout le contenu de cette lettre, d'après ce qu'ils avaient eux-mêmes vu et ce qui leur était arrivé, les Juifs prirent pour eux, pour leur postérité, et pour tous ceux qui s'attacheraient à eux, la résolution et l'engagement irrévocables de célébrer chaque année ces deux jours, selon le mode prescrit et au temps fixé.

L'usurpation D'identite

> Ces jours devaient être rappelés et célébrés de génération en génération, dans chaque famille, dans chaque province et dans chaque ville ; et ces jours de Purim ne devaient jamais être abolis au milieu des Juifs, ni le souvenir s'en effacer parmi leurs descendants. La reine Esther, fille d'Abichaïl, et le Juif Mardochée écrivirent d'une manière pressante une seconde fois pour confirmer la lettre sur les Purim. On envoya des lettres à tous les Juifs, dans les cent vingt-sept provinces du roi Assuérus. Elles contenaient des paroles de paix et de fidélité, pour prescrire ces jours de Purim au temps fixé, comme le Juif Mardochée et la reine Esther les avaient établis pour eux, et comme ils les avaient établis pour eux-mêmes et pour leur postérité, à l'occasion de leur jeûne et de leurs cris. Ainsi l'ordre d'Esther confirma l'institution des Purim, et cela fut écrit dans le livre.
>
> — Esther 9:20–32

Y aura-t-il une Eglise comme Esther dans ces temps de la fin ? C'est l'objet de ce livre pour que vous, lecteur, que vous soyez juif ou païen, noir ou blanc, homme ou femme, jeune ou vieux, rejoigniez une communauté comme Esther et Mardochée, et délivriez le peuple juif une fois de plus avant le retour du Messie. Ce faisant, vous sauverez votre propre personne et votre maison.

> Je bénirai ceux qui te béniront, et je maudirai ceux qui te maudiront ; et toutes les familles de la terre seront bénies en toi.
>
> — Genese 12 :3

Une prière définissant l'engagement

Oui, Père céleste, je rejoins Ton armée de la fin des temps et fais partie de cette Église Esther pour vaincre tous les plans amalécites d'antisémitisme malfaisant visant à détruire l'État d'Israël et Ton peuple juif. Je renonce à ma zone de confort et à toute tiédeur dans ma vie, et je me présente comme ton soldat de la fin des temps pour combattre et vaincre toute haine contre ton peuple juif, qui est aussi mon peuple à cause du sang de Yeshua. Merci pour ta sagesse et ta capacité à accomplir cette tâche au nom de Yeshua, amen.

PORTAIL 10

IDENTITÉ CONFUSION ET ANTISÉMITISME

A cause de ta violence contre ton frère Jacob, Tu seras couvert de honte, Et tu seras exterminé pour toujours. Le jour où tu te tenais en face de lui, Le jour où des étrangers emmenaient captive son armée, Où des étrangers entraient dans ses portes, Et jetaient le sort sur Jérusalem, Toi aussi tu étais comme l'un d'eux. Ne repais pas ta vue du jour de ton frère, du jour de son malheur, Ne te réjouis pas sur les enfants de Juda au jour de leur ruine, Et n'ouvre pas une grande bouche au jour de la détresse ! N'entre pas dans les portes de mon peuple au jour de sa ruine, Ne repais pas ta vue de son malheur au jour de sa ruine, Et ne porte pas la main sur ses richesses au jour de sa ruine ! Ne te tiens pas au carrefour pour exterminer ses fuyards, Et ne livre pas ses réchappés au jour de la détresse !

— ABDIAS 1:10–14

Bien que l'antisémitisme ne soit pas exclusif au christianisme, il est le trait le plus ancien de l'Église chrétienne depuis le IVe siècle. Si l'antisémitisme musulman (ou plutôt l'antisionisme) est très répandu aujourd'hui, beaucoup plus de Juifs ont été persécutés et assassinés au nom du Christ qu'au nom de Mahomet au cours de l'histoire.

La naissance de l'antisémitisme religieux

L'usurpateur s'est fait passer pour le Sauveur et le Messie en remplaçant l'essence de ce qu'Il est un Juif qui est mort pour vous !

C'est l'essence même du Concile de Nicée qui est résumée dans la déclaration suivante de Constantin :

"Nous ne devrions rien avoir en commun avec les Juifs"

Le fait de n'avoir rien en commun avec les Juifs nie l'importance de l'alliance de Dieu avec Israël, qui ne pouvait s'accomplir qu'à travers un Messie juif né de la tribu de Juda et de la maison de David.

> Car un enfant nous est né, un fils nous est donné, Et la domination reposera sur son épaule ; On l'appellera Admirable, Conseiller, Dieu puissant, Père éternel, Prince de la paix. Donner à l'empire de l'accroissement, Et une paix sans fin au trône de David et à son royaume, L'affermir et le soutenir par le droit et par la justice, Dès maintenant et à toujours : Voilà ce que fera le zèle d'Adonaï-Tzva' ot.
>
> — Esaie 9:5-7

Comment peut-il être un Juif, de la famille de David, et pourtant nous n'avons rien en commun avec les Juifs ? Cela provoque une confusion immédiate et terrible quant à l'identité du Sauveur. Afin d'apaiser cette confusion, il est indispensable que l'esprit réajuste son idée du Sauveur en un Christ romain. Tout accord mental ou spirituel avec la judaïté du Messie, la judaïté de l'Évangile, doit alors être remplacé afin de satisfaire le commandement impératif de l'empereur Constantin. Ce décret devait être suivi par tous les évêques et chefs d'église consentants, et finalement par les masses de chrétiens fidèles. Ce commandement devait maintenant être intégré dans toute la théologie chrétienne à travers les âges, dans chaque sermon de prédicateur et dans chaque célébration romaine païenne adoptée. Depuis l'époque de Constantin, tout dans le christianisme devait se conformer à cette déclaration, nous ne devrions rien avoir en commun avec les Juifs parce que le Sauveur nous a montré une autre voie. (Université de Fordham)

"Rien en commun parce que le Sauveur (qui n'a rien en commun avec les Juifs) nous a montré une autre voie" (une voie qui n'a rien en commun avec les Juifs, l'identité juive du Messie, l'évangile tel que donné aux apôtres juifs, la Torah et les fêtes saintes telles que données au peuple d'Israël). Rien en commun.

Le Sauveur romain chrétien est maintenant le vrai Messie ; il est maintenant le vrai Sauveur, son nom est Jésus-Christ et nous allons maintenant oublier le nom de naissance original donné au Messie juif par le Père qui est aux cieux. Et pire que cela, le nom de Son alliance éternelle, Son nom de naissance de Yeshua sera *interdit,* puisque Sa véritable identité est dans Son saint nom !

Les Ecritures suivantes sont des références qui établissent le fait qu'il est impossible pour un véritable croyant confessant le Messie qui obtient le salut de n'avoir "rien" en commun avec les Juifs.

- Yeshua est le Sauveur juif - le salut est des juifs (Jn. 4 :22)
- Yeshua est le Lion de Juda - Il est le Lion juif qui jugera le monde (Ap. 5 :5)
- Yeshua est le Verbe fait chair - Il est la Torah incarnée (Jn. 1 :14)
- Yeshua est le roi des Juifs - Il est le Messie juif (Mat. 27 :37)

La confusion des identités et ses effets d'entraînement

Le danger de remplacer l'identité de Yeshoua par un sauveur de notre propre fabrication, c'est que cela conduit les gens qui se disent chrétiens à une terrible confusion. Cela ouvre la porte à des tromperies dangereusement préjudiciables, notamment l'acceptation de concepts qui *semblent sans rapport,* comme la possibilité de changer de sexe et le programme LGBTQ. Des dénominations importantes comptent des prêtres lesbiennes et homosexuels, notamment les églises luthérienne, méthodiste, presbytérienne et certaines églises baptistes. Une fois que la confusion identitaire du Sauveur a pris racine dans le christianisme, elle a conduit à une quantité incalculable de péchés, de crimes, de meurtres et d'autres malheurs.

> Ou bien ne savez-vous pas que les injustes n'hériteront pas du royaume de Dieu ? Ne vous y trompez pas ! Les immoraux, les idolâtres, les adultères, ceux qui pratiquent l'homosexualité, les voleurs, les avares, les ivrognes, les calomniateurs, les escrocs, aucun d'entre eux n'héritera du royaume de Dieu.
>
> — 1 Corinthiens 6 :9-10

Yeshua est mort pour tous les pécheurs mais une fois que nous nous sommes rendus à Lui, nous devons abandonner ce qu'Il appelle l'injustice et le péché, et Il nous donne le pouvoir de le faire par Son Esprit Saint.

Un autre résultat dangereux de cette usurpation d'identité est la tendance dominante à mélanger la franc-maçonnerie et le christianisme. Une telle pratique découle naturellement du syncrétisme, ou de l'inclusivité, de la théologie de substitution du quatrième siècle qui a adopté les fêtes païennes pour satisfaire les masses. Les Saturnales sont devenues Noël ; la fête de la déesse de la fertilité, Ishtar, (ou la déesse de la bonté), Pâques qui a été adoptée pour remplacer la Pâque et la fête des premiers fruits au moment de la résurrection du Messie ; et le dimanche (jour de culte du soleil de Constantin) a remplacé le saint Shabbat le septième jour. Cette attitude fait d'autres tendances religieuses comme la franc-maçonnerie une forme acceptable de vision du monde pour de nombreux chrétiens et dirigeants de premier plan. Si tout paganisme peut être "sanctifié", alors techniquement, ils peuvent habiller la Franc-maçonnerie avec des "vêtements chrétiens" acceptables - et c'est le cas.

La franc-maçonnerie est devenue une vache sacrée que presque personne n'est prêt à toucher. Cependant, c'est une société secrète qui vénère Lucifer en se cachant derrière les bonnes œuvres et la charité. Ceux qui se trouvent dans les degrés supérieurs le savent, tandis que ceux qui se trouvent dans les degrés inférieurs suivent le "traitement de l'ébullition lente des grenouilles", qui les immunise contre la tromperie, car la température augmente progressivement.

> **Quelle est l'harmonie entre le Messie et Bélial ? Ou quel est le point commun entre un croyant et un non-croyant ? Quelle est l'entente entre le Temple de Dieu et les idoles ? Car nous sommes le Temple du Dieu vivant - comme Dieu l'a dit...**
>
> — 2 Cor 6 :15-16

La théologie du remplacement continue d'avoir de nombreux effets d'entraînement jusqu'à ce jour. Changer l'identité du Messie provoque une terrible confusion chez le croyant. Le mot hébreu pour confusion est babel. Cette confusion conduit à une Tour de Babel moderne avec la multiplicité des dénominations qui existent, et chacun prétend posséder la vérité.

> C'est pourquoi elle est appelée Babel, parce qu'ADONAÏ y a confondu les langues du monde entier, et de là, ADONAÏ les a dispersées sur la face du monde entier.
>
> — GENESE 11:9

Cet esprit de confusion touche les croyants, surtout les jeunes, qui voient l'incohérence et l'hypocrisie, mais à qui on apprend à se conformer. La confusion peut provoquer une terrible anxiété et même de graves problèmes mentaux.

Le lion juif

> Alors un des anciens me dit : "Arrête de pleurer ! Voici que le Lion de la tribu de Juda, la Racine de David, a triomphé - il est digne d'ouvrir le parchemin et ses sept sceaux".
>
> — APOCALYPSE 5:5

Lorsque nous chercherons vraiment à le connaître, nous le découvrirons en tant que Juif. Le mot pour la connaissance en hébreu est yada, qui est le même mot pour "l'intimité matrimoniale". Yada (intimité) conduira les gens à découvrir la circoncision de Yeshua. C'est une découverte profonde, bien qu'alarmante. Imaginez une femme, fiancée à un homme, découvrant qu'il est quelqu'un d'autre après le mariage ? Elle dit : "Je pensais que vous étiez un chrétien païen, et maintenant je dois faire face au fait que mon mari est juif ? Maintenant, tout le récit sur les Juifs et Israël a rendu ma situation difficile, car je ne fais qu'un avec vous, y compris la discrimination et la haine généralisées contre les Juifs, appelées antisémitisme". C'est exactement ce qui se passe lorsqu'un païen réalise que Jésus est un Juif, et que son nom est Yeshua.

Cette femme, qui s'est tenue à l'écart des problèmes d'Israël, et a même supporté des plaisanteries cruelles et humiliantes contre les Juifs, réalise maintenant que les membres de sa propre famille (d'autres chrétiens qui prétendaient aimer son mari en tant que chrétien romain), le haïssent maintenant lorsqu'ils découvrent qu'il est Juif. Ils détestent ses racines, sa famille, ses coutumes, sa Torah, son Shabbat, ses fêtes et ses traditions, et oui, même son nom. Ils rejettent totalement son nom et, en rejetant son nom, Yeshua, ils rejettent également son identité en tant que Juif.

Alors commence la grande division, un gouffre s'ouvre entre ceux qui le connaîtront vraiment et seront prêts à l'épouser en tant que Juif, et entre ceux qui persisteront à vénérer la fiction de leur *propre imagination* - le Christ romain au nom païen, aux fêtes et aux coutumes païennes.

La recherche d'une relation intime et personnelle conduira à découvrir la judaïcité du Messie. Le fait est que sa circoncision, ainsi que les empreintes des clous de la crucifixion, n'ont pas été effacées et seront connues. La réponse à cette vérité indéniable déterminera l'éternité pour des millions de personnes.

Un Juif est mort pour vous, et le seul digne d'ouvrir les livres du jugement est un Juif. Et si c'est le cas, comment jugera-t-il ces chrétiens qui haïssent, méprisent ou déshonorent les Juifs ? N'est-ce pas alors lui qu'ils méprisent ?

Pourquoi est-il urgent de restaurer Son nom juif?

Voici quelques faits importants à prendre en considération.

- Des millions de Juifs et d'autres peuples que le Christianisme a conquis, comme les Indiens d'Amérique des Premières Nations, ont été tués au nom de Jésus-Christ.
- Le véritable nom de naissance du Messie Yeshua n'a jamais été utilisé pour assassiner qui que ce soit. En hébreu, *yeshua* signifie "salut", "guérison" et "délivrance".
- Jésus-Christ n'est pas une traduction de Son nom - c'est une translittération pour satisfaire les masses romaines qui s'identifiaient à un nom qui ressemblait à leur dieu soleil, Zeus (Ie-sous).

Qu'au nom de Yeshua, tout genou fléchisse, dans les cieux, sur la terre et sous la terre, et que toute langue professe que Yeshua le Messie est SEIGNEUR, à la gloire de Dieu le Père.

— PHILIPPIENS 2:10–11

Le nom d'une personne est sa carte de visite. En cas d'usurpation d'identité, le nom de la personne est volé et utilisé à mauvais escient. Quelqu'un d'autre se fait passer pour cette personne et fait des ravages. Lorsque le nom de Yeshua a été changé en Jésus-Christ romain, on a caché son identité de Juif. C'était un acte anti-juif, et grâce à cela, il était plus facile de persécuter et de tuer des Juifs sous ce nom romanisé sans avoir à s'occuper de son identité juive. L'histoire vraie qui suit illustre cela.

Lors d'un de nos voyages en Pologne et dans les camps de la mort, nous avons visité le mémorial juif dans la ville de Cracovie, à environ une heure des camps de la mort d'Auschwitz-Birkenau. Le régime nazi avait assassiné tous les Juifs de Cracovie en Pologne. Cependant, contrairement à ce que le gouvernement polonais du XXIe siècle veut nous faire croire, il y a eu beaucoup de coopération entre les nazis et la population chrétienne polonaise par choix et pas seulement à cause de la peur. De nombreux Polonais étaient ouvertement antisémites. La plus grande partie de la Pologne était et est encore catholique, et cela enracine la haine des Juifs dans l'ensemble du système chrétien organisé (voir les citations des pères de l'Église au début de ce livre). Certains ont également aidé les Juifs et même certaines religieuses dans les couvents* les ont cachés. Il y a toujours des gens justes qui refusent de se laisser tromper par des doctrines malveillantes.

Nous avons visité le mémorial de tous les Juifs de Cracovie qui avaient été exterminés à Auschwitz..

À ma grande consternation (mais sans surprise), j'ai vu des croix gammées et de nouveaux graffitis anti-juifs dessinés sur ce mémorial sacré et douloureux. Je l'ai fait remarquer à mon groupe et nous avons prié. Trois jeunes filles polonaises, âgées de 14 à 16 ans, se penchaient sur le côté de la clôture du mémorial, à bicyclette. L'une d'entre elles fumait, et elle a ricané et pointé ses doigts vers nous en pleurant des larmes de rire, et criant sans respect *jid* ce qui est un terme péjoratif pour "Juif" en polonais.

J'ai arrêté de prier et de parler à notre groupe et je me suis soudain approché de la fille qui se moquait. Je lui ai parlé avec audace : "Savez-vous que le Jésus-Christ que vous adorez est juif ? Si vous haïssez les Juifs, c'est lui que vous haïssez !

---

* Couvent: une communauté de prêtres ou de religieux ou religieuses; ou l'immeuble utilisé par la communauté, en particulier dans les dénominations catholiques, luthériennes et anglicanes.

Surprise, elle a jeté sa cigarette et s'est redressée pour se mettre au garde-à-vous. Je lui ai alors demandé : "As-tu déjà vu un Juif ? Connaissez-vous des Juifs ?" Elle a répondu : "Non, jamais." Alors je l'ai défiée : "Alors, comment se fait-il que tu détestes les Juifs que tu ne connais même pas ?"

Ensuite, je lui ai demandé de m'accompagner avec le groupe dans l'une des dernières synagogues du quartier juif de Cracovie, et elle m'a suivie. À l'intérieur de la synagogue, je lui ai présenté Yeshua, le Messie juif. Alors qu'elle pleurait de repentance, je l'ai recouverte du châle de prière *tallit* et ai coupé en elle l'esprit de la théologie de substitution, l'anti-MESITOJUS, et toute haine contre les Juifs. Elle était glorieusement née de nouveau et remplie de l'Esprit, et je parierais qu'elle ne haïra plus jamais les Juifs.

Ces tromperies anti-juives et ces doctrines trompeuses qui se cachent au sein de la chrétienté ne tuent pas seulement les juifs, mais aussi de nombreux chrétiens qui les abritent.

Si la théologie de remplacement n'avait pas changé le nom de Yeshua, il serait impossible d'ignorer sa judaïcité. C'est la raison pour laquelle la chrétienté a tué tant de juifs au nom de Jésus-Christ, mais personne n'a jamais été tué au nom de Yeshua ! La restauration de Son nom sera un facteur important dans la diminution de l'antisémitisme dans le monde.

La tromperie selon laquelle les "Juifs ont tué le Christ"

Cette seule tromperie a conduit au meurtre de plus de juifs que toute autre. Ce qui suit est une histoire authentique de ma famille.

Ma mère avait des cousins jumeaux qu'elle aimait beaucoup. Quand les jumeaux avaient environ trois ans, ils sont tous partis en vacances d'été sur la côte chilienne. Les jumeaux avaient rendu visite aux filles des voisins et joué ensemble pendant de nombreuses heures. Lorsque leur mère est venue les chercher, à sa grande consternation, elle les a trouvés en larmes et désemparés et elle les a ramenés chez eux. Les jumeaux de trois ans ont crié : "Maman, nous n'avons tué personne, nous n'avons tué personne", et ils ont pleuré et pleuré. Lorsqu'ils se sont suffisamment calmés pour répondre plus raisonnablement, l'un des jumeaux a confié : "Notre amie, la fille des voisins nous a dit que nous avons tué Dieu parce que nous sommes juifs et que les juifs ont tué Dieu".

Cette histoire n'est en aucun cas une exception. D'innombrables Juifs ont été brutalisés et assassinés sous l'accusation que "vous, les Juifs, avez tué Jésus-Christ, donc vous méritez de mourir".

> Le déicide juif est une croyance de certains chrétiens qui affirme que le peuple juif dans son ensemble est responsable de la mort de Jésus. La foule a utilisé l'insulte antisémite "tueur de Christ" pour inciter à la violence contre les Juifs et a contribué à plusieurs siècles de pogroms, au meurtre de Juifs pendant les Croisades, à l'Inquisition espagnole et à l'Holocauste.

> Dans le catéchisme produit par le Concile de Trente, l'Église catholique a affirmé que la collectivité de l'humanité pécheresse était responsable de la mort de Jésus, et pas seulement les Juifs. Dans les délibérations du Concile Vatican II (1962-1965), l'Église catholique romaine sous le pape Paul VI a répudié la croyance en la culpabilité collective des Juifs pour la crucifixion de Jésus. Elle a déclaré que l'accusation ne pouvait être portée "contre tous les Juifs, sans distinction, alors vivants, ni contre les Juifs d'aujourd'hui". (Contributeurs de Wikipedia)

Bien que ce point de vue ait été modifié par le Vatican, on peut imaginer que jusqu'en 1962 ou 1965, presque tous les enfants endoctrinés selon les principes du christianisme auraient appris que les Juifs ont tué le Christ et qu'ils doivent être punis collectivement.

Ce qui suit est mon histoire personnelle.

J'avais six ans et j'étudiais dans une école britannique à Santiago, au Chili. Nous étions quelques juifs dans la classe parmi de nombreux chrétiens. Chaque fois qu'il y avait une leçon sur la religion, ils nous permettaient, à nous les Juifs, de sortir et de jouer dans la cour à la demande de nos parents, qui payaient une forte somme pour nous garder dans cette école privée de haut niveau. Comme j'étais une fille très curieuse, je suis restée dans les cours de religion où j'ai appris à connaître Jésus-Christ et à comprendre que nous, les Juifs, sommes coupables de meurtre.

J'adorais dessiner, alors pendant que le professeur parlait, je dessinais quelques illustrations de ses leçons. L'une de mes images était un feu de joie avec de grandes flammes et tous les Juifs qui y brûlaient. Un jour, ma mère a trouvé mes cahiers de religion et a découvert mon dessin choquant. Par dégoût total, et avec raison, elle s'est plainte à l'école, puis m'a emmenée et m'a placée dans une école hébraïque pour recevoir une éducation juive à la place. Cela s'est produit en 1965 - aujourd'hui, au XXIe siècle, nous continuons à récolter les fruits de ce mensonge destructeur. Il faut de nombreuses années pour rééduquer le monde lorsqu'il a été mal éduqué. Hitler a déclaré : "Dites un mensonge qui est assez gros, répétez-le continuellement et tout le monde le croira" (contributeurs de Wikipedia). Cela a effectivement été le cas.

Pour que les choses soient claires, ceux qui ont tué le Messie n'étaient pas "les Juifs", mais les Romains à l'instigation d'une foule engagée par le grand prêtre apostat de l'époque. Les Juifs n'avaient pas leur propre juridiction sous Rome pour exécuter une peine de mort. Plusieurs milliers de Juifs ont suivi Yeshua à travers Israël, et il y a eu un grand renouveau même parmi les prêtres. Cette suite et ce réveil se sont produits avant et après sa crucifixion.

Tous les premiers apôtres, les vrais pères de l'église, sont juifs. Aucun d'entre eux n'est "devenu chrétien", ni n'a changé de judaïsme ou de religion. Ils se sont seulement rendus à leur Messie juif, non pas en devenant chrétiens ni pour servir un Christ romanisé.

Seuls les Juifs attendaient un Messie, un roi oint, pour les sauver. Les Juifs qui ont reconnu Yeshua ont suivi le roi juif qui a dit : "Mon royaume n'est pas de ce monde" (Jean 18:26). Ils célébraient le Shabbat, les fêtes bibliques et la Torah. Ils n'avaient rien à voir avec les fêtes ou les traditions païennes romaines. C'est la raison pour laquelle, après que Constantin, avec les évêques païens du IVe siècle, ait signé le divorce des Juifs appelé le Concile de Nicée, plus personne ne pouvait trouver de Juifs dans l'Église. Les croyants juifs ont quitté cette église apostate et sont entrés dans la clandestinité, car leur vie était continuellement menacée par la haine des autorités de l'Église chrétienne et par les gens du commun qui avaient été endoctrinés. La persécution des Juifs pour être des "tueurs du Christ" se poursuit à des degrés divers et dans de nombreux pays jusqu'à nos jours. Yeshua, le Messie juif, n'a pas été assassiné. C'était un sacrifice volontaire, et seul un sacrifice volontaire peut expier le péché des Juifs comme des païens.

> Le Père m'aime, parce que je donne ma vie, afin de la reprendre. Personne ne me l'ôte, mais je la donne de moi-même ; j'ai le pouvoir de la donner, et j'ai le pouvoir de la reprendre : tel est

> l'ordre que j'ai reçu de mon Père. Le Père m'aime, parce que je donne ma vie, afin de la reprendre.
>
> — Jean 10:17-18

Et, pour être encore plus clair, ceux qui se sont moqués de lui, l'ont torturé et crucifié avec enthousiasme étaient des Romains, et non des Juifs - et pourtant personne n'a persécuté les Romains ou les Italiens pour cela. Seuls les Romains avaient le pouvoir de torturer, tuer et crucifier. Pouvez-vous imaginer que quelqu'un vienne au Vatican avec un signe : "Vous, les Romains, avez tué le Christ" !

Alors, pourquoi ont-ils fait cela aux Juifs ?

> Puis Pilate a pris Yeshua et l'a fait flageller. Les soldats (romains) lui tressèrent une couronne d'épines et la posèrent sur sa tête, et le revêtirent d'une robe pourpre. Ils s'approchaient de lui en disant : "Salut, roi des Juifs !" et le giflaient sans cesse.
>
> — Jean 19:1-3

Cette haine contre le Roi des Juifs, le Messie juif (et contre son peuple, les Juifs) est toujours communiquée au monde entier par le biais d'un christianisme romanisé et d'un Jésus-Christ romanisé.

L'Antisémitisme Chrétien au XXI ème Siècle

Comme le décrit le ministre épiscopal William Nicholls : "La présence même du peuple juif dans le monde... pose une grande question contre la croyance chrétienne... cause une profonde et anxiété qui ronge."

Dès ses débuts, le christianisme s'est décrit comme "héritier" de l'Alliance de Dieu, le "Nouvel Israël". Augustin, probablement le plus "modéré" des pères de l'église, a raisonné, en se basant sur la représentation scripturale des "Juifs" comme des assassins du Christ, que le meurtre de Jésus est la raison pour laquelle Dieu a transféré sa faveur du Juif au Gentil. Ce raisonnement se poursuit aujourd'hui.

Le même Concile du Vatican II de 1965, qui a produit Nostre Aetate "absolvant" les Juifs d'aujourd'hui de leur culpabilité pour la mort de Jésus, a également veillé à réaffirmer que "l'Église est le nouveau peuple de Dieu". Et trente-cinq ans plus tard, également dans son résumé de clôture du Synode spécial des évêques du Vatican pour le Moyen-Orient de 2010,

Nous les chrétiens, ne pouvons pas parler de la "Terre promise" comme d'un droit exclusif pour un peuple juif privilégié. Cette promesse a été annulée par le Christ... Dans le royaume de Dieu... il n'y a plus de peuple élu." (The Jerusalem Post)

En écrivant ce livre, le pape François a contacté tous les dirigeants du monde pour s'unir sous une bannière mondiale de rééducation. Il a choisi la date historique de naissance de l'État d'Israël (14 mai 2020) pour cet événement trompeur, alarmant mais pas surprenant. Cependant, en raison de la pandémie de coronavirus de 2020, le Pape a dû changer la date. Est-ce une coïncidence ? Ou y a-t-il un message anti-Israël caché dans le choix de la date, usurpant à nouveau la place d'Israël par l'Eglise catholique, avec le Pape comme chef de l'Eglise. Se pourrait-il que Dieu ait envoyé COVID-19 pour perturber cette rencontre impie à la date anniversaire d'Israël ?

Le plus alarmant est le nombre de dirigeants évangéliques qui ont consenti et qui s'alignent sur le pape pour faire avancer son programme d'un nouvel ordre mondial. Comment peuvent-ils le faire si la théologie du remplacement, y compris l'antisémitisme, n'est pas encore bien vivante dans de nombreux rangs évangéliques ? Les mêmes pères de l'Église qui ont écrit les choses les plus horribles contre les Juifs sont toujours vénérés et leurs croyances sont enseignées dans la plupart des séminaires évangéliques. En fait, je me souviens d'avoir fréquenté l'école biblique de Dallas en 1990, où la véritable histoire de l'Église sur la haine chrétienne et l'antisémitisme n'a jamais été enseignée - même si c'est la partie la plus répandue de l'histoire chrétienne depuis 325 après J.-C. jusqu'à aujourd'hui.

Cependant, on nous a appris des choses soi-disant merveilleuses sur l'empereur Constantin, et comment il a établi le christianisme comme religion de l'Empire romain et quel héros il a été pour cela. Depuis lors, ces mensonges ont été et sont encore répétés dans les cercles évangéliques, pentecôtistes, charismatiques et autres, dans les écoles bibliques, les lycées et les séminaires théologiques. Les théologies antisémites font toujours partie de la chrétienté du XXIe siècle.

> Comment la judéophobie se transmet-elle de génération en génération ? La transmission se fait de toute évidence directement par le contact avec les documents sources, les références scripturales chrétiennes aux "Juifs" comme "meurtriers de Jésus". Étant donné que 80 % des résidents des États-Unis sont chrétiens selon le recensement de 2011, on peut supposer que la plupart d'entre eux ont eu au moins un contact avec l'antijudaïsme scripturaire. L'antisémitisme en tant que préjugé représente des croyances communes alimentées par des stéréotypes historiques

selon lesquels les Juifs représentent une menace justifiant l'exclusion.

Rappelez-vous le sondage Roper de 1939 auprès des chrétiens américains qui a révélé cela :

Cinquante-trois pour cent des personnes interrogées pensaient que "les Juifs sont différents et devraient être restreints" et <u>dix pour cent pensent que les Juifs devraient être déportés.</u>

Cette enquête, réalisée peu après la Nuit de cristal, est significative en ce qu'elle représente un antisémitisme "modéré" et "extrémiste" assez constant sur les années intermédiaires jusqu'en 2011 ! Que par "restreint" (modéré) on entende "camps de concentration". Comment restreindre les Juifs (la position "modérée") ? Le modèle fourni par l'Allemagne, et bientôt aussi par l'Amérique concernant les Américains d'origine japonaise, était les camps de concentration. Quant à la demande "extrémiste" de "déportation", quelle destination pouvait-elle contenir ?

En 2012, dans un discours prononcé devant la Chambre des représentants, le républicain Don Manzullo a attaqué son compatriote Eric Cantor, leader de la majorité à la Chambre des représentants, qui est aussi juif : "M. Cantor, un juif pratiquant, ne serait pas "sauvé"." Cantor a évité une réponse directe mais, dans une interview d'avril 2012, il a plutôt fait référence au <u>"côté obscur"</u> de l'Amérique qui "n'a pas toujours bien fait les choses en termes de questions raciales, religieuses, peu importe". En fait, les opinions de Manzullo concernant les Juifs et le salut sont assez courantes parmi les nombreux Américains qui se targuent de qualifier les États-Unis de "pays chrétien".

En 2007, Jerry Falwell, considéré comme un leader évangélique américain de premier plan, a déclaré que *"Dieu Tout-Puissant n'entend pas la prière d'un juif"*. (The Jerusalem Post)

Remarquez comment l'antisémitisme laïque se nourrit de l'antisémitisme religieux.

Mais les préjugés anti-juifs ne se limitent pas à l'expression religieuse. Il est également présent en tant qu'expression laïque. Les exemples d'épithètes (étiquettes) antisémites apparaissant dans les médias par des politiciens américains et des icônes de la culture sont nombreux. "FDR", pressé par Henry Morgenthau d'accepter ne serait-ce qu'un bombardement symbolique d'Auschwitz, a rappelé à son secrétaire au Trésor juif, "Vous savez, c'est un pays protestant", que les Juifs sont ici "sous la souffrance". En juillet 2013, la présidente du conseil d'administration d'une petite ville de Floride, Cheryl Sanders, a annoncé, lors d'une réunion du conseil, qu'ils ne devaient pas "être ici en train de voler comme des juifs pour le salaire de quelqu'un". Le terme "juif" fait référence au stéréotype médiéval des juifs en tant qu'usuriers. Malheureusement pour la présidente, ses propos ont été repris par les médias. Surprise et offensée par l'attention nationale, Sanders a insisté : "Je ne suis pas antisémite et il n'y a eu aucune malveillance envers qui que ce soit". Elle a décrit le "judaïsme" comme étant un terme courant dans le langage courant et que personne ne devrait prendre son utilisation de ce terme pour de l'antisémitisme.

De telles "expressions" dans la culture pop sont des exemples de l'antisémitisme profondément ancré dans la psyché de la société occidentale. Si "commun et accepté" que même certains Juifs sont à l'aise en sa présence, l'acceptent comme un élément innocent et normal de la vie américaine. (The Jerusalem Post)

Le lien entre Hitler et Luther

En 1923, Hitler a fait l'éloge de Luther et l'a qualifié de plus grand génie allemand, qui "a vu le Juif comme nous commençons à le voir aujourd'hui". Dans les jours qui suivirent la Nuit de Cristal, l'évêque de Thuringe écrivit avec joie que Luther, qui était né le 10 novembre 1483, ne pouvait souhaiter un plus beau cadeau d'anniversaire. (VU University Press)

Ici, Adolf Hitler déclare qu'il "se bat pour l'œuvre du SEIGNEUR".

"Je crois aujourd'hui que j'agis dans le sens du Créateur Tout-Puissant. En repoussant les Juifs, je me bats pour l'œuvre du SEIGNEUR" - Adolf Hitler, Discours, Reichstag, 1936 (Cline ; Burleigh et Wippermann)

Voici des extraits du célèbre livre de Martin Luther qu'Hitler a utilisé dans son livre tout aussi méchant *Mein Kampf* : 1936 (Cline; Burleigh and Wippermann)

Mais cette attitude n'a pas duré. Frustré par la fermeté des Juifs et mal informé sur les pratiques juives, Luther, à la fin de sa vie, a défait son ouverture précoce envers le peuple juif et a écrit des discours anti-juifs. "Sur les Juifs et leurs mensonges" (1543) est un document manifestement antisémite. Il écrit :

Ainsi, cher chrétien, méfiez-vous des Juifs... vous pouvez voir comment la colère de Dieu les a confiés au diable, qui les a privés non seulement d'une compréhension correcte des Écritures, mais

aussi de la raison humaine commune, de la modestie et du sens.
... Ainsi, lorsque vous voyez un vrai juif, vous pouvez en toute bonne conscience vous croiser et dire avec audace : "Voilà le diable incarné". (Luther, Sur les Juifs et leurs mensonges, Luthers Works)

Jamais cette haine n'a été plus douloureusement claire qu'avec la montée du nazisme. Ceux qui se sont appropriés et ont influencé Hitler ont redonné de l'énergie aux discours anti-juifs de Luther. En novembre 1938, deux semaines seulement après la Nuit de cristal, Martin Sasse, évêque de l'Église évangélique de Thuringe, publia un pamphlet intitulé *Martin Luther et les Juifs : Les quitter !* Sasse écrivit ce qui suit.

Le 10 novembre, jour de l'anniversaire de Luther, les synagogues brûlent... En ce moment, nous devons entendre la voix du prophète des Allemands du XVIe siècle, qui, par ignorance, a commencé comme ami des Juifs mais qui, guidé par sa conscience, son expérience et la réalité, est devenu le plus grand antisémite de son époque, celui qui a mis en garde sa nation contre les Juifs. (Marans Sasse)

Hitler a continué à vendre à toute l'Allemagne ce que son bien-aimé réformateur chrétien allemand avait dit. Et avec enthousiasme, la plupart des chrétiens protestants et catholiques appartenant au parti nazi exterminèrent six millions de Juifs, ou restèrent passifs pendant qu'ils commettaient leur crime.

Si vous souhaitez trouver un bouc émissaire sur les épaules duquel nous pourrions faire reposer les misères que l'Allemagne a infligées au monde, je suis de plus en plus convaincu que le pire génie maléfique de ce pays n'est pas Hitler ou Bismarck ou Frédéric le Grand, mais Martin Luther. (TIME.com)

Voici la Solution Finale selon Martin Luther.

Après avoir fulminé sur les Juifs, il a donné ses conseils à ses compagnons chrétiens. Ces conseils se présentent sous la forme d'un plan en huit points pour traiter les Juifs. Ce plan est le plus souvent invoqué lorsque des universitaires tentent de relier Luther à Hitler.

Tout d'abord, Luther a dit aux chrétiens de "mettre le feu à leurs synagogues ou à leurs écoles et d'enterrer et de couvrir de terre tout ce qui ne brûlera pas". Ce conseil a été mis en œuvre par les nazis pendant le pogrom antisémite connu sous le nom de Kristallnacht (nuit de cristal)...

Ensuite, il a recommandé que "leurs maisons soient également rasées et détruites".

Troisièmement, il a conseillé que "tous leurs livres de prières et leurs écrits talmudiques, dans lesquels sont enseignés l'idolâtrie, le mensonge, la malédiction et le blasphème, leur soient retirés".

Quatrièmement, il a déclaré que "les rabbins n'ont plus le droit d'enseigner, sous peine de perdre la vie et un membre de leur famille".

Cinquièmement, il a demandé que "la conduite sur les autoroutes soit complètement abolie pour les Juifs".

Sixièmement, il a écrit que "l'usure (le prêt d'argent) devrait leur être interdite, et que tout l'argent liquide et le trésor d'argent et d'or leur soient retirés et mis de côté pour être conservés". Suivant ce conseil pendant le Troisième Reich, les nazis ont souvent volé de l'argent et des objets de valeur aux Juifs, surtout après leur envoi dans les camps de concentration.

Septièmement, il recommandait "de mettre un fléau, une hache, une houe, une bêche, une quenouille ou une broche dans leurs mains... pour leur permettre de gagner leur pain à la sueur de leur front". Les nazis ont également suivi ce conseil lorsqu'ils ont mis en place les camps de concentration, où les Juifs étaient contraints à un travail manuel pénible.

Enfin, il a écrit que "si nous voulons nous laver les mains du blasphème des Juifs et ne pas partager leur culpabilité, nous devons nous séparer d'eux. Ils doivent être chassés de notre pays... comme des chiens enragés". Cela contredisait aussi directement la déclaration antérieure de Luther critiquant le traitement des catholiques à l'égard des Juifs. Les nazis ont également suivi ce conseil, mais ils sont allés plus loin en mettant en œuvre leur "solution finale".

Est-il " vrai " que Luther était antisémite ? Je dois répondre par un oui retentissant. Cependant, je pense que le terme "anti-judaïque" décrit mieux Luther, compte tenu du fait que "antisémite" est un mot moderne, utilisé pour la première fois au milieu du XIXe siècle. L'antisémitisme concerne également la question de la race, alors que l'objection de Luther à l'égard des Juifs n'avait rien à voir avec leur race, mais avec leurs croyances religieuses. (Le côté obscur de Martin Luther)

Note: La "meilleure solution" , celle que Luther a conseillée est devenue la Solution Finale qu'Hitler a mise en pratique.

En bref, chers princes et seigneurs, ceux d'entre vous qui ont des Juifs sous leur autorité - si mon conseil ne vous plaît pas, trouvez un meilleur conseil, afin que vous et nous tous puissions être débarrassés du fardeau insupportable et diabolique des Juifs, de peur que nous ne devenions des participants coupables devant Dieu des mensonges, du blasphème, de la diffamation et des malédictions auxquels les Juifs fous se livrent si librement et si gratuitement contre la personne de notre SEIGNEUR Jésus-Christ, cette chère mère, tous les chrétiens, toute autorité et nous-mêmes. Ne leur accordez pas de protection, de sauf-conduit, ni de communion avec nous. . . . Par ce conseil et cet avertissement fidèles, je souhaite purifier et exonérer ma conscience. (Luther, Sur les Juifs et leurs mensonges, Luthers Works)

Voici un aperçu important tiré du livre de Luther sur *les Juifs et leurs mensonges*, traduit de l'allemand en anglais par Martin H. Bertram.

Bien que les commentaires de Luther semblent être proto-nazis, ils sont mieux considérés comme faisant partie de la tradition de l'antisémitisme chrétien médiéval. S'il ne fait guère de doute que l'antisémitisme chrétien a jeté les bases sociales et culturelles de l'antisémitisme moderne, ce dernier diffère par le fait qu'il se fonde sur des notions pseudo-scientifiques de la race. Les nazis ont emprisonné et tué des Juifs qui s'étaient convertis au christianisme : Luther les aurait accueillis.

Je trouve que c'est une remarque très importante en faveur de Martin Luther qui est un vrai chrétien.

Bien que les commentaires de Luther semblent être proto-nazis, ils sont mieux considérés comme faisant partie de la tradition de l'antisémitisme chrétien médiéval. S'il ne fait guère de doute que l'antisémitisme chrétien a jeté les bases sociales et culturelles de l'antisémitisme moderne, ce dernier diffère par le fait qu'il se fonde sur des notions pseudo-scientifiques de la race.

Les nazis ont emprisonné et tué des Juifs qui s'étaient convertis au christianisme : Luther les aurait accueillis.

Je trouve que c'est une remarque très importante en faveur de Martin Luther qui est un vrai chrétien. Certaines personnes, dans leurs tentatives d'échapper à la responsabilité collective des chrétiens pour le péché d'antisémitisme, ont tendance à dire des choses comme "eh bien, Martin Luther n'était pas un vrai chrétien". Il était un vrai chrétien, bien-aimé, comme l'étaient tous les anciens pères de l'église antisémite. Nous devons aborder ce fait avec humilité et responsabilité et prendre toutes les mesures possibles pour débarrasser l'Église du monstre de l'antisémitisme et de la théologie de substitution qui l'a établie. (Luther, Sur les Juifs et leurs mensonges ; Bertram)

> Je crois que Martin Luther voulait bien faire au début, mais sa colère et son amertume l'ont ensuite conduit à une haine aveugle, après quoi il a écrit la base de la Solution finale que Hitler a suivie. Cependant, Hitler a fait un pas de plus, mais pas plus loin que les doctrines originales de l'Église catholique en Espagne. Ils considéraient le sang d'un juif si impur que même après leur conversion forcée ou volontaire au christianisme, leur sang restait "impur" aux yeux de l'Inquisition espagnole ; c'est pourquoi ils appelaient les convertis juifs du nom de Marranes qui signifie "cochons". Adolf Hitler était un catholique professant devenu païen, qui suivait les conseils du père de tous les protestants et évangéliques, Martin Luther.

Nous verrons encore et encore que la combinaison des chrétiens catholiques et protestants a apporté la plus grande et la plus vaste des misères, des dévastations et des génocides à la nation juive.

Que Satan ait essayé tant de tactiques puissantes pour anéantir Israël, et pourtant la nation juive survit, est un signe et une merveille. Benjamin Disraeli, le premier ministre de Grande-Bretagne sous le règne de la reine Victoria au 19e siècle, aurait eu une conversation avec la reine lorsqu'elle lui a demandé : "Quelle preuve y a-t-il que Dieu est réel ? Ce à quoi le Premier ministre Disraeli a répondu : "Les Juifs, madame, les Juifs."

Que les Juifs existent encore est une preuve suffisante que le Dieu d'Israël est réel. Satan a essayé d'exterminer son peuple élu de toutes les manières possibles et a échoué, bien qu'il ait infligé à plusieurs reprises beaucoup de souffrances aux Juifs. Benjamin Disraeli appartenait à une famille juive qui s'était convertie au christianisme anglican. Grâce à cette conversion, Disraeli a pu poursuivre une carrière politique et est finalement devenu le premier ministre de l'Angleterre. La seule façon d'occuper une fonction publique était de prêter serment d'allégeance aux principes du christianisme sur une Bible - les Juifs pratiquants ne pouvaient donc pas occuper de fonction publique en Angleterre ou dans d'autres nations chrétiennes européennes. Cette mesure faisait partie de la discrimination à l'encontre des Juifs en Europe. L'histoire suivante de Disraeli est très éclairante sur cette question politique.

En 1847, une petite crise politique se produit, qui écarte Bentinck de la direction et met en évidence les différences de Disraeli avec son propre parti. Lors des élections générales de cette année-là, Lionel de Rothschild avait été réélu à la City de Londres. En tant que Juif pratiquant, il ne peut prêter le serment d'allégeance dans la forme chrétienne prescrite et ne peut donc pas occuper son siège. Lord John Russell, le chef du Whig qui avait succédé à Peel comme Premier ministre et qui, comme Rothschild, était membre de la City de Londres, proposa aux Communes de modifier le serment pour permettre aux Juifs d'entrer au Parlement. <u>Disraeli s'est prononcé en faveur de cette mesure, arguant que le christianisme était un "judaïsme achevé", et demandant à la Chambre des Communes : Où est votre Christianisme si vous ne croyez pas en leur Judaïsme ?</u> (Contributeurs de Wilkipedia)

Cette déclaration percutante de Disraeli résume tout le sujet de ce livre : dévoiler le vol d'identité. Où est votre croyance dans le Sauveur si vous rejetez le fait qu'il est juif et que son peuple juif est toujours le peuple élu ? Quel genre de Sauveur vénérez-vous si vous rejetez les Juifs et tout ce qui est juif ? La déclaration de Disraeli a été rejetée, tout comme le projet de loi ; les Juifs n'ont pas été autorisés à exercer une fonction publique. Le christianisme a poursuivi sa course à l'antisémitisme.

Une Prière de repentance contre l'antisémitisme

Père céleste, je Te remercie de m'avoir fait connaître la vérité sur l'antisémitisme chrétien. Je suis consterné, et je me repens dans la poussière et les cendres d'avoir gardé dans mon cœur une quelconque haine pour Ton peuple juif. Je Te demande également de me pardonner pour les péchés d'antisémitisme de mes ancêtres chrétiens, des pasteurs et des dirigeants que j'ai eus au cours des années. Je Te demande de purifier mon coeur et mon esprit de ces théologies de haine mortelles qui ont causé l'humiliation, le tourment et la mort de millions de Juifs. Je rejette et renonce à toute haine des Juifs, et je déclare que le démon anti-juif a disparu de ma vie, et de toutes les générations au nom de Yeshua ! Je t'accepte, Yeshua, en tant que Juif, en tant que mon Messie juif. J'honore Ton peuple juif et Toi, en tant que Lion de Judée. Je Te demande de faire en sorte que ma vie compte comme une vie de restitution, afin que beaucoup d'autres puissent accéder à la connaissance de la vérité et être libérés. Merci pour Ta grâce et Ta compassion étonnantes pour moi et tous ceux que je représente au nom de Yeshua, amen.

Pour aller plus loin sur ce sujet, je recommande la lecture de mon livre *Yeshua is the Name*, et *The Bible Cure for Africa ans the Nations*.*

---

* *Yeshua is the Name*: www.kad-esh.org/shop/yeshua-is-the-name/
| *The Bible Cure for Africa and the Nations*: www.kad-esh.org/shop/the-bible-cure-for-Africa-and-the-nations/

PORTAIL 11

LA RESTAURATION D'ISRAËL

Entête Numéro 5: L'Anti-sionisme

ADONAÏ possédera Juda comme sa part Dans la terre sainte, Et il choisira encore Jérusalem. Que toute chair fasse silence devant ADONAÏ ! Car il s'est réveillé de sa demeure sainte.

—ZACHARIE 2:12–13

C'est la cinquième et dernière tête du monstre et c'est aussi le dernier front de bataille avant le retour du Messie. J'appellerais cette tête "antisémitisme politique", qui est l'opposition au plan directeur de YHVH visant à ramener le peuple juif sur sa Terre promise, la terre qu'il a donnée à Abraham, Isaac et Jacob pendant mille générations.

Il se souvient de Son alliance pour toujours - la Parole qu'Il a commandée pour mille générations - qu'Il a conclue avec Abraham, et qu'Il a jurée à Isaac, et confirmée à Jacob comme un décret, à Israël comme une alliance éternelle, en disant : "A toi je donne la terre de Canaan, la part de ton héritage".

— PSAUME 105:8-11

Le 26 mai 2016, l'assemblée plénière de Bucarest a adopté la définition de travail non juridiquement contraignante suivante de l'antisémitisme :

"L'antisémitisme est une certaine perception des Juifs, qui peut être exprimée par la haine des Juifs. Les manifestations rhétoriques et physiques de l'antisémitisme sont dirigées sur les individus juifs ou non-juifs et/ou leurs biens, envers les institutions de la communauté juive et les installations religieuses".

Pour suivre IHRA* dans ses travaux, les exemples suivants peuvent servir d' illustrations:

<u>Ces manifestations doivent inclure comme sujet l'Etat d'Israël, conçu comme une collectivité juive.</u> Cependant, une critique d'Israël similaire à celle formulée à l'encontre de tout autre pays ne peut être considérée comme antisémite. L'antisémitisme accuse souvent les Juifs de conspirer pour nuire à l'humanité, et il est souvent utilisé pour blâmer les Juifs pour "les raisons pour lesquelles les choses vont mal". Il s'exprime par la parole, l'écriture, les formes visuelles et l'action, et fait appel à des stéréotypes sinistres et à des traits de caractère négatifs. (Département d'État des États-Unis)

Les Nations unies ont toujours ciblé l'État d'Israël plus que tout autre pays du monde, exposant un antisémitisme international extrême comparable ou supérieur à celui de la Seconde Guerre mondiale.

Lors de l'actuelle 74 ème session de l'Assemblée générale des Nations unies (2019-2020), tous les États membres de l'UE ont

---

* IHRA: Alliance Internationale de Souvenir de l'Holocauste voté une résolution chacun pour critiquer (1) l'Iran, (2) la Syrie, (3) la Corée du Nord, (4) le Myanmar, et (5) les États-Unis, pour leur embargo sur Cuba, et deux résolutions sur la Crimée. Par contraste, l' UNION EUROPEENNE a voté pour 13 des 18 résolutions concernant Israël. Déjà ces mêmes états avaient failli en introduisant une résolution unique de l'Assemblée Générale des Nations Unies sur la situation des droits de l'homme en Chine, au Vénézuela, en Arabie Saoudite, au Bélarus, à Cuba, en Turkie, au Pakistan, au Vietnam, en Algérie, ou sur 175 autres pays. (UN Watch)

Cet état de fait n'est pas unique à la seule année d'écriture de ce livre. C'est la norme depuis de très nombreuses années. Et cet antisémitisme flagrant (avec un nouveau nom "antisionisme") n'a pas été contesté par les pays membres de l'ONU, à l'exception des États-Unis, et parfois par d'autres partenaires américains.

En 2013, Israël a été condamné dans 45 résolutions par le Conseil des droits de l'homme des Nations unies. Depuis la création du Conseil en 2006, celui-ci a déposé plus de résolutions condamnant Israël que presque tout le reste du monde réuni (45 résolutions contre Israël représentent 45,9 % de toutes les résolutions spécifiques à un pays adoptées par le Conseil) (contributeurs Wikipédia)

Les pays qui violent constamment les droits de l'homme au point de piller et même d'assassiner leurs populations (comme la Syrie, la Chine, la Corée du Nord, le Venezuela et d'autres) ont à peine été condamnés, voire pas du tout, par les Nations unies. Mais le "petit Israël" - qui, depuis 1948, est devenu un phare de lumière, d'agriculture, de technologie, de médecine et de secours en cas de catastrophe pour les autres nations (y compris leurs ennemis) - a été condamné sans relâche.

C'est l'antisémitisme dans sa forme la pire et, à partir de maintenant, nous assimilerons l'antisionisme à l'antisémitisme.

Antisémitisme chrétien et antisémitisme politique

Cependant, nous ne pouvons pas déconnecter l'antisémitisme politique de l'antisémitisme profondément enraciné dans les milieux chrétiens. Une Église imprégnée de théologie de substitution risque fort de réécrire la Bible pour la conformer à un antisémitisme politique. L'extrait suivant est pour le moins alarmant, mais en aucun cas surprenant.

> Une récente traduction officielle de la Bible en danois suscite l'étonnement des religieux. La "Société biblique" danoise, qui est responsable de la traduction, a effacé et retiré le mot "Israël" du Nouveau Testament (qui, dans la nouvelle édition, s'appelle désormais "Le Nouveau Contrat").
>
> Selon Jan Frost, qui a lu la nouvelle édition, celle-ci s'applique à la fois lorsque la terre d'Israël et le peuple d'Israël sont mentionnés. Israël est par ailleurs mentionné de cette manière dans le Nouveau Testament plus de 60 fois.
>
> M. Frost déclare dans une vidéo publiée sur YouTube que le mot "Israël" n'est utilisé qu'une seule fois dans la "Bible 2020", qui est le nom de la nouvelle édition.
>
> Les traducteurs de la nouvelle édition, selon M. Frost, expliquent que la terre d'Israël à l'époque biblique n'était pas identique à l'Israël actuel.
>
> Mais la même logique n'est pas appliquée par les traducteurs lorsque la terre d'Egypte est mentionnée : L'Égypte est toujours l'Égypte, même dans cette nouvelle édition 2020.

Sur les médias sociaux, plusieurs utilisateurs sont furieux du changement radical d'un élément aussi central du Nouveau Testament, et une critique généralisée suggère un soupçon qu'ils ont retiré Israël pour des raisons politiques. (24NYT)

> Ô Dieu, ne te tais pas, ne te tais pas et, ô Dieu, ne reste pas immobile. Car voici que tes ennemis font du bruit, et que ceux qui te haïssent se sont élevés. Ils font des plans astucieux contre Ton peuple, et conspirent ensemble contre Tes bien-aimés. Ils ont dit : "Viens, et anéantissons-les comme une nation, afin que le nom d'Israël ne soit plus jamais oublié." Car ils ont conspiré ensemble avec un seul esprit ; contre Toi, ils font une alliance...
>
> — Psaume 83:1–5 NASB

Qu'est-ce que l'anti-sionisme?

L'antisionisme est l'opposition politique et religieuse complète au plan ultime de rédemption du peuple juif, qui comprend le retour de tous les descendants d'Abraham, d'Isaac et de Jacob sur leur terre ancestrale promise de Sion/Israël. De nombreuses prophéties en parlent dans les Saintes Écritures. Il y a également de nombreuses mises en garde dans les Écritures qui mettent en garde contre un jugement sévère contre toutes les nations qui osent s'opposer au plan directeur de YHVH pour son peuple élu et leur terre. Pour en savoir plus sur ce jugement, reportez-vous au portail 12.

> Il s'est souvenu à jamais de son alliance, de la parole qu'il a commandée à mille générations, de l'alliance qu'il a conclue avec Abraham et du serment qu'il a prêté à Isaac. Puis il l'a

> confirmée à Jacob pour un statut, à Israël comme une alliance éternelle, en disant : "Je te donnerai le pays de Canaan comme la part de ton héritage".
>
> — PSAUME 105:8-11 NASB

Pour comprendre l'antisionisme, nous devons savoir ce qu'est le sionisme. Le sionisme est un effort religieux et politique qui a ramené des millions de Juifs du monde entier dans leur ancienne patrie du Moyen-Orient et a rétabli Israël comme lieu central de l'identité juive. Alors que certains critiques qualifient le sionisme ''d'idéologie agressive et discriminatoire", le mouvement sioniste a réussi à établir une patrie juive en terre d'Israël.

En 1890, Nathan Birnboïm a inventé le terme "sionisme", alors qu'il étudiait à l'université de Vienne. Le sionisme est le mouvement juif qui a débuté à la fin du XIXe siècle dans le but d'établir un foyer national juif pour tous les Juifs dispersés dans la diaspora. Le père incontesté du sionisme était Theodor Benjamin Herzl, son nom hébreu est Benjamin Zeev Herzl. C'était un juif hongrois, un journaliste qui a été très affecté par le procès injuste du capitaine Dreyfus en France.

> Lors du procès Dreyfus en 1894, cet un officier juif de l'armée française a été arrêté et reconnu coupable de trahison. Alors qu'il était emmené en prison en exil, une foule de Français a crié : "Mort aux Juifs ! Cela a choqué le jeune journaliste juif qui couvrait l'histoire.
>
> Herzl était jusqu'alors un Juif "émancipé", pensant qu'il était possible pour les Juifs d'être égaux à tous les autres dans les nations et d'avoir des droits égaux.

Il a décidé que la seule façon d'empêcher l'antisémitisme de se reproduire était de créer un État juif. À partir de cette conclusion, il a commencé à travailler avec le mouvement sioniste pour le propulser à un niveau que le monde ne pouvait ignorer.

En 1897, le premier congrès sioniste s'est tenu à Bâle, en Suisse. Il dura trois jours, afin que les dirigeants du sionisme puissent discuter en profondeur des plans de Herzl et des autres. Ils élaborèrent un plan, dont l'idée de Herzl de faire participer les dirigeants internationaux.

Après la réunion, Herzl est rentré chez lui et a écrit dans son journal : "Aujourd'hui, j'ai créé un État juif. Si je le disais à haute voix, tout le monde se moquerait de moi. Mais si ce n'est pas le cas dans cinq ans, dans cinquante ans, il y aura un État juif".

Herzl avait raison ; cinquante ans plus tard, en 1948, l'État juif est né sur la terre d'Israël, la Terre promise biblique du peuple juif.

A Après avoir voyagé à travers l'Europe, rencontrant à la fois les communautés sionistes et les dirigeants politiques, Herzl a écrit un pamphlet intitulé *L'État juif* en 1898. (Avraham)

Herzl n'a pas insisté pour que la terre d'Israël soit le lieu de l'État juif, et était prêt à explorer d'autres possibilités d'achat ou d'octroi de terres comme en Ouganda, par exemple. Il envisageait également que la langue de cet État juif soit l'allemand. Cependant, peu après une visite en Palestine, et voyant ce que les premiers pionniers juifs y réalisaient, il était convaincu que la seule option viable pour le peuple juif était ce qu'il appelait dans son livre, *Altneuland* ou *Vieille-Nouvelle Terre*, la région alors appelée Palestine - qui n'est autre que l'ancienne terre biblique d'Israël.

De nombreux membres de la communauté juive d'Europe de l'Est ont réalisé qu'il était temps de retourner à Sion, en accomplissant l'ancienne proclamation que les Juifs ont faite à la Pâque au cours de deux mille ans d'exil douloureux,

Le Shana Habaa Byerushalayim Habnuya
"L'an prochain pour rebâtir Jérusalem!"

De la Palestine à la reconstruction d'Israël

L'Esprit de Dieu a incité de nombreux jeunes juifs et juives, en particulier des étudiants universitaires et des intellectuels d'Europe de l'Est, à aller posséder la terre d'Israël en y exerçant l'agriculture. Lorsque ces jeunes idéalistes et visionnaires sont arrivés, la terre s'appelait Palestine, et sous domination turque, et était devenue une terre désolée.

Les 400 ans de l'Empire ottoman, et les nombreux empires précédents qui avaient convoité cette terre, l'avaient laissée ravagée et désolée, une terre bonne à rien, pleine de marécages infestés par la malaria, ainsi que de déserts de roches et de sable.

Le Sionisme a été boosté par le pogrom de Kishinev

Comme nous l'avons vu aux portails précédents, l'antisémitisme chrétien vicieux et ses interminables persécutions, pogroms et génocides ont entraîné le déplacement constant du peuple juif. Tant de juifs de toute l'Europe ont été expulsés d'un village ou d'une ville à l'autre, voire d'un pays à l'autre, jusqu'à ce qu'il n'y ait plus un seul endroit qui puisse être considéré comme le leur. Le pogrom de Kishinev a été "la goutte d'eau qui a fait déborder le vase". Comme beaucoup d'autres pogroms brutaux et d'expulsions avant lui, celui-ci s'est produit lors des festivités chrétiennes du dimanche de Pâques, déclarant "la mort aux Juifs qui ont assassiné le Christ".

Le 8 avril 1903, le dimanche de Pâques, une "légère perturbation" contre les Juifs locaux a secoué Kishinev, une ville endormie à la frontière sud-ouest de la Russie impériale.

"Peu de biens ont été détruits", a déclaré l'historien culturel juif Steven J. Zipperstein, qui est un boursier de Radcliffe cette année, "et l'épidémie ne semblait guère plus qu'une bacchanale (émeute d'ivrognes) d'adolescents turbulents".

Mais le lendemain, et pendant la moitié du temps qui a suivi, la violence s'est intensifiée. Des bandes de 10 ou 20 personnes armées de hachettes et de couteaux ont fait irruption dans les rues étroites de la ville et dans ses cours, où des familles juives se sont défendues avec des outils de jardinage et d'autres armes de peu de valeur.

Au final, 49 Juifs ont été tués, un nombre incalculable de femmes juives ont été violées et 1 500 maisons juives ont été endommagées. Cette soudaine vague de violence de voyous, provoquée par des rumeurs accusatrices de meurtre rituel juif, est rapidement devenue un talisman de la "brutalité impériale russe contre ses Juifs", a déclaré Zipperstein.

"Les Protocoles des Sages de Sion", une concoction antisémite calomnieuse de longue date qui esquisse un plan de domination juive mondiale, est apparue sous sa première forme soutenue quelques mois seulement après le massacre de Kishinev.

Chayim Nachman Bialik, l'homme qui sera un jour connu comme le poète national du peuple juif, a été envoyé en 1903 par la Commission historique juive à Odessa pour interviewer les survivants du pogrom de Kishinev. De maison en maison, il a rempli cinq carnets de nouveaux témoignages de violence. (Irlande)

Le Développement du Sionisme

Nous devons nous adresser à trois groupes de proto-sionistes : Les sionistes qui réclament un État juif avant le mouvement sioniste officiellement établi.

Les hérauts du sionisme : des années 1840 aux années 1860, les hérauts du sionisme étaient un groupe d'Anglais très instruits. Ils croyaient que si les Juifs du monde entier se rendaient en Israël pour se convertir au christianisme, alors le Messie, ou la seconde venue de Jésus, se produirait. Dans le cadre de leur travail, le Fonds d'exploration de la Palestine (PEF) a été créé pour effectuer des travaux archéologiques et géologiques en Terre Sainte.

Rabbis al Kalai and Kalischer: Ces deux rabbins vivaient dans une région d'Europe où de nombreux mouvements nationaux se bousculaient autour d'eux. Et pourtant, comme tant d'autres Juifs, ils n'avaient pas l'impression de s'intégrer à l'un d'entre eux. Ils pensaient que les Juifs devaient s'installer en Israël pour apporter le Messie. C'était exceptionnel pour deux rabbins à l'époque, car la plupart des Juifs religieux croyaient qu'on ne pouvait pas s'installer en Israël avant l'arrivée du Messie.

Moïse Hess et la publication de son livre *Rome et Jérusalem* en 1862

Moïse Hess était un important penseur juif socialiste d'Europe centrale. Dans son livre, il écrit que les Juifs ont aussi le droit d'être une nation avec la même définition que les autres nations.

La Restauration d'Israël

Avec la montée du nationalisme, la montée des proto-sionistes, la peur du danger physique chez les Juifs d'Europe de l'Est et la peur de l'assimilation totale chez les Juifs d'Europe occidentale, le sionisme est devenu alors une réponse très sérieuse.

La terre d'Israël, appelée Palestine à l'époque, était contrôlée par l'Empire ottoman (originaire de l'actuelle Turquie)

En 1800, 275.000 Arabes et 5.500 Juifs y vivaient. La plupart des résidents arabes vivaient dans des zones rurales, tandis que la plupart des résidents juifs vivaient dans des zones urbaines, comme Jérusalem, Tzfat, Tibère et Hébron.

Cinquante ans plus tard, en 1850, il y avait 400 000 Arabes et 10 000 Juifs vivant en Palestine. Lorsque les puissances ottomanes ont vu les changements commencer à se produire, elles ont procédé à deux réformes agraires très importantes :

En 1858, les sujets ottomans non-musulmans pouvaient acheter des terres et construire sur celles-ci. En 1867, les sujets non ottomans pouvaient acheter des terres et construire sur celles-ci.

Cela s'avérerait essentiel pour le succès du mouvement sioniste. Avant que les sionistes ne s'y installent, deux groupes de Juifs vivaient dans le pays. Le premier groupe était composé de Juifs espagnols (ou séfarades) et de Juifs arabes, également appelés les Mustaf Aravim. Le second groupe était composé de personnes âgées et de célibataires venant étudier la Torah et mourir en Terre Sainte.

En 1870, l'école agricole *Mikve Israel* a été créée pour enseigner l'agriculture aux jeunes étudiants. Elle fait partie des écoles de l'Alliance Israélite Universelle établies dans tout le Moyen-Orient et l'Afrique du Nord. (Avraham)

Mark Twain et son rapport sur la Terre Sainte

Après l'invention du bateau à vapeur au XIXe siècle, des centaines de pèlerins américains ont afflué en Terre Sainte, bateau après bateau. À une époque où le protestant américain typique devait maîtriser la Bible, de nombreux Américains connaissaient la géographie de base et les noms des sites historiques de l'ancienne terre d'Israël avant même d'arriver en Terre Sainte. Les premiers pèlerins américains ont atteint la Palestine en 1819. Avec la normalisation des relations diplomatiques entre les États-Unis et l'Empire ottoman en 1832, l'ultime obstacle bureaucratique au voyage déjà difficile a été supprimé.

En 1866, le jeune auteur Samuel Clemens, qui commençait tout juste à se faire connaître sous le pseudonyme de Mark Twain, se mit à en examiner les attraits. Le développement rapide de l'industrie du tourisme religieux a contribué à la tendance naturelle de Twain au ridicule et à la satire. Il s'accroche à un groupe de pèlerins, qu'il surnomme avec dérision "Les Innocents", et monte à bord de la "Ville des Quakers" en route vers la terre d'Israël.

Avant son départ, Twain avait signé un contrat pour écrire cinquante et un courts articles pendant le voyage. Les lettres qu'il a écrites pendant son séjour en Palestine ont été combinées à des articles qu'il a écrits plus tard, le résultat étant *"Les Innocents à l'étranger"*, un livre qui détaille ses impressions sur l'étrange pays qu'il a rencontré.

Twain en avait assez de la primitivité des colonies et des routes qu'il rencontrait : *"Plus nous avancions, plus le soleil se réchauffait, et plus le paysage devenait rocheux et dénudé, repoussant et morne...*

Il n'y avait pratiquement aucun arbre ou arbuste. Même l'olivier et le cactus, ces amis rapides d'un sol sans valeur, avaient presque déserté le pays". Cette déclaration reflète l'attitude générale qu'il a adoptée à l'égard de la terre ancienne tout au long de son voyage.

Une exception à la règle était la ville de Jérusalem, que Twain décrivait en termes élogieux : "Perchée sur ses collines éternelles, blanche et bombée et solide, massée et cerclée de hautes murailles grises, la vénérable ville brillait au soleil. Si petite ! Elle n'était pas plus grande qu'un village américain de quatre mille habitants... Les larmes n'auraient pas été à leur place. Les pensées que suggère Jérusalem sont pleines de poésie, de sublimité (vraiment merveilleuse) et, plus que tout, de dignité. De telles pensées ne trouvent pas leur expression appropriée dans les émotions de la pépinière".

Un motif central qui se retrouve dans les écrits de Twain est la polarisation entre le progrès américain et l'asservissement de la Terre Sainte à son propre passé. Selon lui, c'est précisément le respect des trois religions envers la terre d'Israël qui est responsable de l'état misérable dans lequel il la perçoit. Dans l'un des passages les plus tranchants et les plus beaux du livre, Twain déclare que "la Palestine est désolée et sans amour. Et pourquoi devrait-il en être autrement ? La malédiction de la divinité peut-elle embellir une terre ? *La Palestine n'est plus de ce monde de travail. Elle est sacrée pour la poésie et la tradition - c'est une terre de rêve".* (Les bibliothécaires)

Malgré la terrible condition de la terre d'Israël, les premiers pionniers juifs d'Europe de l'Est sont arrivés pour la racheter, même au prix de leur vie et de toutes les possessions du monde. Quelqu'un de bien plus grand qu'eux les a propulsés hors de leurs études universitaires vers le commerce de l'agriculture et de l'élevage, qu'ils ne maîtrisaient pas au début. Bien que la plupart d'entre eux ne soient pas religieux mais socialistes, leur esprit s'est élevé en eux à leur insu pour appréhender la promesse décrite ci-dessous :

> Voici, je les rassemblerai de tous les pays où je les ai chassés, Dans ma colère, dans ma fureur, et dans ma grande irritation ; Je les ramènerai dans ce lieu, Et je les y ferai habiter en sûreté. Ils seront mon peuple, Et je serai leur Dieu. Je leur donnerai un même cœur et une même voie, Afin qu'ils me craignent toujours, Pour leur bonheur et celui de leurs enfants après eux. Je traiterai avec eux une alliance éternelle, Je ne me détournerai plus d'eux, Je leur ferai du bien, Et je mettrai ma crainte dans leur cœur, Afin qu'ils ne s'éloignent pas de moi. Je prendrai plaisir à leur faire du bien, Et je les planterai véritablement dans ce pays, De tout mon cœur et de toute mon âme. Car ainsi parle L'ETERNEL : De même que j'ai fait venir sur ce peuple tous ces grands malheurs, De même je ferai venir sur eux tout le bien que je leur promets. On achètera des champs dans ce pays Dont vous dites : C'est un désert, sans hommes ni bêtes, Il est livré entre les mains des Chaldéens. On achètera des champs pour de l'argent, On écrira des contrats, on les cachètera, on prendra des témoins, Dans le pays de Benjamin et aux environs de Jérusalem, Dans les villes de Juda, dans les villes de la montagne, Dans les villes de la plaine et dans les villes du midi ; Car je ramènerai leurs captifs, dit L'ETERNEL.
>
> — JEREMIE 32 :37–44

Grâce à la création d'un fonds appelé le Fonds National Juif (JNF), des terres ont été achetées et des arbres plantés. Ils ont acheté aux Turcs, à des prix exorbitants, des portions de marécages infestés par les moustiques porteurs de la malaria. Les pionniers juifs ont payé n'importe quel prix pour obtenir des droits légaux sur la terre dont personne d'autre ne voulait, ni investir pour son bien-être. On dit qu'environ 80 % des jeunes hommes et femmes juifs qui sont allés dans les marais pour les drainer sont morts du paludisme. La terre a été obtenue non seulement selon les nombreuses promesses de Dieu dans la Bible, mais aussi par achat (à prix fort auprès des Turcs), et par le sang, comme beaucoup l'ont payé de leur vie pour la racheter.

Le Fonds National Juif, une organisation à but non lucratif, a été fondé en 1901 pour acheter et développer des terres en Palestine ottomane (plus tard le Mandat britannique pour la Palestine, puis Israël et les territoires palestiniens) pour la colonisation juive. En 2007, il possédait 13 % de la totalité des terres en Israël. Depuis sa création, le JNF affirme avoir planté plus de 240 millions d'arbres en Israël. Elle a également construit 180 barrages et réservoirs, développé 250 000 acres (1 000 km2) de terres et créé plus de 1 000 parcs.

En 2002, le JNF a reçu le prix d'Israël pour l'ensemble de son œuvre et sa contribution particulière à la société et à l'État d'Israël. (Contributeurs Wikipedia)

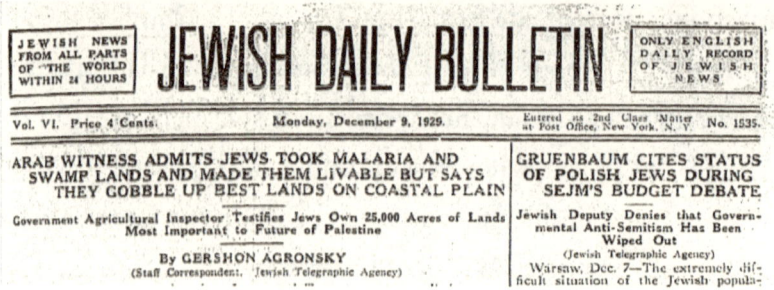

Le plus grand miracle du XX ème Siècle

Tout comme Theodore Herzl l'a prophétisé, exactement cinquante ans après le premier congrès sioniste à Bâle, en Suisse, "Israël deviendra un pays parmi les nations". Le prophète Esaïe a également prophétisé que la nation d'Israël renaîtra en un jour.

> Qui a entendu une telle chose ? Qui a vu de telles choses ? Une terre peut-elle naître en un jour ? Une nation peut-elle naître en un seul jour ? Car dès que Sion fut en travail, elle donna naissance à ses enfants.
>
> — Esaie 66 : 8

Le plus grand miracle du XXe siècle a été de loin la création de l'État d'Israël renaissant après 2 000 ans d'un exil dévastateur. Cet État miracle est comme un phénix qui renaît des cendres de la Shoah nazie (Holocauste) qui a laissé plus de six millions de Juifs morts, et bien plus encore marqués à vie. Des lignées familiales entières ont été anéanties, et les villages et communautés juives de l'Europe nazie ont été totalement effacés. La dévastation de la vie juive causée par le régime nazi a été si profonde et si cruelle qu'il semblait impossible de restaurer le peuple juif à nouveau. Il semblait que cet horrible régime satanique, dirigé par Adolf Hitler, avait enfin réalisé le rêve de Satan d'éliminer les Juifs pour toujours.

Cependant, les promesses de l'Elohim d'Israël se sont manifestées au moment le plus sombre et le plus impossible pour les Juifs. Israël s'est relevé d'entre les morts, des cendres de la Shoah (Holocauste) pour devenir l'État d'Israël que nous connaissons aujourd'hui, la seule démocratie du Moyen-Orient.

Israël est un pays qui, bien que petit, est le premier à envoyer des secours aux nations en détresse et à trouver des remèdes aux fléaux, aux virus et aux maladies. C'est l'une des nations les plus importantes et les plus innovantes du monde dans le domaine de la haute technologie, un pays d'innovations qui contribue à améliorer le monde.

> **Lève-toi, sois éclairée, car ta lumière arrive, Et la gloire de L'Eternel se lève sur toi. Voici, les ténèbres couvrent la terre, Et l'obscurité les peuples ; Mais sur toi L'Eternel se lève, Sur toi sa gloire apparaît. Des nations marchent à ta lumière, Et des rois à la clarté de tes rayons. Porte tes yeux alentour, et regarde : Tous ils s'assemblent, ils viennent vers toi ; Tes fils arrivent de loin, Et tes filles sont portées sur les bras**
>
> — Es 60 :1-4

Ceux qui ont reconstruit Israël étaient pour la plupart des survivants de la Shoah (Holocauste) qui avaient tout perdu ; l'Allemagne nazie a anéanti la plupart des membres de leur famille dans d'horribles chambres à gaz des camps de la mort en Pologne. Certains pionniers de ce nouvel État ressemblaient à des squelettes lorsqu'ils sont arrivés comme réfugiés en terre d'Israël, prêts à travailler dur pour s'assurer que les Juifs reconstitueraient leur patrie nationale.

La même ONU qui condamne aujourd'hui Israël la plupart du temps est celle qui a voté la partition de la Palestine en deux pays, l'un arabe et l'autre juif. Cependant, les Arabes ont refusé l'offre, mais les Juifs l'ont acceptée. Le 14 mai 1948, le premier Premier Ministre d'Israël, M. David Ben Gourion, a lu la Déclaration d'indépendance dans une salle de la ville de Tel-Aviv. Deux ans plus tard, une fois que la Jérusalem occidentale assiégée a été protégée des armées jordaniennes et panarabes qui l'attaquaient, la capitale d'Israël a été déplacée vers le côté ouest de son emplacement historique : Jérusalem, la capitale du roi David, roi d'Israël, et de Juda il y a 3 000 ans.

Enfin, chaque juif du monde avait un foyer ; le temps du "juif errant" ou plutôt du "juif expulsé et persécuté" était révolu. Les Juifs de toutes les nations du monde sont rentrés chez eux, comme le prophète Esaïe l'avait prédit il y a plus de 2 500 ans.

> **Les rachetés d'ADONAI reviendront et viendront à Sion en chantant, avec une joie éternelle sur leur tête. Ils obtiendront l'allégresse et la joie, et la tristesse et les soupirs s'enfuiront.**
>
> — Esaïe 35:10

L'État d'Israël sur la terre d'Israël est la seule maison du peuple juif promise historiquement et bibliquement. Il n'y en a pas d'autre. Et le peuple juif est le seul peuple qui soit revenu sur son ancienne terre après 2000 ans d'exil, et qui ait fait revivre son ancienne langue, l'hébreu, qui est aussi la langue dans laquelle il a écrit la plus grande partie de la Bible.

Le Réveil de la langue hébreu

La biographie suivante explique le processus de cette étonnante renaissance de la langue hébraïque.

Eliezer Ben-Yehuda (1858-16 décembre 1922) est connu comme le père de l'hébreu moderne. Il a été l'un des premiers partisans du sionisme, et c'est principalement grâce à son initiative que l'hébreu a pu renaître en tant que langue parlée moderne.

Ben-Yehuda est né à Luzki, en Lituanie, en 1858 sous le nom d'Eliezer Perelman. Son père, un juif orthodoxe Chabad, est mort quand il avait l'âge de 5 ans et à 13 ans son oncle l'a envoyé dans une yeshiva à Polotsk. Le chef de la yeshiva était un adepte secret du mouvement Haskalah* (Lumière) et a fait de Ben-Yehuda un penseur libre. Son oncle a essayé de le sauver de l'hérésie en l'envoyant étudier à Glubokoye. Là, Ben-Yehuda a rencontré Samuel Naphtali Hertz Jonas, et a appris le russe par sa fille aînée, Deborah, que Ben Yehuada a épousé plus tard. Ses études de russe permettent à Ben-Yehuda d'entrer au gymnasia (lycée) dont il sort diplômé en 1877.

Il devient rapidement un sioniste convaincu. - La guerre russo-turque de 1877-1878 et la lutte des nations balkaniques pour la libération ont inspiré à Ben-Yehuda l'idée d'une renaissance du peuple juif sur son sol ancestral. Il a soutenu que les Juifs, comme tous les autres peuples, avaient une terre et une langue historiques.

Il a écrit dans la préface de son dictionnaire "c'était comme si les cieux s'étaient soudainement ouverts, et qu'une lumière

---

* Haskala, aussi appelé Haskalah (de l'hébreu sekhel, "raison," ou "intellect"), aussi appelé Jewish Enlightenment, Temps Juif des Lumières, un mouvement intellectuel de la fin du XVIIIe et du XIXe siècle parmi les Juifs d'Europe centrale et orientale qui a tenté de familiariser les Juifs avec les langues européennes et l'hébreu ainsi qu'avec l'éducation et la culture laïques en complément des études talmudiques traditionnelles. (Les éditeurs de l'Encyclopaedia Britannica) incandescente et claire clignotait devant mes yeux, et qu'une puissante voix intérieure résonnait dans mes oreilles : la renaissance d'Israël sur son sol ancestral.... plus le concept nationaliste grandissait en moi, plus je réalisais ce qu'est une langue commune à une nation..." Il décide de s'installer en terre d'Israël et en 1878, il part faire des études de médecine à Paris pour avoir un moyen de subsistance. Le projet de Ben-Yehuda de créer un foyer national n'intéressait pas les écrivains hébreux pour la plupart.

Son premier essai, "La question brûlante" (She'elat Hasha'ah) a été publié par le périodique hébreu "l'Aube" (Hasha'har) en 1879, édité par Peretz Smolenskin, après avoir été rejeté par d'autres. Il appelait à l'émigration vers la terre d'Israël et à la création d'un centre spirituel national des Juifs de ce pays. Ainsi, Ben-Yehuda fut aussi le véritable père du sionisme culturel, popularisé plus tard par Achad Haam. (Sionisme-Israël)

À Paris, Ben-Yehuda a contracté la tuberculose. Il interrompt ses études de médecine et décide que le climat de Jérusalem sera meilleur pour sa maladie. Pendant son séjour à Paris, il apprend par des voyageurs que l'hébreu n'est pas une langue morte chez les Juifs d'Asie. Il s'inscrit également au séminaire des enseignants de l'Alliance israélite universelle où il doit être formé comme instructeur à l'école agricole Mikveh Yisrael. Il assiste aux conférences de Joseph Halevy, qui a été l'un des premiers à préconiser l'invention de nouveaux mots hébreux. Ben-Yehuda s'installe à Jérusalem en 1881, avec sa nouvelle femme, Deborah Jonas. Eliezer et Deborah ont fondé le premier foyer hébreu à Eretz

---

* Hébreu, signifiant « pays d'Israël »

Israël, et leur fils, Ben-Zion (connu sous son nom de plume, Itamar Ben-Avi) a été le premier enfant des temps modernes à être éduqué dans sa langue maternelle, l'hébreu. Il a tenté de se déguiser en juif orthodoxe afin de maintenir le contact avec eux, d'apprendre l'hébreu et de le propager. Cependant, ces derniers l'ont rapidement rejeté, et Ben-Yehuda est devenu activement antireligieux.

Ben-Yehuda réunit des amis et des alliés à Jérusalem. En 1881, avec Y.M. Pines, D. Yellin, Y. Meyu'has et A. Mazie, il fonda la "Te'hiyat Yisrael" - la renaissance de la société israélienne basée sur cinq principes : le travail sur la terre, l'expansion de la population productive, la création d'une littérature et d'une science hébraïques modernes reflétant à la fois un esprit national et universaliste, et l'opposition au système de halukah (charité) qui soutenait les étudiants de la Yeshiva* de Jérusalem".

Peu après son arrivée à Jérusalem, Ben-Yehuda est devenu professeur à l'école de l'Alliance, à condition que ses cours soient dispensés en hébreu.

C'est ainsi que cette école est devenue la première où certains cours ont été dispensés en hébreu. Ben-Yehuda écrit pour "Ha'havatzelet" (Le Lys), un périodique littéraire hébreu, et lance "Hatzvi" (Le Cerf), un journal hebdomadaire. "Hatzvi" a été le premier journal hébreu à rendre compte de l'actualité et des problèmes de la Palestine turque. Ce fut une réalisation considérable, étant donné les limites de l'hébreu, la censure turque et les limitations financières draconiennes. Ben-Yehuda a dû inventer de nouveaux noms et verbes en hébreu pour les concepts modernes.

* Yeshiva : un collège juif orthodoxe ou séminaire

Debora Ben-Yehuda, sa première femme, meurt de la tuberculose en 1891. Sa sœur cadette propose bientôt d'épouser Ben-Yehuda et de s'occuper de ses deux enfants en bas âge. Femme émancipée, d'un grand dynamisme et d'une grande conviction, elle s'est consacrée toute sa vie à soutenir Eliézer et son entreprise. Elle a pris le nom hébreu de Hemdah, a rapidement appris l'hébreu, est devenue reporter pour son journal, puis en est devenue la rédactrice en chef, ce qui a permis à son mari de se concentrer sur ses recherches sur les mots hébreux perdus que la langue renaissante exigeait et sur l'invention de nouveaux mots.

Les fanatiques orthodoxes ont été irrités par les représentations de la corruption dans la distribution de la Halukah, leur allocation de charité (prestations versées par le gouvernement aux chômeurs), dans l'affaire Hatzvi. Ils ont délibérément mal traduit une phrase d'une histoire de Hanoukka dans Hatzvi, "Rassemblons nos forces et allons de l'avant" pour signifier : "Rassemblons une armée et avançons contre l'Est."

Ils ont informé le gouvernement ottoman que Ben-Yehuda appelait ses partisans à la révolte. Il a été arrêté, accusé de conspiration de révolte et condamné à un an de prison. Les Juifs du monde entier ont été scandalisés ; sa sentence a été portée en appel et il a finalement été libéré en 1904, Ben-Yehuda fonde et préside, avec Yellin, Mazie et d'autres, le "Va'ad HaLashon", le précurseur de l'Académie de la langue hébraïque qu'il préconisera plus tard en 1920.

Il a travaillé 18 heures par jour sur son "Dictionnaire complet de l'hébreu ancien et moderne". En 1910, il a publié le premier des six volumes qui ont paru avant sa mort en 1922. Après sa mort, sa veuve Hemdah et son fils Ehud ont continué à publier son manuscrit jusqu'à ce que les 17 volumes aient été publiés en 1959. Le dictionnaire répertorie tous les mots utilisés dans la littérature hébraïque depuis l'époque d'Abraham jusqu'aux temps modernes, en évitant méticuleusement les mots araméens et autres influences étrangères qui étaient entrées dans l'hébreu biblique et mishnaïque.

Ben-Yehuda a été forcé de quitter la Palestine pendant la première guerre mondiale, lorsque les Turcs ont déporté les "ressortissants ennemis". Avec d'autres dirigeants sionistes, il a passé le temps de la guerre aux États-Unis et est retourné en Palestine en 1919.

En novembre 1920, il réussit à convaincre Herbert Samuel, le Haut Commissaire britannique pour la Palestine, de faire de l'hébreu l'une des trois langues officielles du Mandat pour la Palestine.

Il est difficile d'exagérer la contribution et les réalisations de Ben-Yehuda. Son exploit lexicographique lui-même - innover une langue moderne sur les restes d'une langue ancienne et fossilisée - était monumental en soi, mais il n'a été qu'un instrument dans une campagne réussie menée par un seul homme, pour faire de l'hébreu la langue parlée du peuple juif. Grâce à son initiative quasi solitaire, cela a été accompli en moins de 40 ans. (Sionisme-Israël)

La déclaration Balfour

Sur la voie de la renaissance nationale et de la restauration d'Israël, nous ne pouvons pas ignorer le document le plus important appelé la déclaration Balfour.

Le 2 novembre 1917, le ministre des Affaires étrangères Arthur James Balfour écrit une lettre importante au plus illustre citoyen juif de Grande-Bretagne, le baron Lionel Walter Rothschild, exprimant le soutien du gouvernement britannique à une patrie juive en Palestine. Cette lettre sera finalement connue sous le nom de Déclaration Balfour.

Le soutien de la Grande-Bretagne au mouvement sioniste provenait de ses préoccupations concernant l'orientation de la Première Guerre mondiale. Outre une croyance sincère dans la justesse du sionisme, entretenue entre autres par Lloyd George, les dirigeants britanniques espéraient qu'une déclaration soutenant le sionisme aiderait à obtenir le soutien des Juifs aux Alliés.

Le 2 novembre, Balfour envoya sa lettre à Lord Rothschild, un éminent sioniste et ami de Chaim Weizmann, déclarant que "le gouvernement de Sa Majesté est favorable à l'établissement en Palestine d'un foyer national pour le peuple juif".

L'influence de la déclaration Balfour sur le cours des événements de l'après-guerre a été immédiate : Selon le système de "mandat" créé par le traité de Versailles de 1919, la Grande-Bretagne s'est vue confier l'administration de la Palestine, étant entendu qu'elle travaillerait au nom de ses habitants juifs et arabes. (Rédacteurs de History.com)

Cette publication de ce document historique a été dûment obtenue, au moins en partie, grâce à l'intervention du Dr Chayim Weizmann, un brillant scientifique juif qui deviendra finalement le premier président de l'État d'Israël. Le Dr Weizmann a "troqué" la science qui a aidé les alliés à gagner la Première Guerre mondiale, contre une promesse de la couronne britannique d'être favorable à l'idée d'une patrie pour le peuple juif dans le pays alors appelé Palestine. Après la guerre, la Grande-Bretagne a reçu un mandat sur l'ensemble de la Palestine basé sur cette promesse, qui a été connu sous le nom de Mandat britannique.

Cependant, plus tard, pendant la Seconde Guerre mondiale et ses conséquences, lorsque de nombreux réfugiés juifs fuyant l'Europe nazie ont essayé de rejoindre la terre, le Mandat britannique a fermé ses portes à des dizaines de milliers de ces juifs à moitié morts, et les a déportés dans des camps de détention à Chypre, dans l'Océan Indien, et même pour certains, vers l'Europe nazie où la plupart d'entre eux ont péri. Les Britanniques ont déclaré la tentative des réfugiés juifs d'entrer sur la terre d'Israël pendant la Shoah (Holocauste nazi), et ses conséquences, "immigration illégale" (en hébreu *Haapala* ou *Aliyah Bet*). Cette fermeture malheureuse a causé la mort inutile de nombreuses victimes et survivants de l'Holocauste.

Plus de 100.000 personnes ont tenté d'entrer illégalement en Palestine obligatoire. Il y a eu 142 voyages effectués par 120 navires. Plus de la moitié ont été arrêtés par les patrouilles britanniques. La Royal Navy avait huit navires en poste en Palestine, et des navires supplémentaires étaient chargés de suivre les navires suspects se dirigeant vers la Palestine. La plupart des immigrants interceptés ont été envoyés dans des camps d'internement à Chypre. Certains ont été envoyés au camp de détention d'Atlit en Palestine, et d'autres à l'île Maurice. Les Britanniques ont détenu jusqu'à 50 000 personnes dans ces camps (voir Les Juifs dans les camps britanniques à Chypre). Plus de 1 600 se sont noyés en mer. Seuls quelques milliers sont entrés en Palestine.

L'événement central du programme *Ha'apala* fut l'incident de l'Exode SS en 1947. *L'Exodus* fut intercepté et abordé par une patrouille britannique. Malgré une résistance importante de ses passagers, l'Exodus fut renvoyé de force en Europe. Ses passagers ont finalement été renvoyés en Allemagne. Cela a été rendu public, au grand embarras du gouvernement britannique.

Le journaliste I. F. Stone fait un compte-rendu de l'Aliyah Bet dans son livre *Underground to Palestine,* publié en 1946, qui raconte à la première personne le voyage depuis l'Europe de personnes déplacées tentant d'atteindre la patrie juive.

Quelque 250 vétérans américains de la Seconde Guerre mondiale, dont Murray Greenfield (du navire *Hatikvah*), se sont portés volontaires pour faire naviguer dix navires ("la flotte secrète des Juifs") des États-Unis vers l'Europe afin de charger 35 000 survivants de l'Holocauste (la moitié des immigrants illégaux en Palestine), pour être ensuite déportés dans des camps de détention à Chypre. (Contributeurs Wikipédia)

Le mandat britannique favorisait principalement les Arabes par rapport aux Juifs. Une autre décision malheureuse des Britanniques a été de placer Haj Amin Al Husseini comme grand mufti de Jérusalem, le plus haut dirigeant musulman du pays. Il a eu une influence considérable sur la population arabe qui a été sous la domination turque pendant 400 ans et qui est maintenant sous le mandat britannique. En tant que chef des musulmans, Al Husseini a incité à des massacres horribles de communautés juives entières dans les villes de Yafo, Hébron et Motsa en 1920 et 1929. Cet homme s'est finalement rangé du côté d'Hitler pour l'anéantissement de tous les Juifs de Palestine. Il est le père de ce que nous appelons aujourd'hui "La cause palestinienne".

Je l'appelle "l'enfant de Hitler" car il est né d'une rencontre privée entre Haj Amin Al Husseini et Adolf Hitler à Berlin en 1941. Et bien qu'il ait été démis de ses fonctions de grand mufti après les émeutes de 1936, l'héritage de Haj Amin Al Husseini de quinze années de leadership sous les autorités britanniques, lui a permis d'acquérir un élan et une influence qui ont nui à Israël jusqu'à ce jour.

Le mandat britannique a officiellement pris fin lorsque Israël a été proclamé État le 14 mai 1948. Les Britanniques ont remis les clés de la plupart des postes et forteresses de la garde, de la police et de l'armée à l'armée jordanienne nouvellement formée qui s'est opposée à la création de l'État d'Israël. Ils ont attaqué l'État naissant moins de 24 heures après sa création. Le conflit qui s'ensuivit est appelé "*La guerre d'indépendance*". Les armées arabes ont assiégé Jérusalem de décembre 1947 à juillet 1948. Les Juifs de la ville étaient affamés, sans nourriture ni munitions. Israël ne disposait pas encore d'une armée comme aujourd'hui, mais elle avait quelque chose de semblable aux milices.

Beaucoup de ces jeunes qui ont donné leur vie sur la route sanglante pour ouvrir la voie vers Jérusalem, pour apporter de la nourriture à la population affamée et des armes pour se défendre, étaient des survivants de la Shoah (Holocauste). Les Britanniques avaient bien armé l'armée jordanienne, et le jeune Israël émergent n'avait aucune chance contre ses ennemis - sauf que le Dieu d'Israël était avec eux.

> **Voici, si l'on forme des complots, cela ne viendra pas de moi ; Quiconque se liguera contre toi tombera sous ton pouvoir. Voici, j'ai créé l'ouvrier qui souffle le charbon au feu, Et qui fabrique une arme par son travail ; Mais j'ai créé aussi le destructeur pour la briser. Toute arme forgée contre toi sera sans effet ; Et toute langue qui s'élèvera en justice contre toi,**

> Tu la condamneras. Tel est l'héritage des serviteurs d'Adonaï, el est le salut qui leur viendra de moi, Dit Adonaï.
>
> — Esaie 54:15–17

Cette tendance d'Israël à gagner des guerres impossibles après avoir été attaqué par les nations arabes contre elle, s'est répétée encore et encore dans chacune des grandes guerres. Les nations arabes attaquent généralement Israël en premier, et Israël n'a aucune chance car les armées de ses ennemis sont dix fois plus grandes et bien armées, comme en 1948, et pourtant, d'une manière ou d'une autre, Israël gagne toutes les guerres. Cela aurait dû suffire pour faire comprendre aux Nations unies que le Dieu de l'univers, également appelé le Dieu d'Israël, se bat pour son peuple, et que quiconque tente d'entraver son plan de restauration de son ancienne patrie se battra contre un ennemi redoutable.

Dans les quinze années qui ont suivi la fin du mandat britannique, le vaste Empire dont on disait "Le soleil ne se couche jamais sur l'Empire britannique" a disparu. Aujourd'hui, le pays s'appelle le Royaume-Uni, et il n'y a plus d'Empire britannique. De quelle manière les mesures prises par le Mandat britannique contre les Juifs ont-elles affecté la fin du grand Empire britannique ? Nous ne pouvons que citer ce que disent les Saintes Écritures sur ceux qui font du mal ou n'aident pas Israël. Voici ce que dit Adonaï Tzva'ot, Le Seigneur des armées, Celui qui combat les guerres d'Israël.

> Car ainsi parle Adonaï-T'zva'ot : Après cela, viendra la gloire ! Il m'a envoyé vers les nations qui vous ont dépouillés ; Car celui qui vous touche, touche la prunelle de son œil. Voici, je lève ma main contre elles, Et elles seront la proie de ceux qui leur étaient asservis. Et vous saurez qu'Adonaï m'a envoyé.

Pousse des cris d'allégresse et réjouis-toi, Fille de Sion ! Car voici, je viens, et j'habiterai au milieu de toi, Dit Adonaï. " - c'est une déclaration d'Adonaï. En ce jour, de nombreuses nations s'uniront à Adonaï, elles seront mon peuple et j'habiterai au milieu de vous. Alors vous saurez que c'est Adonaï-Tzva'ot qui m'a envoyé vers vous. Adonaï héritera de Juda comme sa part dans la terre sainte et choisira une fois de plus Jérusalem. Tais-toi devant Adonaï, toute chair, car il s'est réveillé de sa sainte demeure."

— Zacharie 2:8–13

Voici le même passage d'une autre traduction plus facile.

L'Éternel règne sur tous. Son ange dit à Israël : "Le Glorieux m'a envoyé pour punir les nations qui t'ont dépouillé de tout. C'est parce que quiconque te fait du mal fait du mal à ceux que l'Éternel aime et garde. Je lèverai donc ma main puissante pour abattre tes ennemis. Leurs propres esclaves les dépouilleront de tout. Alors tu sauras que l'Éternel qui règne sur tout m'a envoyé. "Peuple de Sion, criez et réjouissez-vous ! Je viens vivre parmi vous", annonce l'Éternel. En ce temps-là, de nombreuses nations se joindront à moi. Et elles deviendront mon peuple. Je vivrai au milieu de vous, dit l'Éternel. Alors vous saurez que l'Éternel, qui règne sur tout, m'a envoyé vers vous. Il recevra Juda comme sa part dans la terre sainte. Et il choisira de nouveau Jérusalem. Vous tous, peuples du monde, restez tranquilles, car l'Éternel vient. Il s'apprête à descendre de son saint Temple dans le ciel."

— Zacharie 2 :8–13 NIRV

Comme vous pouvez le voir, le Dieu d'Israël n'est pas "politiquement correct" ; Il épouse ses propres" politiques". J'appelle cela les "politiques bibliques."

La vérité derrière la cause palestinienne

> Adolf Hitler a dit un fois : "Racontez-leur un *mensonge*, faites-en un assez gros, répétez-le encore et encore, et chacun le croira." (Wikipedia Contributors)

Cette déclaration s'applique également à la concoction politique de la cause palestinienne, l'une des plus grandes tromperies jamais perpétrées. J'appelle la cause palestinienne "l'enfant d'Hitler". Vous comprendrez bientôt pourquoi.

Ce que les politiciens appellent aujourd'hui la cause palestinienne, est un "enfant" né de la rencontre historique entre l'un des plus grands terroristes et bouchers qui aient jamais existé, le grand mufti de Jérusalem, Haj Amin Al Husseini, et l'homme le plus cruel et le plus méchant qui ait jamais vécu, nommé Adolf Hitler. La rencontre a eu lieu à Berlin, en Allemagne, en 1941. Le mufti demanda à Hitler de lui construire une armée en Palestine pour appliquer la Solution finale d'Hitler aux Juifs à l'intérieur du pays. Hitler se plia à cette idée hideuse, et le précurseur de l'Organisation de libération de la Palestine (OLP) était né. Toutes les autres organisations, y compris Fattah, Al Qaeda, le Hezbollah, le Hamas, les Frères musulmans et toutes les autres organisations terroristes, sont des dérivés de l'enfant d'Hitler, l'OLP.

Le seul objectif de l'Organisation de libération de la Palestine (OLP) est l'anéantissement de tous les Juifs sur la terre d'Israël. C'est pourquoi elle n'a accepté aucun "plan de paix", quelles que soient les terres et l'argent qui lui sont offerts. Ils veulent toutes les terres et aucun juif ne vivant sur celles-ci. Dans les cartes des soi-disant autorités palestiniennes, Israël n'existe pas. La terre entière est redevenue la Palestine. Jérusalem n'existe pas non plus sur leurs cartes ; elle est appelée Al Quds.

Lorsque les Romains ont conquis la terre d'Israël, ils ont changé le nom en Palestine. Ils lui ont donné le nom des ennemis d'Israël, les Philistins. Dans la plupart des Bibles chrétiennes, Israël est toujours appelé Palestine, et les suppléments cartographiques au dos des volumes utilisent le terme "Cartes de Palestine". Cela joue dans la grande tromperie, et est une insulte au Dieu d'Israël, qui appelle sa terre par le nom d'Israël. C'est le nom de l'alliance éternelle. Dieu a restauré son peuple juif sur sa terre et a rétabli le nom. Il fait référence à "Mes ennemis" comme étant ceux qui refusent d'appeler Israël "Israël". Combien de chrétiens sont devenus ses ennemis sur ce seul sujet ?

> **Car voici, tes ennemis s'agitent, Ceux qui te haïssent lèvent la tête. Ils forment contre ton peuple des projets pleins de ruse, Et ils délibèrent contre ceux que tu protèges. Venez, disent-ils, exterminons-les du milieu des nations, et qu'on ne se souvienne plus du nom d'Israël ! Ils se concertent tous d'un même cœur, Ils font une alliance contre toi ; les tentes d'Edom et les Ismaélites, Moab et les Hagaréniens.**
>
> — PSAUME 83 :2-6

Le peuple palestinien n'existe pas en tant que nation historique. C'est un peuple "créé" par les politiciens des nations qui utilisent la cause palestinienne comme un cheval de Troie pour détruire Israel. Permettez-moi de m'expliquer. Du XVIe au XXe siècle, l'Empire ottoman a régné sur la région alors appelée Palestine. Cette zone comprenait tout Israël et la Jordanie d'aujourd'hui. À l'époque de la domination turque ottomane, il y a eu de nombreuses migrations de personnes provenant de régions de l'empire, dont la région connue sous le nom de Levant. Ces migrations ont amené en Palestine des Arabes de différentes nationalités et ont fait de la Palestine leur foyer. Ce n'était pas leur patrie historique, mais en tant que citoyens ottomans, ils pouvaient s'y installer.

L'Histoire de la migration en Palestine
Période Ottomane de 1800 à 1918

Une partie de la migration égyptienne vers la Palestine s'est produite à la fin du XVIIIème siècle en raison d'une grave famine en Égypte, et plusieurs vagues d'immigrants égyptiens sont arrivées encore plus tôt pour échapper à des catastrophes naturelles telles que la sécheresse et la peste, l'oppression du gouvernement, les impôts et la conscription militaire. Bien que de nombreux Arabes palestiniens se soient également installés en Égypte, l'immigration égyptienne en Palestine était dominante. Au XIXe siècle, un grand nombre d'Égyptiens ont fui en Palestine pour échapper à la conscription militaire et aux projets de travail forcé dans le delta du Nil sous Muhammad Ali. Suite à la première guerre égypto-ottomane, qui a vu la conquête égyptienne de la Palestine, d'autres Égyptiens ont été amenés en Palestine comme travailleurs forcés. Après la deuxième guerre égypto-ottomane, qui a vu la fin de la domination égyptienne en Palestine, un grand nombre de soldats ont déserté pendant la retraite de l'armée égyptienne de Palestine pour s'y installer définitivement. Les Égyptiens s'installèrent principalement à Jaffa, dans la plaine côtière, en Samarie et dans le Wadi Ara.

Dans la plaine du sud, il y avait 19 villages avec des populations égyptiennes, tandis qu'à Jaffa, il y avait environ 500 familles égyptiennes avec une population de plus de 2 000 personnes. La plus grande concentration rurale d'immigrants égyptiens se trouvait dans la région de Sharon. Selon David Grossman, les statistiques montrent que le nombre d'immigrants égyptiens en Palestine entre 1829 et 1841 a dépassé les 15 000, et il estime qu'il était d'au moins 23 000 et peut-être même jusqu'à 30 000. En 1860, il y a eu une importante immigration vers les Safed par des tribus maures (c'est-à-dire arabo-berbères) d'Algérie et un petit nombre de Kurdes, tandis que quelque 6 000 Arabes de la tribu Beni Sakhr ont immigré en Palestine depuis ce qui est aujourd'hui la Jordanie pour s'installer à Tibériade. En outre, un nombre considérable de Turcs ont stationné en Palestine pour peupler les terres où ils s'étaient installés.

En 1878, à la suite de l'occupation austro-hongroise de la Bosnie-Herzégovine, de nombreux musulmans bosniaques, craignant de vivre sous la domination chrétienne, ont émigré vers l'Empire ottoman, et un nombre important d'entre eux sont allés en Palestine, où la plupart ont adopté le nom de famille Bushnak. L'immigration musulmane bosniaque s'est poursuivie tout au long des décennies suivantes et a augmenté après l'annexion officielle de la Bosnie par l'Autriche-Hongrie en 1908. À ce jour, Bushnak reste un nom de famille commun parmi les Palestiniens d'origine bosniaque.

Le nombre de Bédouins qui ont commencé à coloniser la région du Néguev à partir du VIIème siècle a considérablement augmenté sous la domination ottomane en raison de l'immigration des deux tribus de Bédouins du sud et de l'est et des paysans (fellahins) d'Égypte. Les fellahins égyptiens se sont installés principalement dans la région autour de Gaza et ont reçu la protection des bédouins, en échange de marchandises. Les Bédouins ont fait venir du Soudan des esclaves africains (abid) qui ont travaillé pour eux. Afin de réduire les frictions et de stabiliser les frontières entre les tribus bédouines, les Ottomans ont établi un centre administratif à Beersheba vers 1900. C'était la première installation prévue dans le Néguev depuis l'époque nabatéenne et byzantine. Au début du XXe siècle, la plupart des habitants d'Hébron étaient des descendants de Bédouins qui avaient émigré de Transjordanie en Palestine aux XVe et XVIe siècles.

Mandat Britannique Période 1919 -1948

A Selon Roberto Bachi, directeur de l'Institut israélien des statistiques à partir de 1949, entre 1922 et 1945, il y a eu une migration arabe significative en Palestine de 40 000 à 42 000 personnes, sans compter les 9 700 personnes qui ont été incorporées après les ajustements territoriaux des frontières dans les années 1920.

En se basant sur ces chiffres, et en incluant ceux qui ont été compensés par les modifications de frontières, Joseph Melzer calcule une limite supérieure de 8,5% pour la croissance arabe dans les deux décennies, et l'interprète comme signifiant que la croissance de la communauté palestinienne locale a été générée principalement par l'accroissement naturel.

Martin Gilbert estime que 50 000 Arabes ont immigré en Palestine mandataire depuis les terres voisines entre 1919 et

1939, "attirés par l'amélioration des conditions agricoles et l'augmentation des possibilités d'emploi, la plupart créées par les Juifs".

Selon Itzhak Galnoor, bien que la majeure partie de la croissance de la communauté arabe locale soit le résultat d'une augmentation naturelle, l'immigration arabe en Palestine a été importante. Selon ses estimations, environ 100 000 Arabes ont immigré en Palestine entre 1922 et 1948.

Sur la base des statistiques de l'Agence juive de 1947, Deborah Bernstein a estimé que 77% de la croissance de la population arabe en Palestine entre 1914 et 1945, période durant laquelle la population arabe a doublé, était due à l'accroissement naturel, tandis que 23% était due à l'immigration. Bernstein a écrit que l'immigration arabe provenait principalement du Liban, de la Syrie, de la Transjordanie et de l'Égypte (tous les pays qui bordent la Palestine). (Contributeurs Wikipedia ; Büssow ; Bernstein ; Merry ; Cohen)

À l'époque de la domination turque et jusqu'au mandat britannique, la terre d'Israël, alors appelée Palestine, était peuplée de différentes nationalités et religions, y compris des juifs, des chrétiens et des musulmans. Sous la domination britannique, ils étaient tous appelés Palestiniens. Il n'y avait pas de nation comme aux États-Unis, par exemple. Être un Palestinien n'était pas une nationalité ; cela signifiait seulement que l'on vivait en Palestine sous la domination britannique ou turque pendant l'Empire ottoman. Les Juifs étaient appelés "Palestiniens" et les Arabes étaient appelés "Palestiniens" ; les hommes britanniques nés en Palestine étaient appelés "Palestiniens". Cela n'avait pas vraiment d'importance, car la Palestine n'était pas une nation, et il n'y avait pas non plus de peuple palestinien qui y vivait, mais il y avait un mélange de personnes vivant dans le pays indépendamment du pouvoir en place. Il n'y avait pas de culture commune, pas même une histoire ou une langue commune, et pas d'autorité centrale d'une nation "palestinienne". Les Juifs étaient des Palestiniens et les Arabes étaient aussi des Palestiniens.

Dans ma propre famille juive séfarade qui vivait à Jérusalem pendant le mandat britannique, j'avais des parents qui avaient des cartes d'identité qui disaient "palestinien". Il y a toujours eu une communauté juive en terre d'Israël depuis l'époque de Josué et la conquête de Canaan par les douze tribus d'Israël il y a environ 3 500 ans.

La Nationalité n'a commencé qu'avec la création de l'État d'Israël en 1948 ; ils ont formé la Nation d'Israël avec un gouvernement central et avec un objectif commun, celui d'être un foyer national pour le peuple juif, mais en ce qui concerne les différents habitants non juifs du pays, ils devaient se soumettre à l'autorité nationale d'Israël.

Le peuple juif, ou plutôt la nation d'Israël, ont été les seuls habitants de la terre qui, malgré tous les exils et les conquêtes des différents empires, sont restés sur la terre de Canaan (rebaptisée "Israël" par le Dieu d'Israël) depuis la conquête il y a 3 500 ans ! Aucun Arabe ni aucun "Palestinien" politiquement désigné n'a de racines dans cette terre d'alliance. Ce sont tous des migrants venus d'autres pays musulmans et d'empires de différentes époques, et notamment de la période turque ottomane du XVIe au XXe siècle.

Lorsque le Dieu d'Israël a incité de nombreux Juifs des nations où ils étaient dispersés à retourner sur la terre d'Israël, cette terre a été désolée et dévastée - un véritable gâchis. Personne ne s'en est soucié. En fait, les Turcs avaient mis en place une taxe sur les arbres, obligeant les gens à payer des taxes sur chaque arbre qu'ils possédaient. La plupart des gens abattaient leurs arbres, surtout ceux qui ne portaient pas de fruits comestibles, pour éviter les taxes, transformant ainsi la terre en un terrain désolé. C'est ainsi que les pionniers juifs de la fin du XIXe siècle et du début du XXe siècle l'ont trouvée : pleine de marécages infestés de malaria, de rochers stériles et de dunes de sable. Il n'y avait pas de "peuple palestinien" qui s'occupait de la terre. La soi-disant "nation palestinienne" n'existait pas. Les villageois arabes n'en prenaient pas soin et ils n'étaient pas une "nation" ; ils étaient un ensemble hétéroclite de différentes nationalités sous la domination turque puis britannique. La population juive était très religieuse, ultra-orthodoxe et pauvre, vivant principalement dans la vieille ville de Jérusalem, et dans quelques autres villes, qui dépendaient de la charité des communautés juives hors de Palestine.

Lorsque les pionniers juifs laïques sont arrivés, ils ont asséché les marécages au prix de leur vie, beaucoup d'entre eux mourant de la malaria. Ils ont établi des fermes agricoles appelées *moshavim* et *kibboutzim*. Ils ont reconquis les anciennes terres de leurs ancêtres grâce à un travail acharné, des sacrifices et l'agriculture.

Le Miracle des fleurs de Glaïeuls

Le désert du Neguev dans le sud représente la moitié du territoire actuel de l'État d'Israël. Une commission internationale étudiait la manière de mettre en œuvre un plan de partage des terres, que ce soit pour accorder le Néguev aux Arabes ou aux Juifs. La commission a visité le Kibboutz Revivim, une ferme communale, établie à la sueur et avec les larmes des jeunes pionniers juifs sur une terre sèche où il y

---

* Moshavim est un type de ville ou de territoire de peuplement, en particulier une sorte de communauté de coopérative agricole de fermiers individuels qui ont été pionniers du Parti Travailliste Sioniste pendant le deuxième vague d'Alyas ! Les Kibbutzim sont une version socialiste des moshavim, où c est cous contrôle du gouvernement

a peu de pluie ou d'eau douce. Il y avait une source d'eau souterraine saumâtre (légèrement salée), et ils se sont adaptés pour boire cette eau saumâtre, et pour travailler dans des conditions inhumaines pour conquérir le désert desséché et abandonné d'Israël avec l'agriculture. Il n'y avait alors aucune "nation palestinienne" pour convoiter cette terre désolée, ou pour rivaliser dans la tentative de la faire fleurir.

Lorsque la délégation internationale (qui a ensuite travaillé avec les Nations unies) s'est approchée du kibboutz (une colonie de peuplement en Israël, généralement une ferme) le long de la route de terre sous le soleil brûlant du désert, elle a vu un "mirage". De loin, un champ étonnant couvert de fleurs blanches de glaïeuls scintillait au soleil et "souriait" à la délégation étonnée, l'accueillant par ce miracle. La délégation n'en croyait pas ses yeux ! Des fleurs de glaïeuls dans ce terrain vague brûlé ? Impossible ! Ils pensaient que les jeunes Juifs du *Kibboutz Revivim* leur jouaient des tours et avaient "fait semblant" de planter les fleurs pour les impressionner. Mais hélas ! Non ! C'était pour de vrai ; les plantes à fleurs avaient des racines ; c'était une plantation de fleurs de glaïeuls dans un désert ! Impossible.

La délégation a été tellement étonnée qu'elle a décidé : "Si les Juifs peuvent faire pousser des fleurs dans ce désert abandonné, qu'ils aient le désert du Néguev !

C'est ainsi que l'État d'Israël s'est vu attribuer 50% de sa superficie actuelle ! Les *kibboutzniks* (les jeunes pionniers juifs), racontent que c'est la seule fois que des fleurs de glaïeuls ont fleuri dans leur champ. Aujourd'hui, ils cultivent des oliviers primés et produisent de l'huile d'olive et d'autres produits agricoles pour le désert. Le Dieu d'Israël a fait fleurir les glaïeuls pour qu'ils puissent offrir à son peuple leur ancienne patrie, l'endroit où Abraham et Isaac vivaient il y a des milliers d'années.

Les Sables maudits de Gaza

Lorsque les premiers colons juifs ont établi les villages de Gush Katif près de la ville de Khan Yunis, dans la bande de Gaza, le cheik arabe local (un dirigeant arabe) les a reçus avec du pain et du sel, en faisant une alliance avec eux, et en disant : "Si vous, les Juifs, pouvez faire fleurir ces sables maudits avec l'agriculture, nous vous accueillons !

Les habitants de Gush Katif ont développé la plus belle agriculture biologique de cet endroit. Ils ont conquis les "sables maudits" de la bande de Gaza avec beaucoup d'amour, de sueur, de larmes, de sang, de sacrifice et de dur labeur. Ils ont cultivé les meilleurs légumes biologiques d'Israël, et peut-être du monde. Cette belle croissance a duré jusqu'à ce qu'ils soient déracinés sans pitié pour satisfaire les aspirations à un faux traité de paix, promu par les accords d'Oslo d'inspiration démoniaque. Le premier ministre Ariel Sharon a cédé cette terre, sous la pression de la communauté internationale des nations, et en particulier du président américain George W. Bush. Sharon a subi une attaque cérébrale juste après le désengagement juif de Gaza ; il est resté inconscient dans le coma pendant huit ans et ne s'en est jamais remis.

Dieu juge tous ceux qui tentent de déraciner son peuple juif de sa terre. Au moment même où les héros enterrés dans le cimetière de Gush Katif étaient transférés au Mont des Oliviers, des cercueils flottaient dans les eaux de la Nouvelle-Orléans délogés par les terribles ravages de l'ouragan Katrina. Dans la porte 12, nous verrons comment YHVH juge les nations à cause de la cause de Sion.

Aujourd'hui, au lieu de serres avec des légumes biologiques, les Arabes de Gaza, par l'intermédiaire de leur parti au pouvoir et de leur organisation terroriste appelée Hamas, ont utilisé l'ancienne terre des communautés juives pour lancer des centaines de missiles, de ballons incendiaires et de cerfs-volants pour nuire à Israël et le détruire. Le Hamas a creusé des tunnels infernaux vers les jardins d'enfants juifs et les fermes communautaires pour assassiner des enfants et des civils innocents. Des milliers d'enfants juifs ont été élevés dans des abris anti-bombes et des milliers de civils juifs ont subi des chocs d'obus à plusieurs reprises.

L'année 2015 a vu le dixième anniversaire de deux événements majeurs qui se sont produits à proximité l'un de l'autre : le désengagement israélien de la bande de Gaza et l'ouragan Katrina. À première vue, les deux événements semblent n'avoir aucun rapport l'un avec l'autre. Cependant, un examen plus approfondi révèle un lien divin étonnant.

L'article suivant est tiré de *Israel Breaking News*, écrit en 2015.

A partir du 15 août 2005, le gouvernement israélien, dirigé par le premier ministre de l'époque, Ariel Sharon, a lancé un plan visant à démanteler toutes les communautés juives de Gaza et à remettre le territoire aux Palestiniens. Plus de 10 000 Israéliens ont été déplacés en raison des pressions politiques exercées par le gouvernement américain. Le désengagement unilatéral n'était accompagné d'aucun accord de paix. Depuis lors, la bande de Gaza est devenue un foyer d'activités terroristes, avec des milliers de roquettes menaçant l'État juif au cours des dix dernières années.

L'ouragan Katrina a sans aucun doute été l'une des pires *catastrophes naturelles* qui aient jamais frappé les États-Unis. Huit jours après le début du retrait du Gush Katif, l'ouragan de catégorie 5 a frappé la côte du Golfe le 23 août 2005, causant plus de 108 milliards de dollars de dommages et la mort de 1 833 personnes. Environ 1,3 million de personnes ont été déplacées par les inondations et de nombreuses régions, y compris certaines parties de la Nouvelle-Orléans, n'ont toujours pas retrouvé leur état d'avant Katrina À première vue, les deux événements semblent n'avoir aucun rapport l'un avec l'autre. Cependant, un examen plus approfondi révèle un lien divin étonnant.

L'article suivant est tiré de *Israel Breaking News,* écrit en 2015.

A partir du 15 août 2005, le gouvernement israélien, dirigé par le premier ministre de l'époque, Ariel Sharon, a lancé un plan visant à démanteler toutes les communautés juives de Gaza et à remettre le territoire aux Palestiniens. Plus de 10 000 Israéliens ont été déplacés en raison des pressions politiques exercées par le gouvernement américain. Le désengagement unilatéral n'était accompagné d'aucun accord de paix. Depuis lors, **la bande de Gaza est devenue un foyer d'activités terroristes,** avec des milliers de roquettes menaçant l'État juif au cours des dix dernières années.

Comme celles qui ont été touchées par l'ouragan, la plupart des familles du Gush Katif qui ont été expulsées ne se sont pas remises émotionnellement ou financièrement de la catastrophe provoquée par l'homme. Nombre d'entre elles n'ont toujours pas de logement permanent promis par le gouvernement et les taux de chômage élevés ont laissé les familles du Gush Katif dans la pauvreté. (Berkowitz)

"Car voici, en ces jours, en ce temps-là, Quand je ramènerai les captifs de Juda et de Jérusalem, Je rassemblerai toutes les nations, Et je les ferai descendre dans la vallée de Josaphat ; Là, j'entrerai en jugement avec elles, Au sujet de mon peuple, d'Israël, mon héritage, Qu'elles ont dispersé parmi les nations, Et au sujet de mon pays qu'elles se sont partagé. Ils ont tiré mon peuple au sort ; Ils ont donné le jeune garçon pour une prostituée, Ils ont vendu la jeune fille pour du vin, et ils ont bu.

— Joel 3:1-3 NLT

Tout "plan de paix" qui a tenté de diviser la terre de l'alliance et de déraciner ses citoyens juifs de cette terre a échoué face au jugement. Ce jugement est la raison pour laquelle les tristement célèbres accords d'Oslo ont disparu.

2 novembre 1917

Cher Lord Rothschild

J'ai le grand plaisir de vous transmettre, au nom du gouvernement de Sa Majesté, la déclaration de sympathie suivante à l'égard des aspirations sionistes juives, qui a été soumise au cabinet et approuvée par celui-ci.

Le gouvernement de Sa Majesté est favorable à l'établissement en Palestine d'un foyer national pour le peuple juif, et fera tout son possible pour faciliter la réalisation de cet objectif, étant clairement entendu que rien ne sera fait qui puisse porter préjudice aux droits civils et religieux des communautés non-juives existantes en Palestine ou aux droits et au statut politique dont jouissent les Juifs dans tout autre pays.

Je vous serais reconnaissant de bien vouloir porter cette déclaration à la connaissance de la Fédération Sioniste.

Je vous prie d'agréer, Monsieur le Président, l'expression de ma haute considération,

Arthur James Balfour (Texte de la déclaration Balfour)

La Promesse brisée et la création de la Jordanie

L'État de Jordanie n'a jamais existé avant le mandat britannique sur la Palestine. La Grande-Bretagne a créé cet État artificiel sur plus de 70 % du territoire qui s'appelait alors la Palestine et qui, selon la Déclaration Balfour (voir ci-dessus), a été déclaré "Foyer national juif". La Grande-Bretagne a rompu sa promesse, et a établi un pays au Moyen-Orient qu'elle a armé et qu'elle a pu contrôler pour ses propres besoins. La majeure partie de la Jordanie est située sur la terre biblique attribuée aux tribus de Ruben, Gad et à la demi-tribu de Menashe (Jos. 13-14).

> La domination britannique a remplacé la domination turque en Transjordanie. Le mandat, confirmé par la Société des Nations en juillet 1922, donnait aux Britanniques pratiquement carte blanche dans l'administration du territoire. <u>Cependant, en septembre, la création d'un "foyer national juif" a été explicitement exclue des clauses du mandat, et il a été clairement indiqué que la région serait également fermée à l'immigration juive.</u> Le 25 mai 1923, les Britanniques ont reconnu l'indépendance de la Transjordanie sous le règne de l'émir Abdullah, mais, comme l'indiquent un traité et la constitution de 1928, les questions financières, militaires et d'affaires étrangères resteraient entre les mains d'un "résident" britannique. Ils ont finalement obtenu leur pleine indépendance après la Seconde Guerre mondiale par un traité conclu à Londres le 22 mars 1946, et Abdullah s'est ensuite proclamé roi. Une nouvelle constitution a été promulguée

(déclarée) et, en 1949, le nom de l'État a été changé en Royaume hachémite de Jordanie. Pendant l'entre-deux-guerres, Abdullah a dépendu du soutien financier britannique. Les Britanniques l'ont également aidé à former une force d'élite appelée la Légion arabe, composée de troupes bédouines sous le commandement et l'entraînement d'officiers britanniques, qui a été utilisée pour maintenir et assurer l'allégeance des sujets bédouins d'Abdullah. Le 15 mai 1948, le lendemain de la proclamation de l'État indépendant d'Israël par l'Agence juive et immédiatement après le retrait britannique de la Palestine, la Transjordanie a rejoint ses voisins arabes dans la première guerre israélo-arabe. (Encyclopaedia Britannica ; Bickerton et Irvine)

Non seulement les Britanniques ont créé la Jordanie de façon illégitime, mais ils ont aussi aidé à financer et à former son armée, connue sous le nom de Légion arabe, qui a ensuite violemment attaqué le nouvel État d'Israël en 1948.

L'abandon de terres

Après que les nations arabes aient rejeté le plan des Nations Unies du 29 novembre 1947 visant à diviser la Palestine en un État arabe et juif, elles ont appelé les habitants arabes de la Palestine à abandonner leurs terres.

Les dirigeants arabes ont déclaré : "Les Juifs vont maintenant établir leur État, et ils vous tueront tous, alors fuyez ! Vous reviendrez en vainqueur quand nos armées auront vaincu l'État sioniste."

Ils pensaient que les Juifs faibles, survivants de l'Holocauste, sans le sou et sans armée organisée, n'auraient aucune chance contre toutes les nations arabes qui les entouraient. Comme ils avaient tort ! Depuis, Israël a gagné toutes ses guerres lorsqu'il a été attaqué par les armées de ses voisins arabes. Si le Dieu d'Israël n'avait pas été avec eux, ils n'auraient jamais pu survivre !

> Un chant de montée. De David. "Si ADONAÏ n'avait pas été de notre côté" - qu'Israël dise maintenant - "Si ADONAÏ n'avait pas été de notre côté, quand les hommes se sont soulevés contre nous, alors ils nous auraient avalés vivants, quand leur colère a brûlé contre nous. Alors les eaux nous auraient engloutis, le torrent aurait balayé notre âme, alors les eaux déchaînées auraient balayé notre âme." Béni soit ADONAÏ, qui ne nous a pas donné comme proie entre leurs dents. Notre âme s'est échappée comme un oiseau du piège des trappeurs - le piège est brisé, et nous nous sommes échappés ! Notre aide est dans le nom d'ADONAÏ, Créateur du ciel et de la terre.
>
> — PSAUME 124 : 1-8

Bien sûr, les guerres font toujours des victimes, et des atrocités peuvent parfois être commises par les deux parties. Cependant, en fait, Israël n'a pas eu l'intention d'expulser les 700 000 Arabes qui ont fui, abandonnant leurs terres par peur, poussés par les rumeurs et les promesses de propagande faites par leurs propres dirigeants.

Voici une citation tirée d'un article paru dans le Guardian.

Une proportion bien plus importante des 700 000 réfugiés arabes que celle que j'avais enregistrée précédemment a reçu l'ordre ou le conseil de leurs compatriotes arabes d'abandonner leurs maisons. Il ressort clairement des nouveaux documents que les dirigeants palestiniens se sont opposés en principe à la fuite des Arabes de décembre 1947 à avril 1948, tout en encourageant ou en ordonnant à un grand nombre de villages de renvoyer leurs femmes, leurs enfants et leurs vieillards, pour les mettre à l'abri du danger. Des villages entiers, en particulier dans la plaine côtière dominée par les Juifs, ont également reçu l'ordre d'évacuer. Il ne fait aucun doute que le départ des personnes à charge a sapé le moral des hommes restants et a ouvert la voie à leur éventuel départ également.

Si l'on regarde la situation dans son ensemble, on ne peut pas éviter le simple argument arabe : "Pas de sionisme - pas de problème de réfugiés palestiniens". Mais adopter un tel slogan signifie accepter l'idée qu'un État juif n'aurait pas dû être établi en Palestine (ou, vraisemblablement, ailleurs). On ne peut pas non plus éviter la réfutation sioniste standard : "Pas de guerre - pas de problème de réfugiés palestiniens", ce qui signifie que le problème n'a pas été créé par les sionistes mais par les Arabes eux-mêmes, et qu'il découle directement de leur violente agression contre Israël. <u>Si les Palestiniens et les États arabes s'étaient abstenus de lancer une guerre pour détruire l'État juif émergent, il n'y aurait pas eu de réfugiés, et il n'y en aurait pas aujourd'hui.</u> (Morris)

Jordanie/Palestine

Les villageois arabes ont fui vers la Jordanie, y compris vers ce qu'ils ont appelé la "Cisjordanie", Gaza et d'autres territoires arabes sur ordre de leurs propres dirigeants. Une nation palestinienne n'a jamais existé ! Il s'agissait d'Arabes de différentes nationalités, comme les Irakiens, les Turcs, les Égyptiens, les Libanais et autres. Ils ont vécu en Palestine depuis l'époque des dominations turques et britanniques, mais leur loyauté allait aux clans et aux nationalités arabes dont ils étaient originaires. Ils ont donc obéi à leurs dirigeants et ont fui le nouvel État d'Israël. Ils ont abandonné leurs terres et leurs maisons dans la panique et ont cru à la promesse de leurs dirigeants qu'ils reviendraient victorieux. Mais cette promesse n'a jamais pu être tenue, car les nations arabes ont perdu la guerre d'indépendance, qu'elles ont commencé pour détruire l'État d'Israël émergent en 1948.

Lorsque vous signez un contrat de location aux États-Unis, il est stipulé que si le locataire abandonne les lieux pendant plus d'une semaine, le propriétaire peut lui retirer tous ses biens, et ils peuvent mettre fin au contrat de location. Israël est devenu le propriétaire de sa propre terre après 2 000 ans d'exil, de souffrance et de persécution. La plupart des villageois arabes ont abandonné leurs terres et leurs villages en 1948.

La responsabilité des nations arabes

Depuis le début du processus de paix israélo-palestinien au début des années 1990, les dirigeants palestiniens ont exigé qu'Israël assume la responsabilité de la création du problème des réfugiés et accepte le "droit au retour" des réfugiés, tel qu'il est énoncé dans la résolution 194 de l'Assemblée générale des Nations unies de décembre 1948. De juin à août 1948, le cabinet israélien a approuvé une politique d'interdiction du retour, arguant qu'un retour massif de ceux qui avaient combattu et tenté de détruire l'État juif menacerait mortellement l'existence de l'État.

Cet argument est tout aussi valable aujourd'hui qu'en 1948. Israël compte aujourd'hui cinq millions de Juifs et plus d'un million d'Arabes. Il y avait 3,5 à 4 millions de réfugiés palestiniens - le nombre indiqué dans le recensement de l'ONU - qui ont été poussés à retourner immédiatement en territoire israélien. Le résultat de ce retour serait l'anarchie et la violence généralisées. Même si le retour s'étalait sur un certain nombre d'années, voire

> de décennies, le résultat final, compte tenu du taux de natalité beaucoup plus élevé des Arabes, serait le même : il conduirait progressivement à la conversion du pays en un État à majorité arabe, d'où les Juifs (restants) émigreraient régulièrement. Les Juifs souhaiteraient-ils vivre comme des citoyens de seconde zone dans un État autoritaire à dominance musulmane et à majorité arabe ? Cela s'applique également à l'idée de remplacer Israël et les territoires occupés par un État binational unitaire, une solution que certains intellectuels occidentaux aveugles ou hypocrites ont claironnée. (Morris)

Ces réfugiés et leurs descendants n'ont pas le droit de retour. Ils ont abandonné leurs villages ; pour la plupart, à quelques exceptions près, Israël ne les a pas expulsés. Ce sont leurs gouvernements arabes qui les ont maintenus en tant que réfugiés, jouant leur propre peuple comme une "carte politique". De plus, plus de 70% de la terre promise par la Déclaration Balfour au peuple juif comme patrie - appelée Palestine pendant le Mandat britannique - est aujourd'hui appelée Jordanie. Si les "Palestiniens" insistent pour "récupérer la Palestine" ou pour retourner en "Palestine", *leur place est en Jordanie*. Les nations arabes sont responsables de tous les malheurs de leur peuple, et elles jouent à ce jeu politique depuis assez longtemps. Ils ont pris le parti de "l'enfant d'Hitler", et maintenant YHVH, le Dieu d'Israël, juge. Il juge la Syrie, le Liban, l'Égypte et la Jordanie. Ce qu'ils ont appelé "le printemps arabe" est devenu un cauchemar arabe de mort, de pauvreté et de réfugiés.

Israël est le premier à aider même ses ennemis

> Vous avez appris qu'il a été dit : Tu aimeras ton prochain, et tu haïras ton ennemi. Mais moi, je vous dis : Aimez vos ennemis,

bénissez ceux qui vous maudissent, faites du bien à ceux qui vous haïssent, et priez pour ceux qui vous maltraitent et qui vous persécutent, afin que vous soyez fils de votre Père qui est dans les cieux ; car il fait lever son soleil sur les méchants et sur les bons, et il fait pleuvoir sur les justes et sur les injustes.

— Matthieu 5:43-45

Malgré toute la haine des ennemis à son égard, Israël continue de soigner les blessés de tous les pays situés le long de ses frontières, y compris le Liban, la Syrie, Gaza et la Jordanie.

Allez le dire aux Nations unies, qui n'ont cessé de condamner Israël, au lieu de condamner les pays arabes qui abusent, tuent et épuisent leur propre peuple.

> Sept blessés - deux enfants, quatre femmes et un homme - ont attendu dans la douleur que l'obscurité tombe pour pouvoir traverser le territoire ennemi. Sous le faible clair de lune, le corps médical militaire israélien a rapidement fait traverser la frontière hostile aux patients dans des ambulances blindées se dirigeant vers les hôpitaux pour des soins intensifs.

> C'est une scène qui se reproduit depuis 2013, lorsque l'armée israélienne a commencé à soigner les civils syriens blessés lors des combats à quelques kilomètres de là. Israël dit avoir tranquillement traité 3 000 patients, un nombre qui devrait rapidement augmenter avec la recrudescence des combats dans la Syrie voisine à la suite d'une attaque chimique et, en réponse, d'une frappe de missile américaine sans précédent.

> Bien que ces chiffres ne représentent qu'une infime partie des centaines de milliers de morts et de blessés de la guerre syrienne

qui a duré six ans, les médecins et les patients affirment que le programme a changé les perceptions et a contribué à apaiser les tensions de part et d'autre de la frontière hostile. (McNeil)

Israël est la première nation à réagir et à apporter son aide aux pays qui s'opposent à elle et votent contre elle aux Nations unies.

Une première équipe d'intervention après le tremblement de terre dévastateur en Haïti ; des décennies d'aide humanitaire et de renforcement des capacités en Afrique ; une aide médicale d'urgence et des transferts à Gaza : le gouvernement israélien et son peuple font preuve d'un niveau d'aide humanitaire exemplaire, tant au niveau international que local.

Même après des années de provocations, de tirs de roquettes et d'attentats à la bombe, Israël défie les organisations terroristes et s'efforce de maintenir les normes les plus élevées en matière d'aide et de soutien aux civils partout dans le monde, que ce soit en Asie, en Afrique, en Europe, en Irak ou en Cisjordanie et à Gaza.

Israël a un sens accru de la conscience et de la responsabilité humanitaires. Avec des équipes d'aide prêtes à intervenir à la suite de catastrophes naturelles ou d'origine humaine partout dans le monde, l'équipe de secours israélienne, forte de 200 personnes, a été la première sur place en janvier 2010 après le tremblement de terre qui a frappé Haïti. Israël a contribué à sauver des milliers de vies. En mars 2011, à la suite des tremblements de terre dévastateurs au Japon, Israël a été l'un des premiers pays à envoyer de l'aide en fonction des besoins et de la demande du gouvernement japonais, et l'un des premiers États à envoyer une équipe médicale et à mettre en place une clinique de terrain.

Par une circonstance tragique, Israël est un leader mondial dans le traitement des victimes de masse. Aucun autre pays ne peut envoyer des équipes de recherche et de sauvetage et des hôpitaux de campagne aussi rapidement et efficacement.

Les efforts israéliens comprennent également l'aide à la Nouvelle-Orléans après l'ouragan Katrina, et les premiers secours au lendemain du tsunami de 2004 avec 60 tonnes d'aide internationale à l'Indonésie, et 82 tonnes de secours au seul Sri Lanka. (Ministère israélien des affaires étrangères)

Israël est une bénédiction pour les nations

Le Comité américain des affaires publiques en Israël (AIPAC) écrit ce qui suit.

La technologie israélienne fait progresser les principales techniques agricoles.

Parce qu'Israël est un pays désertique à 60 %, ses agriculteurs et ses agronomes se sont longtemps concentrés sur l'augmentation du rendement et de la qualité des cultures, ainsi que sur l'amélioration de l'efficacité globale de l'agriculture.

L'irrigation au goutte-à-goutte est devenue populaire auprès des producteurs de fruits et légumes dans les zones à climat sec, du sud de la Californie au Moyen-Orient. Le premier système d'irrigation au goutte-à-goutte de surface au monde a été mis au point dans les années 1960 au kibboutz Hatzerim, près de Beersheba.

Drip irrigation has become popular with fruit and vegetable growers in dry weather areas, from Southern California to the Middle East. The world's first surface drip irrigation system was developed in the 1960s at Kibbutz Hatzerim near Beersheba.

Les médecins israéliens ont mis au point des traitements et des médicaments qui sauvent des vies

Tout au long de l'histoire d'Israël, les médecins, les scientifiques et les chercheurs israéliens ont produit d'innombrables avancées médicales. Qu'elles soient le fruit de recherches indépendantes ou de projets conjoints avec les États-Unis, les découvertes médicales faites par l'État juif améliorent la vie de millions d'Américains et d'autres personnes dans le monde.

Les développements israéliens en matière de haute technologie sont utilisés dans le monde entier

Les innovations civiles de haute technologie d'Israël ont laissé une marque importante sur les maisons, les bureaux et les entreprises du monde entier.

De nombreux bureaux disposent désormais de téléphones informatisés qui se branchent sur Internet, en profitant de la Voix sur IP (VoIP).

VocalTec Communications de Herzliya, en Israël, a développé le premier logiciel pratique de téléphonie sur Internet. De même, ceux qui aiment discuter avec leurs amis sur Internet seront peut-être intéressés de savoir que ce phénomène en ligne est né en Israël. Bien que la technologie appartienne maintenant à AOL, la société israélienne Mirabilis a développé le premier programme de chat Internet populaire, ICQ.

Chaque jour, des millions d'Américains regardent des vidéos en streaming en ligne à des fins de divertissement ou d'éducation. Metacafe, le troisième site de partage de vidéos le plus populaire au monde, a été fondé en Israël. De même, les Américains de plus de 30 ans, férus de technologie, se souviennent du premier ordinateur personnel IBM du début des années 1980. Ce qu'ils ne savent peut-être pas, c'est que son cerveau, le processeur Intel 8088, a été développé par la division israélienne d'Intel. Plus récemment, la série de processeurs Pentium M pour ordinateurs portables utilisant la plate-forme Intel Centrino, ainsi que certains des derniers processeurs d'Intel (Yonah, Merom, Woodcrest), ont également été conçus par Intel Israël. En outre, le lecteur électronique Kindle d'Amazon.com doit une grande partie de son succès à la technologie développée en Israël.

Israël contribue à un monde plus propre

À une époque où la population est en plein essor, où les ressources diminuent et où l'environnement se dégrade, Israël est le leader mondial dans des domaines aussi essentiels que la production d'énergie solaire et le dessalement de l'eau de mer. Alors que les nations luttent pour utiliser au mieux leurs ressources, les technologies de pointe d'Israël promettent d'améliorer la santé et le niveau de vie de centaines de millions de personnes dans le monde, tout en rendant l'industrie plus efficace et en minimisant l'impact des activités humaines sur l'environnement.

Le plan d'Israël pour rompre avec la dépendance à l'essence apporte structure et prévisibilité au marché, en combinant l'engagement à long terme du secteur public et la stabilité réglementaire pour envoyer un message clair que l'innovation aura sa place en Israël. Grâce à des investissements dans la science fondamentale et la R&D industrielle, et au lancement de programmes pilotes et de mises à l'échelle complètes de technologies prometteuses, Israël prend la tête des efforts pour faire face à l'un des problèmes de sécurité les plus urgents de notre époque. Pays de moins de 8 millions d'habitants, Israël ne peut à lui seul mettre fin au monopole mondial de l'essence ni à la dépendance de l'Occident à l'égard de régimes pétroliers hostiles. Mais avec ses partenaires internationaux, Israël peut servir de générateur de propriété intellectuelle et de banc d'essai pour des solutions innovantes, en remettant en question la vulnérabilité économique et sécuritaire à laquelle les États-Unis et Israël sont tous deux confrontés du fait de leur dépendance à l'égard de l'essence.

Israël s'est également fixé un objectif national conforme à l'accord de Copenhague, à savoir augmenter sa part d'énergie renouvelable dans la production d'électricité à 10 % d'ici 2020. Dans le même temps, Israël prévoit de réduire sa consommation d'électricité de 20 %. (Rédacteurs de l'Aipac.org)

Il me serait impossible d'énumérer toutes les innovations et les découvertes médicales israéliennes qui ont amélioré la vie de chaque personne sur la planète Terre. Et pourtant, malgré cela, les Nations unies condamnent Israël plus que tout autre pays, ignorant le fait qu'Israël aide les nations plus que tout autre pays, malgré sa petite taille.

Hatikva—L'hymne natuional d'Isarël

Aussi longtemps que dans le cœur,

L'âme juive aspire,

Et vers les bords orientaux, vers l'avant

    Un œil regarde vers Sion.

Notre espoir n'est pas encore perdu,

    L'espoir qui est vieux de deux mille ans,

Être une nation libre sur notre territoire,

    La terre de Sion, Jérusalem.

Une prière de repentance pour l'hostilité envers Israël

Cher Père qui es aux cieux, je viens aujourd'hui devant Toi dans un repentir solennel pour moi-même, mes ancêtres et le peuple que je représente et pour lequel je me tiens à l'écart. Je Te demande de nous pardonner le ressentiment envers Sion, que ce soit en prenant Israël à la légère ou en la maudissant. Je me repens d'une bouche, d'un cœur et d'un esprit obstinés, et je Te demande de faire d'Israël ma principale joie (Ps. 137:6). Je m'engage à la bénir, comme ceux qui la bénissent deviennent bénis, et ceux qui la maudissent deviennent maudits. Au nom de Yeshua, amen !

Pour une lecture plus approfondie, je vous recommande mon livre *Stormy Weather*.*

---

* www.kad-esh.org/shop/stormy-weather/

PORTAIL 12

LE JUGEMENT DES NATIONS

> Je bénirai ceux qui te bénissent, et Je maudirai ceux qui te maudissent, et en toi (Abram) toutes les familles de la terre seront bénies.
>
> — GENÈSE 12:3

Il y a Une des clés qui "fait tourner le monde", et je l'appelle la clé d'Abraham. Elle détermine la malédiction ou la bénédiction pour chaque pays, régime, empire et nation. Le Dieu d'Israël a fait de la vérité de cette clé la base de sa relation avec des nations, des peuples et des individus entiers.

J'ai déjà expliqué cette clé auparavant, mais je la répéterai dans ce chapitre pour nous rafraîchir la mémoire.

Maintenant, étudions ce verset de l'hébreu :

Le mot pour la bénédiction est ici *bracha*. *Lebarech* du mot bracha signifie "décréter une parole de vie, de bonté, de faveur, de santé, de succès et de prospérité sur quelqu'un". Cette bénédiction est suivie de nombreuses promesses, événements et opportunités merveilleusement positifs qui apportent une grande joie, le bonheur, la plénitude, la prospérité, la grandeur, l'abondance, la fécondité et l'épanouissement ! (Dt. 28, 1-14).

Cependant, ce mot vient du mot *berech* qui signifie "le genou" en hébreu. Alors, laissez-moi paraphraser ce verset pour vous : Je (le Dieu d'Israël) fléchirai Mon genou royal pour lever et favoriser ceux qui fléchissent *leurs* genoux et s'humilient pour honorer, dire du bien, défendre et faire du bien à Mon peuple Israël (Gen. 12:3a).

Cependant, ce mot vient du mot berech qui signifie "le genou" en hébreu. Alors, laissez-moi paraphraser ce verset pour vous : Je (le Dieu d'Israël) fléchirai Mon genou royal pour lever et favoriser ceux qui fléchissent leurs genoux et s'humilient pour honorer, dire du bien, défendre et faire du bien à Mon peuple Israël (Gen. 12:3a).

YHVH Tzva'ot, LE SEIGNEUR des armées, le Dieu de l'Univers, le Créateur du ciel et de la terre, s'est engagé par Sa Parole infaillible et immuable à fléchir Son genou royal pour bénir, favoriser et exalter ceux qui s'humilient et fléchissent leurs genoux pour exalter et honorer Israël ! Cependant, s'ils ne le font pas, Il s'engage également à les maudire.

Je maudirai ceux qui te maudissent...

— **GENESE 12:3B**

Deux mots sont utilisés dans le verset hébreu pour désigner le mot malédiction. L'un d'eux est klala, et l'autre est meera. Klala vient du mot kal, qui signifie "léger", (opposé à lourd). Meera est le mot hébreu pour une "déclaration et un décret de destruction". Ainsi, ce verset fait référence à ceux qui prennent Israël à la légère et ne l'honorent ni ne la respectent en tant que son élu. Les Écritures utilisent le même mot pour ceux qui maudissent leur père ou leur mère.

Honore ton père et ta mère, comme L'Eternel, ton Dieu, te l'a ordonné, afin que tes jours se prolongent et que tu sois heureux dans le pays que L'Eternel, ton Dieu, te donne.

— Deuteronome 5 :16

Si nous ne nous humilions pas pour honorer nos parents, même dans leur imperfection, cela ne va pas bien pour nous, car lorsque nous les prenons à la légère, *(kal-klala)*, la malédiction arrive, qui est *meera*.

Le Tout-Puissant considère Israël comme la mère des nations. C'est elle qui a apporté au monde la Bible, le Messie et l'Évangile. Sans Israël, il n'y aurait pas de salut pour aucune nation, de la même façon que sans votre mère naturelle, vous n'auriez pas pu naître. Cela suffit à vous faire honorer et remercier votre mère, même dans son imperfection. Elle vous a donné la vie ! Israël a donné la vie à toutes les nations. Le Messie est juif, et le salut est celui qui vient des Juifs.

Vous adorez ce que vous ne connaissez pas ; nous, nous adorons ce que nous connaissons, car le salut vient des Juifs.

— Jean 4:22

Souvenez-vous que *meera* signifie "déclarer un décret de destruction totale", suivi de nombreux événements maléfiques qui apporteront l'angoisse, la détresse, le chagrin, la maladie, la confusion, la perte, le manque, la faillite, la solitude, les conflits, le rejet, la futilité, la peur, l'échec, la terreur, l'autodestruction et l'annihilation totale. (Voir Deutéronome 28.14-68)

Le jugement frappe à la porte de chaque nation qui se range du côté de la cause palestinienne pour anéantir Israël, cherchant à effacer le nom d'Israël pour qu'on ne s'en souvienne plus. Tout ce qui est politiquement correct et non biblique a été, est et sera puni par le Tout-Puissant. Il est pressé de tenir Sa parole après 2 000 ans d'exil, de restaurer toute la terre promise par l'alliance faite à Abraham, Isaac et Jacob. Et cette terre comprend toute la zone allant du Nil en Égypte au fleuve Euphrate en Irak.

Tous les plans appelant à une solution à deux États ont échoué. Les accords d'Oslo, qui ont tenté pendant près de vingt ans de diviser la terre de Dieu, sont maintenant morts. Les Nations unies ont déjà soumis le concept de division de la terre en deux États le 29 novembre 1947. C'était un plan très défavorable aux Juifs, qui se sont vu attribuer une simple parcelle de terre, et pourtant les Juifs ont accepté le plan alors que les Arabes l'ont rejeté, malgré le plan favorisant les Arabes. Les Arabes ne sont pas intéressés par une quelconque paix. Ils n'étaient pas intéressés en 1948, et ils ne le sont toujours pas aujourd'hui - ils ont adopté le plan de Satan pour anéantir Israël.

Voici un sérieux avertissement de jugement sur ce méchant plan dans les Écritures.

Voici ce que dit l'Éternel.

> **Tous mes mauvais voisins se sont emparés du pays que j'ai donné à mon peuple Israël. Je les arracherai donc par leurs racines aux terres qu'ils habitent. Et j'arracherai du milieu d'eux les racines du peuple de Juda."**
>
> — Jeremie 12:14

Et aux Nations unies et à tous ceux qui sont d'accord pour condamner Israël jour et nuit, **Il dit ceci.**

Mon Dieu, ne reste pas silencieux. Ne refuse pas d'écouter. Fais quelque chose, Dieu. Vois comme tes ennemis grognent comme des chiens. Vois comment ils se dressent contre toi. Ils font des plans astucieux contre ton peuple. Ils font des plans diaboliques contre ceux que tu aimes. "Viens", disent-ils. "Détruisons toute cette nation. Alors le nom d'Israël ne sera plus dans les mémoires.

— Psaume 83:1-4 NIRV

Il ne se tait pas et ne se taira pas. Le correspondant de la Maison Blanche William Koenig résume cela dans son livre éclairant « Eye to Eye » (œil pour œil), édition augmentée de 2017.

Plus de cent milliards de dollars de catastrophes et/ou d'événements records se sont produits alors que les présidents américains George H. W. Bush, Bill Clinton, George W. Bush, Barack Obama et Donald Trump faisaient pression ou appelaient Israël à diviser la terre de leur alliance.

Les événements les plus coûteux en matière d'assurance, les ouragans les plus coûteux, les plus grandes tornades, la "tempête parfaite", les événements terroristes du 11 septembre et l'ouragan Katrina correspondaient aux pressions exercées par la Maison Blanche sur Israël pour qu'il divise sa terre.

- Les États-Unis, l'ONU et l'UE n'ont pas l'autorité de diviser la terre de l'alliance de Dieu.
- Appeler les pourparlers israélo-palestiniens "pourparlers de paix au Moyen-Orient" est un terme qui est faux.

- Les juifs ont une histoire de trois mille ans avec Jérusalem, et les chrétiens ont une histoire de deux mille ans.

- Le cœur biblique d'Israël - la Judée, la Samarie et Jérusalem-Est - ne doit pas faire partie d'un État arabe.

- La Bible déclare que Jérusalem deviendra une pierre pesante, et les efforts pour diviser la ville et la terre mèneront à Armageddon, la bataille ultime pour Jérusalem.

- Le Dieu d'Israël continuera à réprimander ces dirigeants et leurs nations pour avoir tenté de diviser Sa terre ! (Guillaume)

L'un des événements marquants pour les États-Unis a été le déménagement de leur ambassade de Tel-Aviv à Jérusalem, la capitale d'Israël. De nombreux présidents avant Donald Trump ont promis ce déménagement depuis qu'il a été adopté sous forme de résolution à la Chambre des représentants dans les années 1960. Cependant, chaque président a régulièrement reporté le déménagement et a conservé l'ambassade américaine à Tel-Aviv. Pouvez-vous imaginer le mépris et le manque de respect que les Américains ressentiraient si toutes les nations du monde avaient leur ambassade à New York plutôt qu'à Washington DC ? Ce serait un manque total de respect envers les États-Unis en tant que nation souveraine ! Ce fut le cas jusqu'au 14 mai 2018, lorsque toutes les nations du monde ont eu leurs ambassades à Tel-Aviv, alors que Jérusalem était la capitale officielle d'Israël depuis 1950 - en fait depuis le règne du roi David il y a 3 000 ans. Les Israéliens et les Américains ont célébré ce geste important, et les Israéliens ont acclamé le président Trump en héros sur des bannières dans les rues et sur les murs de Jérusalem. Les États-Unis ont fait ce qu'il fallait ; finalement, Donald Trump a été le premier président à le faire. Quelques autres pays ont suivi l'exemple de Trump, tandis que d'autres ont montré qu'ils allaient suivre.

Cependant, la chose la plus révélatrice s'est produite avant que Donald Trump ne décide de tenir sa promesse de campagne de déplacer l'ambassade. Trump, comme tous les présidents avant lui, a semblé gagner du temps et retarder le déménagement. Le peuple américain l'a élu en novembre 2016, et il lui a fallu près de deux ans pour tenir sa promesse.

L'ouragan Irma, Septembre 2017

Nous étions à Saint-Augustin, en Floride, à cette époque et nous sommes restés en prière et visionnant la diffusion via Internet jusqu'à la dernière minute. En tant qu'apôtre juif israélien de cette nation, je me suis tenu à l'écart, demandant au Dieu d'Israël le pardon au nom du président Trump, pour avoir retardé le déménagement de l'ambassade américaine à Jérusalem comme l'avaient fait ses prédécesseurs. Je savais que ce déménagement était le facteur le plus significatif concernant le bien-être de l'Amérique, selon la Clé d'Abraham (Ge. 12:3). Le gouverneur Rick Scott a ordonné à tout le monde d'évacuer. Je n'oublierai pas ses paroles :

"Irma peut détruire tout l'État de Floride. Le gouvernement ne peut pas vous aider, vous devez fuir."

Irma aurait dû détruire tout l'état de Floride, mais j'ai demandé au Père une autre chance pour le Président Trump de faire ce qui est juste, et de déplacer l'ambassade. Pendant notre réunion de prière, diffusée en ligne, l'ouragan s'est transformé en tempête tropicale. Le 11 septembre, marquant l'anniversaire du 11 septembre, Dieu l'a déclassé en tempête de catégorie 1.

Je n'oublierai jamais les météorologues qui se sont exclamés : "C'est incroyable, Tampa aurait dû disparaître sous les inondations, mais l'eau recule..." (nous avons notre fils et nos petits-fils qui vivent à Tampa) ou, "C'est incroyable, Irma est passé de la catégorie 4 à la catégorie 3, et maintenant c'est une tempête tropicale", ... "Nous ne comprenons pas comment c'est arrivé !"

Cela a déconcerté les gens ; les professionnels de la météo étaient confus et choqués. Moi, je ne l'étais pas. <u>Le Dieu d'Israël a répondu une fois de plus à nos prières et a donné au président Trump une fenêtre de temps pour faire ce qui est juste et pour déplacer l'ambassade à Jérusalem.</u>

Le lendemain de l'ouragan, je suis sorti sur le balcon de notre appartement et j'ai vu une araignée qui avait survécu à l'ouragan. Immédiatement, le Saint-Esprit m'a donné un livre à écrire pour avertir le président Trump, intitulé *"L'araignée qui a survécu à l'ouragan Irma"*. C'était un avertissement pour déplacer l'ambassade américaine à Jérusalem dès que possible.

J'ai appelé mon mari et lui ai demandé d'enlever l'*araignée et la toile*, et en moins d'une demi-minute, il l'avait pulvérisée, et cela a tué l'araignée. La Floride était comme cette araignée : nous avons survécu à l'ouragan Irma, mais si les États-Unis ne faisaient pas ce qu'il faut concernant Israël, nous pourrions disparaître tout aussi rapidement. L'ouragan Irma a été le plus puissant ouragan atlantique de l'histoire. Il s'agissait d'une tempête de catégorie 5 lorsqu'il a touché terre sur Barbuda le 6 septembre 2017. Ses vents ont soufflé à une vitesse de 300 kms à l'heure pendant 37 heures. Une rafale de vent non officielle a été enregistrée à 320 kms par heure. Ces vents s'étendaient à 50 miles du centre.

Les vents de la force d'une tempête tropicale s'étendaient à 300 kms du centre. Ses ondes de tempête côtières étaient de 6 mètres au-dessus du niveau normal des marées. La tempête a été soutenue par une température de l'océan supérieure à la moyenne de 30°degrés Celsius. Ces températures s'aggravent en raison du réchauffement climatique.

Irma contenait une énergie estimée à 7 milliards de watts. C'est deux fois plus que toutes les bombes utilisées pendant la Seconde Guerre mondiale. Sa force était si puissante que les sismographes l'ont enregistré. Il a généré la plus grande quantité d'énergie cyclonique accumulée en 24 heures.

L'attaque d'Irma était la première fois en 100 ans que deux tempêtes de catégorie 4 ou plus frappaient le continent américain la même année. L'ouragan Harvey a dévasté Houston le 25 août 2017.

Chronologie

Le président Trump a déclaré des situations d'urgence en Floride, à Porto Rico et dans les îles Vierges américaines. Le 6 septembre, le gouverneur de Floride a ordonné aux habitants des Keys d'évacuer.

- **Le 6 septembre 2017,** le gouverneur de Floride a ordonné aux habitants des Keys d'évacuer les lieux : Irma a frappé les îles Sous-le-Vent avec des vents de plus de 290 km/h. Le Premier ministre d'Antigua-et-Barbuda a décrit Barbuda comme "à peine habitable".

- **7 septembre** : Irma a laissé des centaines de personnes à Porto Rico sans électricité. Elle a frappé la partie nord d'Haïti et la République dominicaine avec 40 cm de pluie.

- **8 septembre** : Irma est resté un ouragan de catégorie 5 avec des vents de 270 km/h. Il a touché les îles Turks et Caicos et l'est des Bahamas. La tempête est passée au-dessus d'eaux dont la température dépasse 30 ° celsius. Le gouvernement de Barbuda a émis une veille sur l'ouragan José.

- **9 septembre** : Irma a touché la côte nord de Cuba, inondant La Havane. Les vents soufflent à environ 150 km/h et les vagues atteignent jusqu'à 11 mètres de hauteur. Des rafales de vent de 90 km/h/h ont frappé le sud-est de la Floride. La tempête a été déclassée en catégorie 3 mais devrait reprendre de la vigueur avant de toucher la Floride.

- **10 septembre** : Irma a été reclassée en catégorie 4. Elle a frappé Cudjoe Key, à 10 kms au nord de Key West, puis Naples. Miami n'a pas reçu le noyau d'Irma, mais a quand même été menacée. Les Florida Keys ont reçu environ 30 cm de pluie et une onde de tempête de 3 mètres. Les précipitations ont été en moyenne de 25 à 35 cm.

- **11 septembre** : Irma est déclassé en ouragan de catégorie 1 alors qu'il se dirige vers Tampa. Douze millions de personnes sont privées d'électricité.

Irma a été déclassé en tempête tropicale lorsqu'il a frappé la Géorgie. 1,5 million de personnes ont été privées d'électricité. L'État a ordonné aux gens de commencer à évacuer le 9 septembre.

- Le bilan d'Irma est de 129 morts. Les autorités de Floride ont ordonné l'évacuation de 6,5 millions de personnes. Il y avait 77.000 personnes dans 450 abris. (Amadeo)

Suite à l'affaire Irma qui a menacé de rayer la Floride de la carte, les Etats-Unis ont déplacé l'ambassade à Jérusalem. Trois mois plus tard, le 6 décembre 2017, ce qui avait été un blocage et un retard indéfinis depuis les années 1960, a finalement pris fin.

Le 6 décembre 2017, le président américain Donald Trump a annoncé la reconnaissance par les États-Unis de Jérusalem comme capitale d'Israël et a ordonné la planification du déménagement de l'ambassade américaine en Israël de Tel-Aviv à Jérusalem. Benjamin Netanyahu, **le Premier ministre israélien**, a salué cette décision et a fait l'éloge de cette annonce. Le 8 décembre, le secrétaire d'État Rex Tillerson a précisé que la déclaration du président "ne préjugeait d'aucun statut final pour Jérusalem" et "était très claire sur le fait que le statut final, y compris les frontières, serait laissé aux deux parties pour négocier et décider".

Une majorité de dirigeants mondiaux ont rejeté la décision de Trump de reconnaître Jérusalem comme capitale d'Israël. Le Conseil de sécurité des Nations unies a tenu une réunion d'urgence le 7 décembre, où 14 membres sur 15 ont condamné la décision de Trump, mais les États-Unis ont opposé leur veto à la motion. (Fassihi)

La Grande-Bretagne, la France, la Suède, l'Italie et le Japon ont été parmi les pays qui ont critiqué la décision de Trump lors de la réunion d'urgence. D'autres pays ont soutenu la décision : Le Guatemala a déclaré qu'il assurerait le suivi et qu'il déplacerait également son ambassade ; le Paraguay, la République tchèque, la Roumanie et le Honduras ont déclaré qu'ils envisageaient une relocalisation. La responsable de la politique étrangère de l'Union européenne, Federica Mogherini, a déclaré que tous les gouvernements des États membres de l'UE étaient unis sur la question de Jérusalem et a réaffirmé leur engagement en faveur d'un État palestinien avec Jérusalem-Est comme capitale. Des représentants de 32 pays étaient présents à l'ouverture de l'ambassade, dont les membres de l'UE, l'Autriche, la République tchèque et la Roumanie. (Sandhu)

A tous ceux qui s'opposent au plan de YHVH de restaurer le peuple juif qu'il a choisi sur sa terre, regardez ce qu'il dit dans les Ecritures.

Mon Dieu, rends-les comme de la paille que le vent emporte. Rends-les semblables à des tourbillons. Détruis-les comme le feu brûle une forêt. Détruis-les comme une flamme met le feu aux montagnes. Poursuis-les avec tes vents puissants. Terrifie-les avec ta tempête. Éternel, fais-leur honte pour qu'ils te cherchent. Qu'ils soient toujours remplis de terreur et de honte. Qu'ils meurent dans le déshonneur. Que toi, Yahvé, tu fasses connaître à tes ennemis qui tu es. Toi seul es le Dieu Très-Haut sur toute la terre.

— Psaume 83:13–18 NIRV

COVID-19 et Division d'Israël

Bien que le président Donald Trump ait été le président américain qui a le plus soutenu Israël, il s'aventure sur des terrains très dangereux lorsqu'il tente de mettre en œuvre un plan de paix qui divise le territoire de l'Alliance - en remettant une partie, de quelque manière que ce soit, aux ennemis d'Israël. Le Dieu d'Israël ne supporte aucun compromis à ce sujet. Il ne permettra à personne, grand ou petit, de redéfinir les frontières qu'il a déjà définies pour la Terre promise, comme il l'a déclaré à Abraham, Isaac et Jacob, comme il l'a juré à mille générations.

> Je fixerai votre frontière de la mer des Roseaux à la mer des Philistins, et du désert à l'Euphrate. Car je livrerai entre tes mains les habitants du pays, et tu les chasseras devant toi.
>
> — Exode 23:31

> Il est Adonaï notre Dieu. Ses jugements sont sur toute la terre. Il se souvient de Son alliance à toujours— la parole qu'Il a ordonnée pour mille générations, qu'Il a faite avec Abraham, qu'Il a jurée à Isaac et confirmée à Jacob comme un décret, à Israël comme une alliance éternelle, en disant : "A toi je donne le pays de Canaan, la part de ton héritage."
>
> — Psaume 105:7–11

La pandémie de coronavirus suit le même schéma que celui décrit par le correspondant de la Maison Blanche William Koenig dans son livre Œil pour Œil, où il montre 127 événements de politique anti-biblique contre Israël en épousant la division de la terre, la solution des deux Etats et la définition des frontières par les présidents américains. Dans chaque cas, en 24 heures, une terrible catastrophe ou tempête a frappé, causant des milliards de dollars de dommages et de nombreuses pertes humaines. Certains de ces événements sont bien connus, comme le 11 septembre et l'ouragan Katrina, qui ont frappé les États-Unis après qu'ils aient soutenu la cause palestinienne en divisant ou en déracinant les colonies israéliennes (dans le cas de Gush Katif à Gaza). En 24 heures, des catastrophes ont frappé les États-Unis.

> À ce moment-là, je bénirai à nouveau Juda et Jérusalem avec un grand succès. Je rassemblerai toutes les nations. Je les ramènerai dans la vallée de Josaphat. Là, je les mettrai à l'épreuve. Je les jugerai pour ce qu'ils ont fait à mon peuple Israël. Ils les ont dispersés parmi les nations. Ils ont partagé ma terre entre eux. Ils ont tiré au sort pour mon peuple. Ils ont vendu des garçons en esclavage pour obtenir des prostituées. Ils ont vendu des filles pour acheter du vin à boire.
>
> — Joel 3:1–4 NIRV

Dans un talk-show animé par le pasteur Sam Rohrer de Stand in the Gap Today, Bill Koenig était l'orateur invité de la veille de la Pâque, le 8 avril 2020. Il a mentionné :

> Le 28 janvier 2020, le président Donald Trump a présenté le plan pour le Moyen-Orient qu'il a appelé "l'accord du siècle". Il a également présenté une carte, définissant les frontières d'Israël dans le cadre de son plan. Sur cette carte, 70 % de la Terre biblique de Judée et de Samarie serait sous un État palestinien.

Quelques heures après qu'il eut présenté son plan de paix pour diviser Israël, Miami a été frappée par un tremblement de terre de 7,7 sur l'échelle de Richter.

Un puissant tremblement de terre de magnitude 7,7 a frappé le sud de Cuba et le nord-ouest de la Jamaïque mardi, selon l'US Geological Survey. Le séisme a été ressenti à Miami, et la police a indiqué que certains bâtiments étaient en cours d'évacuation dans la ville. (NBC News ; Rohrer)

En 24 heures, l'administration américaine discutait de ce qu'il fallait faire face à la pandémie de coronavirus qui s'est propagée depuis sa découverte à Wuhan le 31 décembre 2019. <u>Le 30 janvier, ils ont déclaré que l'épidémie était une urgence de santé publique d'intérêt international par l'Organisation Mondiale de la Santé, deux jours seulement après que le plan de paix visant à diviser Israël ait été soumis le 28 janvier 2020 et accepté par le Premier ministre Benjamin Netanyahu.</u>

Entre-temps, l'UE et la communauté internationale ont réitéré leur allégeance à la division de la terre d'Israël. Ils ont insisté pour qu'Israël revienne aux frontières d'avant 1967, avant la guerre des six jours. La communauté internationale a insisté sur la définition des frontières de la Terre promise que le Dieu d'Israël avait déjà définies il y a des milliers d'années.

La pandémie COVID-19 est devenue un jugement sur le monde entier, mettant en quarantaine la plus grande partie de la population mondiale et affectant les économies de tous - en particulier celles des États-Unis et d'Israël, puisque le Premier ministre Benjamin Netanyahu a accepté un plan qui n'est pas le plan de Dieu pour Israël. De plus, le Premier ministre Netanyahu n'a pas réussi à former un gouvernement après les élections de mars, jusqu'à l'accord de coalition signé avec Ganz le 20 avril 2020.

Bill Koenig pense (et moi aussi) que le coronavirus est un jugement sur le monde entier, pour deux raisons :

- Pour avoir tenté de diviser la terre d'Israël en deux États en définissant des frontières anti-bibliques et en dessinant des cartes qui sont un affront au Dieu vivant.
- En désobéissant aux lois et aux commandements moraux de Dieu.

Il est probable que de nouvelles tentatives pour mettre en œuvre un plan de paix, divisant Israël et établissant un État palestinien contraire à l'alliance, catapulteront le monde dans ce que la Bible appelle la colère de Dieu. COVID-19 ressemblera alors à un jeu d'enfant. Il punira le monde entier pour s'être opposé à son alliance terrestre avec Israël, et pour toute l'immoralité, la rébellion, l'homosexualité, le meurtre, les avortements et la cupidité (Rom. 1:18-32).

> **En effet, la colère de Dieu se révèle du haut du ciel contre toute impiété et toute injustice des hommes qui tiennent la vérité captive dans l'injustice .**
>
> — ROMAINS 1:18

C'est aujourd'hui le croisement d'un temps quand les nations et les individus doivent faire un choix où, soit ils obéissent à Dieu, soit ils sont emportés par Sa colère.

> Va, mon peuple, entre dans ta chambre, Et ferme la porte derrière toi ; cache-toi pour quelques instants, Jusqu'à ce que la colère soit passée.

Car voici, L'Eternel sort de sa demeure, Pour punir les crimes des habitants de la terre ; Et la terre mettra le sang à nu, Elle ne couvrira plus les meurtres.

— Esaie 26:20–21

À cause de la tête antisioniste du monstre à cinq têtes de l'antisémitisme, le monde entier est mûr pour le jugement

Au moment où j'écris ces lignes, tout Israël et la plupart des États-Unis sont en quarantaine à cause du fléau du coronavirus. Les nations qui ne se repentent pas d'être anti-Sion, et qui épousent le partage de la terre donnée par YHVH à son peuple Israël, seront détruites. La plupart des pays membres des Nations unies sont actuellement en danger.

> Approchez-vous, ô nations, pour écouter, et écoutez, ô peuples ! Que la terre entende, et tout ce qu'elle contient, le monde, et toute sa progéniture ! Car Adonaï est en colère contre toutes les nations, et furieux contre toutes leurs armées. Il les détruira complètement. Il les livrera au carnage. Alors leurs morts seront jetés dehors, la puanteur de leurs cadavres se lèvera, et les collines seront trempées de leur sang. Alors toute l'armée des cieux se dissoudra, et les cieux s'enrouleront comme un parchemin - alors toute leur parure se desséchera, comme une feuille tombant d'une vigne, comme un figuier se ratatinant sur un figuier.
>
> Approchez, nations, pour entendre ! Peuples, soyez attentifs ! Que la terre écoute, elle et ce qui la remplit, Le monde et tout ce qu'il produit ! Car la colère d'Adonaï va fondre sur toutes les nations, Et sa fureur sur toute leur armée : Il les voue à l'extermination, Il les livre au carnage. Leurs morts sont jetés, Leurs cadavres exhalent la puanteur, Et les montagnes

se fondent dans leur sang. Toute l'armée des cieux se dissout ; Les cieux sont roulés comme un livre, Et toute leur armée tombe, Comme tombe la feuille de la vigne, Comme tombe celle du figuier. Mon épée s'est enivrée dans les cieux ; Voici, elle va descendre sur Edom, Sur le peuple que j'ai voué à l'extermination, pour le châtier.

L'épée de ADONAÏ est pleine de sang, couverte de graisse, Du sang des agneaux et des boucs, De la graisse des reins des béliers ; car il y a des victimes d'ADONAÏ à Botsra, Et un grand carnage dans le pays d'Edom, les buffles tombent avec eux, Et les bœufs avec les taureaux ; La terre s'abreuve de sang, Et le sol est imprégné de graisse. Car c'est un jour de vengeance pour ADONAÏ, Une année de représailles pour la cause de Sion.

— ESAIE 34:1–8

Yeshua, le Messie juif, combattra Lui-même toutes les nations qui viendront contre Son peuple, Israël, Sa terre et la ville de Jérusalem. Il jugera Lui-même toutes les nations sur la façon dont elles ont traité Israël. Avant son retour, nous verrons cette bataille devenir féroce. Il ne s'assiéra pas sur son trône sur le Mont du Temple à Jérusalem tant qu'il n'aura pas soumis toutes les nations qui se sont opposées à son plan de restauration de son peuple juif sur toute la terre promise à Abraham, Isaac et Jacob. Il n'acceptera le redécoupage des frontières par personne ; aucun homme politique ne le fera changer d'avis ou revenir sur Sa parole.

L'ETERNEL paraîtra, et il combattra ces nations, Comme il combat au jour de la bataille. Ses pieds se poseront en ce jour sur la montagne des oliviers, Qui est vis-à-vis de Jérusalem, du côté de l'orient ; La montagne des oliviers se fendra par le milieu, à l'orient et à l'occident, Et il se formera une très grande vallée : Une moitié de la montagne reculera vers le septentrion, Et une moitié vers le midi. Vous fuirez alors dans la vallée de mes montagnes, Car la vallée des montagnes s'étendra jusqu'à Atzel ; Vous fuirez comme vous avez fui devant le tremblement de terre, Au temps d'Ozias, roi de Juda. Et L'ETERNEL, mon Dieu, viendra, et tous ses saints avec lui.

— ZACHARIE 14:3–5

Où serez-vous le jour de son retour ? Serez-vous parmi la compagnie des nations qui ont combattu son plan ? Serez-vous de ceux qui défient Son plan de restauration du peuple juif en Terre promise et qui seront considérés comme des ennemis du Messie juif, le Lion de Juda ? Ou serez-vous son ami et parmi les saints qui viennent avec lui pour gouverner et régner depuis Jérusalem ?

Votre relation avec Lui et Son plan pour restaurer Israël dans son intégralité - le peuple et la terre - déterminera si vous serez l'ami ou l'ennemi de Yeshua.

Une prière qui change la vie

Père céleste, pardonne-moi pour toute ignorance, apathie ou opposition à Ton plan divin d'établir le peuple juif sur la terre que Tu lui as promise et donnée pour toujours. Je m'engage à soutenir Ton plan pour restaurer Israël sur toute la terre donnée à Abraham, Isaac et Jacob. Je ne serai pas "politiquement correct", en me rangeant du côté des antisionistes, mais "bibliquement" correct pour défendre Ton alliance avec Israël de toutes les manières possibles. Je renonce au chef antisioniste de la principauté anti-MESITOJUS et j'ordonne à toutes les pensées et à tous les démons de l'antisionisme de me quitter et de ne jamais revenir au nom de Yeshua, Amen !

Pour en savoir plus sur les effets de l'antisionisme, je vous recommande de lire mon livre, Un temps orageux : *Stormy Weather.* *

---

* www.kad-esh.org/shop/stormy-weather/

MOT DE LA FIN

… car Dieu n'est pas un Dieu de confusion mais de paix, comme dans toutes les églises des saints..

—1 CORINTHIENS 14:33

Écrire ce livre a été très difficile pour moi. Je savais que le Père me mettait au défi d'exposer cet horrible monstre sanguinaire de la théologie de substitution, la principauté anti-MESITOJUS Cela signifiait que je devais revisiter l'antisémitisme chrétien à travers les âges et dans notre ère moderne. C'est douloureux pour un Juif et surtout pour ce Juif, qui est à la fois un croyant du Messie, un ministre dans son corps et un Juif qui a souffert aux mains de l'antisémitisme chrétien, à la fois personnellement et dans ma famille. J'aurais préféré qu' YHVH donne ce travail à quelqu'un d'autre. J'aurais aimé exercer mon ministère sur quelque chose de "plus joli" et de "plus facile à digérer". Mais le Saint-Esprit est "assis sur moi" depuis des années pour exposer et vaincre ce monstre assoiffé de sang. Je peux sentir son cœur chargé d'une profonde angoisse, désireux de libérer complètement son épouse, de la sauver du jugement à venir à cause de l'hostilité contre

Sion (Ésaïe 34:8), et d'être révélé par son épouse comme un Messie juif victorieux désirant ardemment apporter la rédemption à son Israël bien-aimé.

Ma prière et mon espoir, alors que je termine ce manuel, est que vous partagiez maintenant tout ce qui est présenté ici, afin que nous sauvions beaucoup de gens de cette terrible tromperie séculaire. Le jugement est déjà aux portes de nombreuses églises et sur les chrétiens dans le monde entier à cause du péché impénitent de l'antisémitisme et de l'antisionisme, enraciné dans la théologie de substitution, les fêtes païennes et l'immoralité née de l'absence de Torah ou de lois (Mat. 5:17-19, 7:23-24).

> Au jour du jugement dernier, beaucoup me diront : "Seigneur ! Seigneur ! Nous avons prophétisé en Ton Nom et chassé les démons en Ton Nom et nous avons accompli de nombreux miracles en Ton Nom". Mais je répondrai : "Je ne t'ai jamais connu. Eloigne-toi de Moi, toi qui enfreins les lois de Dieu."
>
> — Matthieu 7:23 NLT

Il aspire à ce que son épouse l'appelle par le nom de Yeshua, nom de Son alliance, et qu'elle lui rende ainsi sa judaïcité. Cela apportera "la vie d'entre les morts" à la Rose fraîchement replantée, à Son épouse nouvellement greffée (Romains 11:15) alors que le *réveil final du troisième jour* éclatera, apportant la dernière et la plus grande récolte de la plénitude des Gentils. Alors "tout Israël sera sauvé", comme il est écrit ! (Rom. 11:25-27)

Une véritable repentance des théologies religieuses trompeuses et une restitution envers Israël, son peuple juif, sont nécessaires de toute urgence pour renverser le jugement et assurer la victoire du véritable évangile fait en Sion. Il dévoilera le Messie juif, dans toute sa splendeur de Juif, à travers son épouse glorifiée, qui verra son identité restaurée comme la reine Esther a fait restaurer la sienne. Ensuite, Yeshua sera prêt à revenir, posant son pied sur le Mont des Oliviers au son des acclamations d'Israël, prêt à établir Son Règne Millénaire - et nous régnerons avec Lui.

> Car Je vous le dis, vous ne verrez pas avant que l'on dise, "Bénis soit Celui qui vient au nom du Seigneur
>
> — Matthieu 23:39 NIV

Baruch HaBah Beshem Adonaï, qui signifie en hébreu, " Béni soit Celui qui vient au nom d'YHVH."

> L'Eternel des armées prépare à tous les peuples, sur cette montagne, Un festin de mets succulents, Un festin de vins vieux, De mets succulents, pleins de moelle, De vins vieux, clarifiés. Et, sur cette montagne, il anéantit le voile qui voile tous les peuples, La couverture qui couvre toutes les nations ; Il anéantit la mort pour toujours ; Le Seigneur, L'Eternel, essuie les larmes de tous les visages, Il fait disparaître de toute la terre l'opprobre de son peuple ; Car L'Eternel a parlé.
>
> — Esaie 25:6–8

Je vous suis très reconnaissante d'avoir pris connaissance de ce point, et je souhaite rester en contact avec vous.

Si vous souhaitez nous contacter, envoyez-nous un courriel à shalom@zionsgospel.com, ou écrivez-nous à 52 Tuscan Way, Ste 202-412 St. Augustine, FL 32092, USA. Vous pouvez visiter notre site web pour l'Initiative de rééducation globale à www.against-antisemitism.org pour poursuivre vos études.

Allez-y et racontez : La renaissance tant attendue dépend de la repentance de ce vol d'identité séculaire du Messie juif.

For the Lion of Judah —Archbishop Dr. Dominiquae Bierman, president of *Kad-Esh MAP Ministries and the United Nations for Israel.*

APPENDICE I

EN VIVANT UNE VIE DE RESTITUTION

Il fait disparaître de toute la terre l'opprobre de son peuple ;

— ESAÏE 25:8

Vos actions pour participer à son plan visant à supprimer à jamais toutes les insultes et les moqueries contre sa terre et son peuple feront une différence considérable dans un monde qui devient de plus en plus antisémite. C'est ce fait même qui éliminera les fléaux, rétablira la joie et assurera la faveur divine.

Chaque chrétien dans le monde est appelé à réparer les péchés de nombreuses générations de chrétiens et de toutes les nations à travers les âges contre le peuple juif. La restitution a le pouvoir de renverser les jugements. Elle fait tourner la Clé d'Abraham, ouvrant la porte de la faveur divine. Faire des terres de restitution le coup final qui assure que la principauté démoniaque à cinq têtes, dont le poison avait infecté la terre entière, ne ressuscitera jamais !

La restitution est la chose juste à faire pour chaque chrétien dans le monde

Nous vous invitons à "verser à l'avance" vos dons afin que nous puissions poursuivre notre mission de rendre cette plateforme de la Global Re-Education Initiative (GRI) gratuite pour tous. Vous pouvez vous rendre sur le site www.against-antisemitism.org pour financer cette mission grâce à votre généreux soutien. Voici une lettre écrite par le pasteur Cesar Silva à Tamaulipas, au Mexique.

Restauration de l'honneur d'Israël

Que mon témoignage de sa bonté et de sa fidélité à Sa Sainte Parole soit une bénédiction pour tous. Tout commence lorsque je me suis soudain rendu compte que restaurer l'honneur d'Israël était aussi urgent que nécessaire pour la guérison de ma ville, de ma nation, de ma vie et de ma famille. Je me suis rendu compte qu'il n'était plus temps de rester en faillite spirituellement, physiquement, financièrement et émotionnellement, car tout cela mène à la même chose : le vide et la destruction.

Ce processus de restauration de l'honneur commence par les merveilleux enseignements que nous avons reçus du ministère de l'apôtre Dominiquae Bierman, qui, par la révélation de la puissante Clé d'Abraham (qui ouvre les portes), a semé dans mon cœur cette graine qui porte maintenant du fruit dans et autour de ma vie.

Un jour est venu où le Ruah (Esprit d'ELOHIM) m'a donné un rêve. Dans ce rêve, j'ai vu que j'avais laissé mon véhicule à une entrée principale de la ville de Rio Bravo (où j'habite) et le long de cette avenue, un fleuve de sang (à cause des décès dus au trafic de drogue). J'ai vu que la rivière était sur le point de nous atteindre. Je suis rapidement sorti de mon véhicule parce que je savais qu'à l'intérieur, il y avait l'offrande que l'église avait donnée pour être envoyée en Israël - et je savais que cette offrande apportait une restitution - la seule chose qui causerait la diminution de ce fleuve de sang et aussi sa disparition. J'ai donc essayé d'ouvrir le camion et de vérifier rapidement que ces offrandes étaient bien là. Le Ruah HaKodesh me disait aussi que c'était vraiment ce qui allait arrêter ce fleuve de sang. Grâce à L'Éternel, elles étaient là !

Dans le nord du Mexique, il y a une guerre constante entre les cartels de la drogue et les forces armées. Il y a un danger constant de se retrouver au milieu d'une confrontation par armes à feu. C'est pourquoi le Ruah m'a dit par ce rêve que nous devions restaurer l'honneur d'Israël par des offrandes, ainsi que par la prière et l'humiliation pour la haine d'Israël par les nations de la terre. Cette stratégie apporte la libération de la mort et du fleuve de sang. Cela fera une différence car la puissante Clé d'Abraham est mise en action - c'est la clé pour que les prières et la miséricorde soient exaucées et non la colère.

Juste au moment où j'ai rêvé de cela, nous avons parlé, prié et béni Israël avec des actions et des offrandes authentiques. Ensuite, nous avons vu que nos prières de protection pour notre ville ont été exaucées, et j'ai ressenti une atmosphère de paix. Cela a diminué l'activité criminelle des cartels.

Restaurer l'Honneur—C'est un Commandement de la Torah!

> Alors L'Eternel parla à Moïse, et dit : "Lorsqu'une personne pèche et agit de façon infidèle contre L'Eternel, et trompe son compagnon en ce qui concerne un dépôt ou une garantie qui lui a été confié, ou par un vol, ou si elle a extorqué à son compagnon, ou a trouvé ce qui était perdu et a menti à ce sujet et juré faussement, de sorte qu'elle pèche en ce qui concerne l'une quelconque des choses qu'un homme peut faire ; alors,

> lorsqu'il péchera et se rendra coupable, il devra restituer ce qu'il a pris par vol ou ce qu'il a obtenu par extorsion, ou le dépôt qui lui a été confié, ou la chose perdue qu'il a trouvée, ou tout ce sur quoi il a juré faussement ; il devra le restituer en totalité et y ajouter un cinquième de plus. Il la remettra à celui à qui elle appartient le jour où il présentera son offrande de culpabilité. Puis il apportera au sacrificateur son offrande de culpabilité à L'Eternel, un bélier sans défaut du troupeau, selon votre estimation, comme offrande de culpabilité, et le prêtre fera pour lui l'expiation devant L'Eternel, et il lui sera pardonné l'une quelconque des choses qu'il a pu faire pour se rendre coupable".
>
> — Levitique 6:1–7 NASB

Tout comme nous désirons être remis sur pied lorsque quelqu'un nous offense, nous vole ou nous calomnie, nous, les nations du monde, devons réaliser à quel point nous sommes redevables au peuple béni d'Israël. La promesse de Genèse 12:3 tient toujours : "Je bénirai ceux qui te béniront et je maudirai celui qui te maudira".

The Global Re-Education Initiative (GRI), dirigée par l' Apôtre Dominiquae Bierman, n'est pas seulement nécessaire, mais urgente! Car les malades qui mourront seront comptés par millions au milieu de fléaux qui ravageront la terre sans fin, à moins que L'Éternel ne trouve quelqu'un qui comprenne pleinement ce que c'est *que de rendre honneur* à Israël. La restitution est plus qu'une simple demande de pardon ! En vérité, demander pardon est la première chose que nous devons faire quand nous savons que nous avons fait un mal, mais pour *restaurer l'honneur* de quelqu'un, nous devons faire plus que de nous excuser.

Dans l'histoire, nous constatons que lorsqu'un homme a été interrogé sur son *honneur*, il a pris rendez-vous pour régler le différend et a dit : "Je défie en duel le chevalier qui a mis en doute mon *honneur*". Les gens savaient alors que celui qui venait défendre son honneur montrait que son *honneur* était plus grand que toutes les calomnies qui lui étaient adressées..

Nous, les nations du monde, avons commis un grand déshonneur en utilisant des paroles calomnieuses et mensongères contre Israël, souillant *Son* honneur. Il est donc temps de se repentir, de demander pardon et de restaurer *Son* honneur.

Dans Lévitique 6:5, lorsqu'une offrande a été faite pour la culpabilité d'une calomnie, la personne a reconnu le dommage, et a demandé pardon avec son offrande d'expiation à L'ÉTERNEL. Ensuite, il était temps de r*estaurer*, comme il est écrit.

> ... Il la restituera intégralement et y ajoutera un cinquième de plus ; il la donnera à celui qui lui appartient le jour où il présentera son offrande de culpabilité.
>
> — LEVITIQUE 6:5

En Lévitique 6:6, Dieu ajoute que l'offrande devra être donnée au sacrificateur :

> **Alors il apportera au sacrificateur son offrande de culpabilité pour le SEIGNEUR.**
>
> — LEVITIQUE 6:6 NASB

Outre le repentir, la restitution des dommages et l'ajout d'une cinquième partie (équivalant à 20%), il fallait la donner au prêtre afin que nous la présentions au ministre qui puisse prier pour nous afin que nous obtenions la miséricorde de L'Eternel.

Parfois, nous nous élevons *contre la seule personne* qui entendra. Savez-vous qui a les portes ouvertes pour demander à Adonai d'avoir pitié de nous ? Oui, la réponse est le *peuple juif d'aujourd'hui*. Ce sont ses élus, la lumière des nations - ce sont nos prêtres qui ouvriront la voie pour qu'Adonai nous pardonne et pour le rafraîchissement de sa présence à venir (Actes 3:19).

Les mots hébreux *shuv* et *shalem* clarifient le concept de restitution. Le mot "restituera" (Lév. 6:4) est le mot hébreu *shuv*, duquel nous obtenons le mot *teshuvah*, qui signifie "retourner ou revenir" ou "se repentir pour une grande restauration". Et le mot "restituer" dans le Lévitique 6:5 est le mot *shalam*, dont la signification est ici "faire des paiements" et du mot *leshalem* qui signifie "faire un paiement". Donc, pour faire la paix, vous devez faire un *paiement de restitution*. Yeshua l'a mentionné dans Matthieu 5, versets 21 à 26.

> "Vous avez entendu qu'il a été dit aux anciens : TU NE TUERAS POINT ; celui qui tuera mérite d'être puni par les juges. Mais moi, je vous dis que quiconque se met en colère contre son frère mérite d'être puni par les juges ; que celui qui dira à son frère : Raca ! mérite d'être puni par le sanhédrin ; et que celui qui lui dira : Insensé ! mérite d'être puni par le feu de la géhenne. Si donc tu présentes ton offrande à l'autel, et que là tu te souviennes que ton frère a quelque chose contre toi, laisse là ton offrande devant l'autel, et va d'abord te réconcilier avec ton frère ; puis, viens présenter ton offrande. Accorde-toi promptement avec ton adversaire, pendant que tu es en chemin avec lui, de peur qu'il ne te livre au juge, que le juge ne te livre à l'officier de justice, et que tu ne sois mis

en prison. Je te le dis en vérité, tu ne sortiras pas de là que tu n'aies payé le dernier quadrant.

— Matthieu 5 :21–26

Toute l'Écriture parle du pouvoir de la restitution, mais approfondit un peu plus la façon dont l'antijudaïsme fonctionne. C'est à cause de l'antisémitisme qu'il y a eu des morts, de la haine et des armées contre le peuple juif. Une grande partie de cette haine est dissimulée "sous le masque du christianisme", qui prétend donner et réclamer des offrandes du dimanche à Dieu. Mais ma question est la suivante : L'Eternel YHVH d'Israël regardera-t-il avec faveur ces offrandes, qui d'une main lui sont offertes, et de l'autre ont un couteau de la haine, de la colère, et même un désir de mort contre le peuple d'Israël ? La réponse est simple : il ne reçoit pas ces offrandes ! Donc le conseil de Yeshua est de se réconcilier d'abord avec ton frère Juda et de faire la paix. Alors, rétablis la situation et fais la paix.

Il s'agit de restaurer l'honneur d'Israël !

Dans chaque royaume, nous savons que le fils du roi est le prince héritier - il deviendra un jour roi. C'est vrai dans tous les royaumes que nous connaissons encore, et il est très intéressant que YHVH soit le roi, et qu'il ait appelé un des descendants d'Abraham *"Mon premier-né"* (Ex. 4:22). Celui qui était connu sous le nom de *Mon prince* s'appelait à l'origine Jacob, mais Adonaï a décidé que son nom serait connu sous le nom d'Israël, dont la signification est *"Prince d'Elohim"*. Quelle différence - quelle différence substantielle ! Mais quelle différence abyssale dans la façon dont les nations du monde parlent d'Israël - elles disent que c'est juste une nation de plus sur terre, comme n'importe laquelle de nos nations. Aux yeux de l'Elohim vivant, cependant, ce n'est pas n'importe quelle nation, c'est *"Son prince"*.

Aujourd'hui, je trouve beaucoup de gens qui parlent du Royaume de Dieu : la manifestation du Royaume de Dieu, la façon dont ils cherchent le Royaume de Dieu, et le fait que leur travail consiste à étendre le Royaume de YHVH. Mais ils trébuchent sur ce principe. C'est pourquoi ils tournent continuellement la roue comme des hamsters, juste des mots et encore des mots sans résultat. Et nous ne voyons pas l'établissement du Royaume de YHVH. Pourquoi ? Parce qu'ils trébuchent sur le rocher du trébuchement - mais, celui qui croit en la Parole d'Elohim aimera et embrassera ce Prince, qui est Israël. Pour eux, il sera "comme l'ombre d'un énorme rocher dans une terre desséchée" (Ésaïe 32:2) ; tandis que pour celui qui le prend à la légère, "il sera brisé en morceaux... dispersé comme de la poussière". (Mat. 21:44)

Conclusion

Les nations du monde sont redevables envers le peuple d'Israël, car il nous a donné la Torah, les alliances, les promesses, la révélation d'Elohim vivant, et nous a donné Yeshua Ha Mashiach ("le Messie" en hébreu).

Aujourd'hui, nous devons nous tourner complètement vers Lui, aimer Sa Torah, (qui est Yeshua incarné), et rendre honneur à Israël, leur Prince. Je suis témoin de Sa bonté, car L'Éternel pense sûrement ce qu'Il dit.

L'Éternel pense sûrement ce qu'Il dit. Je bénirai ceux qui vous béniront, et celui qui vous maudira, je le maudirai.

— Genese 12:3

Avec tout mon amour à Yeshua HaMachach.
—Pasteur César Silva, Rio Bravo, Tamaulipas, Mexique
Délégué National pour le Mexique, the *United Nations for Israel (UNIFY)*
www.UnitedNationsForIsrael.org

APPENDICE II

PLUS D'INFORMATION

Suivez le cours en ligne GRI contre l'Antisémitisme

Si vous avez acheté ce livre sur le site www.against-antisemitism.com, vous avez accès au cours en ligne de la *Global Re-Education Initiative (GRI) Against Anti-Semitism* qui se déverrouille avec l'achat de ce livre ! Pour suivre le cours, rendez-vous sur www.against-antisemitism.com et connectez-vous avec les mêmes identifiants que ceux utilisés pour commander le livre. Avertissement : Vous devez commander le livre sur notre site web de la GRI à www.against-antisemitism.com si vous souhaitez suivre le cours.

Autres livres de l'Archevêque Dr. Dominiquae Bierman

Order online: www.kad-esh.org/shop/

Restoring the Glory – Volume I: The Original Way
Redécouverte des anciennes voies

The MAP Revolution (Free E-Book)
Découvrez pourquoi le réveil ne vient pas... Pas encore !

The Healing Power of the Roots
C'est une question de Vie ou de Mort!

Grafted In
Le Retour à la grandeur

Sheep Nations
C'est le temps pour prendre les Nations!

Stormy Weather
Le jugement a déjà commencé, Le réveil frappe à la porte

Yeshua is the Name
L'importance de la restauration du nom hébreu original du Messie

The Bible Cure for Africa and the Nations
La clé de la restauration de toute l'Afrique

The Key of Abraham
La bénédiction... ou la malédiction?"

"Yes!"
Témoignage dramatique de salut de l'Archevêque Dominiquae Bierman's

Eradicating the Cancer of Religion
Indice: Tous les gens l'ont...

Restoration of Holy Giving
Libérant la Vérité, Béni 1000 fois

Vision Negev
La restauration étonnante de Juifs sépharades

Defeating Depression
Ce livre est un baiser du Ciel

From Sickology to a Healthy Logic
Le résultat de 18 années de marche au travers des hôpitaux psychiatriques

ATG: Addicts Turning to God
Le chemin biblique pour gérer les personnes sous dépendances et addictions

The Woman Factor by Rabbi Baruch Bierman
Liberté par Womanphobia

The Spider That Survived Hurricane Irma
L'appel de Dieu pour l'Amérique à se repentir

The Revival of the Third Day (Free E-Book)
Le Retour de Yeshua le Messie juif

Soyez équipés & Partenaires avec nous

Albums musique
www.kad-esh.org/shop/
The Key of Abraham
Abba Shebashamayim
Uru
Retorno

Global Revival MAP (GRM) Israeli Bible School
Achetez la vidéo la plus complète de l'école biblique en ligne qui se concentre sur le démantèlement de la théologie du remplacement. Pour plus d'informations ou pour commander, veuillez nous contacter www.grmbibleschool.com | grm@dominiquaebierman.com

Mouvement "United Nations for Israel"
Nous vous invitons à nous rejoindre en tant que membre et partenaire pour 25 dollars par mois, pour soutenir l'avancement de cette vision de la fin des temps qui apportera une véritable unité au corps du Messie. Nous assisterons à la formation d'un seul homme

nouveau, à la restauration d'Israël et à la naissance de nations de ses brebis. Aujourd'hui, c'est un temps passionnant pour Le
www.unitednationsforisrael.org | info@unitednationsforisrael.org

Rejoignez nos tours en Israël chaque année

Voyages en Terre Sainte et regards actuels
sur les Ecritures Saintes en hébreu.
www.kad-esh.org/tours-and-events/

Envoi d'offrandes pour aider notre Oeuvre

Votre aide permet à cette mission de restauration d'aller loin.
www.kad-esh.org/donations

CONTACTEZ-NOUS

Archbishop Dr. Dominiquae & Rabbi Baruch Bierman
Kad-Esh MAP Ministries | www.kad-esh.org | info@kad-esh.org
United Nations for Israel | www.unitednationsforisrael.org
info@unitednationsforisrael.org
Zion's Gospel Press | shalom@zionsgospel.com
52 Tuscan Way STE 202-412, St. Augustine, Florida, 32092, USA
+1-972-301-7087

APPENDICE III

PRIÈRE ANTI-AMALEK

Tu n'as point obéi à la voix de L'Eternel, et tu n'as point fait sentir à Amalek l'ardeur de sa colère : voilà pourquoi L'Eternel te traite aujourd'hui de cette manière.

—1 SAMUEL 28:18

Déclarez cette prière jour et nuit et autant de fois que vous le ressentez conduisez la pendant la journée. Cela a apporté beaucoup de liberté à mon équipe et à moi-même depuis que nous avons commencé à déclarer cette prière anti-Amalek à haute voix. Je prie et j'espère qu'il en sera de même pour vous !

> Abba Shebashamayim (Père au Ciel) Puissant Elohim, YHVH Tzva'ot (Seigneur des Armées) nous déclarons que Tu es en guerre avec Amalek de génération en génération et nous Te demandons de combattre cette guerre aujourd'hui dans notre génération, afin que Tu puisses effacer le nom d'Amalek de sous le ciel !

Hineni (me voici) Yahveh pour mener la guerre contre Amalek qui a été très méchant en attaquant nos vies et Israël en traître et en se faufilant contre les faibles, les enfants, les femmes et tous nos points faibles. Notre combat n'est pas contre la chair et le sang et nous menons Ta guerre contre Amalek avec les armes spirituelles de la prière, du jeûne et de la louange. Tu te bats dans cette bataille et nous disons : "Que Yahvé se lève et que tous tes ennemis, les Amalécites, et tous leurs amis et alliés soient dispersés à sept endroits loin de nous, de ton épouse et d'Israël au nom de Yeshua ! YHVH nous te demandons d'exécuter ta colère féroce contre Amalek aujourd'hui et nous exécutons ta colère féroce contre Amalek aujourd'hui. Nous t'annihilons Amalek et te détruisons totalement de toutes nos vies, de nos familles, de nos affaires, de nos ministères des finances, de nos congrégations, et de tout Israël au nom de Yeshua !

Amalek nous déclarons que nous allons poursuivre et que nous allons sûrement dépasser et récupérer tout ce que tu as volé ! Avec l'épée à deux tranchants (la Parole de Dieu) dans nos mains et les louanges puissantes d'Elohim dans nos bouches, nous te lions Amalek, avec des chaînes ainsi que tous tes amis et alliés à l'aide de fers - nous infligeons le châtiment et exécutons le jugement et la vengeance qui sont déjà écrits contre toi Amalek, aujourd'hui ! Au nom de Yeshua. Nous récupérons toutes les âmes qui sont tombées en proie à cause de toi Amalek en remplacement de la théologie du christianisme ! Nous récupérons toute la Terre d'Israël qui a été volée par les faux Accords d'Oslo et les accords "Terre contre paix" - car Toi YHVH as fait une Alliance de la Terre avec Israël jusqu'à 1000 générations ! Nous reprenons toutes les richesses qui ont été volées à cause de l'antisémitisme, de l'antijudaïsme et de la persécution des Juifs par les croisades chrétiennes, l'Inquisition espagnole, les pogroms, la Shoa nazie (Holocauste) et autres !

Nous poursuivons, nous dépassons et nous récupérons tout le territoire volé dans nos vies, nos familles et nos ministères, (nommez votre ministère), les ministères UNIFY et Kad-Esh MAP. Nous brisons ton pouvoir Amalek dans chaque congrégation de l'YHVH vivant en Israël et dans toutes les nations en raison de la tromperie de la théologie de remplacement ! Nous déracinons la théologie de la substitution dans toutes nos vies, nos ministères et dans tout le corps du Messie pour que le nom même d'Amalek et la théologie de substitution soient effacés de la surface de la terre et sous le ciel. Nous récupérons tous les croyants captifs de la théologie de remplacement au puissant nom de Yeshua !

Nous déracinons et détruisons ce qui est d'Amalek dans nos finances, notre santé, nos enfants et nos mariages ! Nous exécutons la colère féroce de YHVH contre toi Amalek dans tous les domaines de nos vies et de nos ministères ! Nous exécutons la féroce colère de YHVH et l'anéantissement total de toutes les maladies induites par Amalek telles que la maladie de Lyme, la fibromyalgie, le cancer, les maladies cardiaques, l'hypertension, le diabète, la démence, la sclérose en plaques, la maladie de Parkinson, la dépression, le trouble bipolaire, le TDAH (trouble de l'attention), la schizophrénie (et tous leurs dérivés) qui attaquent les points faibles de l'être humain !

Nous exécutons la colère féroce de YHVH contre toi Amalek sur toute la Terre d'Israël (et ma ville et ma nation) en déracinant toute terreur, terreur cachée, cellules terroristes à Gaza, en Samarie, en Judée et sur tout le territoire israélien, du Nil en Égypte au Grand Euphrate en Irak et à la mer Méditerranée.

YHVH, Tu poursuis Amalek et tous ses amis de Ta tempête et remplis leurs visages de honte pour que tout le monde sache que Ton nom, YHVH Elohim, est le Plus Haut sur toute la terre ! Nous exécutons Ta colère féroce contre Amalek dans le gouvernement de l'Église et de notre nation [ton pays], et de chaque nation représentée aux Nations Unies pour Israël et nous reprenons nos gouvernements et nations pour devenir des nations de brebis, adorateurs de Yeshua et amoureux d'Israël !

Nous exécutons Ta colère féroce contre Amalek aux Nations Unies et nous effaçons le nom même d'Amalek et de tous ses amis au sein de chaque conseil et de chaque officier anti-Israël ou antisioniste au nom puissant de Yeshua. YHVH, tu exécutes ta colère féroce contre Amalek dans l'Islam et tu déracines et effaces la mémoire de l'Islam de dessous le ciel et nous reprenons toutes les âmes qui ont été captives de l'Amalek-Islam au nom puissant de Yeshua.

YHVH, Tu exécutes Ta colère féroce contre Amalek chez tous les persécuteurs des juifs messianiques, apostoliques, prophétiques et greffés-en-toi (gentils) en Israël et dans toutes les nations, en particulier de la part des autres chrétiens ou croyants messianiques qui s'opposent à Ton mouvement de restauration de la fin des temps - y compris l'organisation Yad L'achim qui cherche à détruire les juifs messianiques qui sont de véritables disciples du Messie. Nous exécutons Ta colère féroce YHVH contre Amalek et tout esprit d'anti-Messie dans le judaïsme, le christianisme, l'islam, et toute religion et système religieux au nom puissant de Yeshua !

Nous brisons ton pouvoir Amalek dans le Néguev, Beer Sheva, Eilat, les montagnes d'Edom, Mevaseret Zyon, Yerushalayim, Herzlya, Raanana, Kfar Saba, St. Augustin en Floride (nom de ta ville ici) et dans tout Israël et nous ne laissons aucun reste ! Au nom puissant de Yeshua, nous prions, déclarons, exécutons, déracinons et récupérons tout ce qui a été volé par toi Amalek dans nos vies, nos familles, nos ministères, nos finances, nos relations, nos affaires, nos congrégations, nos nations et tout Israël et nous prenons un maximum de pillage pour faire avancer le Royaume de YHVH avec une vision abondante, des provisions, la santé, la faveur et le succès au nom puissant de Yeshua Ha Mashiach !

Si vous souhaitez voir le fondement scriptural de cette prière, voir Genèse 36:12,16 ; Exode 17:8-16 ; Nombres 13:29, 24:20 ; Deutéronome 25:17-20, Josué 1:4 ; Juges 3:13 ; 5:14 ; 1 Samuel 15:2-20 ; 28:18 ; 1 Samuel 30 ; Psaume 83:7 ; Psaume 105:8-11 ; Psaume 149:5-9 ; Matthieu 18:18-20 ; Luc 10:19 ; Ephésiens 6:10-18

Israël, écoute la parole de ton ELOHIM qui te dit : "Si tu cherches tes ennemis, tu ne les trouveras pas. Ceux qui te font la guerre ne seront rien du tout. Car je suis YHVH, ton ELOHIM, qui saisit ta main droite et te dit : "Ne crains pas, je te

secourrai. Ne crains pas, petit Israël, car c'est Moi-même qui t'aiderai", déclare YHVH, ton Rédempteur, le Saint d'Israël.

— Esaie 41:12-16

APPENDICE IV

BIBLIOGRAPHIE

24NYT. New Danish Bible translation purges Israel | 24NYT. 19 Avril 2020. 18 Mai 2020. <https://24nyt.dk/new-danish-bible-translation-removes-israel/>.

Aipac.org Editors. Israel's Achievements. 2013. The American Israel Public Affairs Committee. 19 Mai 2020. <https://www.aipac.org/resources/about-israel/israels-achievements>.

Amadeo, Kimberly. Hurricane Irma Facts, Damage, and Costs. 8 Septembre 2017. The Balance. 19 Mai 2020. <https://www.thebalance.com/hurricane-irma-facts-timeline-damage-costs-4150395>.

Anti-Defamation League. Extremist "Zoombombing" Hijacks Meetings; Swastika hits Sanders Campaign Office; Antisemitic Pastor Blames Jews for COVID-19. https://www.adl.org/blog/extremist-zoombombing-hijacks-meetings-swastika-hits-sanders-campaign-office-antisemitic 2020. ADL. 18 Mai 2020.

Anti-Defemation Leauge. 2017 Audit of Anti-Semitic Incidents. 2020. Anti-Defamation League. 20 5 2020. <https://www.adl.org/resources/reports/2017-audit-of-anti-semitic-incidents#major-findings>.

Avraham, Samantha Ben. The First Aliyah to Israel. 14 Avril 2016. 18 Mai 2020. <https://www.samanthaisraeltours.com/the-first-aliyah-to-israel/>.

Avrutin, Eugene M., Jonathan Dekel-Chen and Robert Weinburg. "Ritual Murder in Russia, Eastern Europe, and Beyond: New Histories of an Old Accusation." Avrutin, Eugene M. Ritual Murder in Russia, Eastern Europe, and Beyond: New Histories of an Old Accusation. Bloomington: Indiana University Press, 2017. 39-40.

Büssow, Johann. "The Ottoman Empire and its Heritage: Hamidian Palestine." Hamidian Palestine: Politics and Society in the District of Jerusalem 1872-1908. Vol. 46. BRILL, 2011. 195.

Bachner, Michael. Polish crowd beats, burns Judas effigy with hat, sidelocks of ultra-Orthodox Jew. 21 Avril 2019. 18 Mai 2020. <https://www.timesofisrael.com/polish-crowd-beats-burns-judas-effigy-featuring-anti-semitic-tropes/>.

—. Spanish Inquisition | Definition, History, & Facts | Britannica. 2020. 18 Mai 2020. <https://www.britannica.com/topic/Spanish-Inquisition>.

Berkowitz, Adam Eliyahu. Scary Divine Connections Between Gush Katif and Hurricane Katrina Revealed On 10 Year Anniversary. 24 Août 2015. 18 Mai 2020. <https://www.breakingisraelnews.com/47546/10-year-anniversary-scary-connections-between-gush-katif-hurricane-katrina-revealed-jewish-world/>.

Bernstein, Deborah S. "SUNY series in Israeli Studies: Constructing Boundaries." Constructing Boundaries: Jewish and Arab Workers in Mandatory Palestine. 2000, SUNY Press. 20-21.

Bickerton, Ian J. and Verity Elizabeth Irvine. Jordan. 2 Mai 2020. Encyclopædia Britannica, inc. 18 Mai 2020. <https://www.britannica.com/place/Jordan>.

Burleigh, Michael and Wolfgang Wippermann. "The Racial State." Burleigh, Michael. The Racial State. Reprint. Cambridge University Press, 1991. 40.

Cline, Austin. Adolf Hitler on God: Quotes Expressing Belief and Faith. 7 Août 2007. Learn Religions. 18 Mai 2020. <https://www.learnreligions.com/adolf-hitler-on-god-quotes-248193>.

Cohen, Philip J. "Eugenia & Hugh M. Stewart '26 Series: Serbia's Secret War." Serbia's Secret War: Propaganda and the Deceit of History. Reprint. Vol. 2. Texas A&M University Press, 1996. 123.

Encyclopaedia Britannica. The Colonial and Postcolonial Middle East. Ed. Bailey Maxim. First. Rosen Publishing, 2016.

Fassihi, Farnaz. Fourteen of 15 Security Council Members Denounce US Stance on Jerusalem. 9 Décembre 2017. The Wall Street Journal. 24 Mai 2020. <https://www.wsj.com/articles/fourteen-of-15-security-council-members-denounce-u-s-stance-on-jerusalem-1512777971>.

Florida Center for Instructional Technology. Map of Jewish expulsions and resettlement areas in Europe. 2013. 18 Mai 2020.

Fordham University. Internet History Sourcebooks Project | Medieval Sourcebook: Constantine I: On the Keeping of Easter. 1996. Paul Halsall. 18 Mai 2020. <https://sourcebooks.fordham.edu/source/const1-easter.asp>.

Gaines, Adrienne S. Todd Bentley's New Wife Breaks Silence. 2009. Charisma Magazine. 18 Mai 2020. <https://www.charismamag.com/site-archives/570-news/featured-news/7046-todd-bentleys-new-wife-breaks-silence>.

Gerstenfeld, Manfred. The Origins of Christian Anti-Semitism. 25 Novembre 2012. 18 Mai 2020. <https://jcpa.org/article/the-origins-of-christian-anti-semitism/>.

Goldhagen, Daniel J. Hitler's Willing Executioners: Ordinary Germans and the Holocaust. Vintage, 2007.

Gottesman, Itzik. When Christmas Was a Time of Fear for Jews. 18 Décembre 2019. 18 Mai 2020. <https://forward.com/yiddish/436870/when-christmas-was-a-time-of-fear-for-jews/>.

Haaretz.com. Hundreds of Jews Massacred in Prague on Easter. 2019. 18 Mai 2020. <https://www.haaretz.com/hblocked?returnTo=https%3A%2F%2Fwww.haaretz.com%2Fjewish%2F.premium-1389-hundreds-of-jews-massacred-in-prague-on-easter-1.5432665>.

Harries, Richard. After the Evil: Christianity and Judaism in the Shadow of the Holocaust. Oxford University Press, 2003.

Hay, Malcolm. Roots of Christian Anti Semitism. Anti Defamation League of Bnai, 1984.

Heschel, Susannah. "The Aryan Jesus." Heschel, Susannah. The Aryan Jesus: Christian Theologians and the Bible in Nazi Germany. Princeton University Press, 2010. 20.

History.com Editors. Balfour Declaration letter written. 16 Novembre 2009. 18 Mai 2020. <https://www.history.com/this-day-in-history/the-balfour-declaration>.

—. Pogroms. 21 Août 2018. A&E Television Networks. 18 Mai 2020. <https://www.history.com/topics/russia/pogroms>.

Hitler, Adolf. "Mein Kampf." Mein Kampf. 1926. 60.

Ireland, Corydon. The pogrom that transformed 20th century Jewry. 9 Avril 2009. Harvard Gazette. 18 Mai 2020.

<https://news.harvard.edu/gazette/story/2009/04/the-pogrom-that-transformed-20th-century-jewry/>.

Israel Ministry of Foreign Affairs. Israel's humanitarian aid efforts. 2014. 19 Mai 2020. <https://mfa.gov.il/MFA/ForeignPolicy/Aid/Pages/Israel_humanitarian_aid.aspx>.

Joslyn-Siemiatkoski, Daniel. Why Good Friday was dangerous for Jews in the Middle Ages and how that changed. 15 Avril 2019. 18 Mai 2020. <https://theconversation.com/why-good-friday-was-dangerous-for-jews-in-the-middle-ages-and-how-that-changed-114896>.

Keter Books. "Israel Pocket Library: Anti-Semitism." Israel Pocket Library: Anti-Semitism. Jerusalem: Keter Books, 1974.

Koyzis, Nancy Calvert. Paul, Monotheism and the People of God. Continuum International Publishing Group, 2004.

Liardon, Roberts. God's Generals: Smith Wigglesworth. Whitaker House, 2001.

Luther, Martin. On The Jews and Their Lies. Ed. Coleman Rydie. Trans. Martin H. Bertram. Coleman Rydie, 2008.

—. On The Jews and Their Lies, Luthers Works. Trans. Martin H. Bertram. Vol. 47. Fortress Press, 1971.

MacCulloch, Diarmaid. Reformation: Europe's House Divided 1490-1700. Penguin UK, 2004.

Marans, Noam E. On Luther and his lies. 11 Octobre 2017. 18 Mai 2020. <https://www.christiancentury.org/article/critical-essay/on-luther-and-lies>.

McNeil, Sam. Israel treating thousands of Syrians injured in war. 8 Avril 2017. The Independent. 19 Mai 2020. <https://www.independent.co.uk/news/world/middle-east/

israel-syria-assad-treating-airstrikes-military-wounded-injured-war-a7673771.html>.

Merry, Sidney. "How the State Controls Society." How the State Controls Society. Null. Lulu.com, 2008. 220.

Michael, Robert. A History of Catholic Antisemitism: The Dark Side of the Church. 1. Palgrave Macmillan US, 2011.

Morris, Benny. What caused the Palestinian refugee crisis? 14 Janvier 2004. The Guardian. 19 Mai 2020. <https://www.theguardian.com/world/2004/jan/14/israel>.

NBC News. Ed. Janelle Griffith. NBC News. 28 Janvier 2020. Talk Show.

Nicholls, William. "Christian Antisemitism: A History of Hate." Nicholls, William. Christian Antisemitism: A History of Hate. 1. Lanham, Maryland, Boulder, Colorado, New York City, New York, Toronto, Ontario, and Oxford, England: Rowman & Littlefield Publishers, Inc., 1993. 178-187.

Nirenburg, David. "The Rhineland Massacres of Jews in the First Crusade." Nirenburg, David. The Rhineland Massacres of Jews in the First Crusade: Memories Medieval and Modern. Cambridge University Press, 2002. 279-310.

Outler, Albert C. "Augustine: Confessions Newly translated and edited." Augustine: Confessions Newly translated and edited. 1. Prod. Texas Southern Methodist University Dallas. Dallas, n.d. 18 Mai 2020. <https://www.ling.upenn.edu/courses/hum100/augustinconf.pdf>.

"Pantheon (Religion)." Wikipedia, Wikimedia Foundation, 31 Juillet 2020, <https://en.wikipedia.org/wiki/Pantheon_(religion)>.

Percival, Henry R. "The Nicaean & Post-Nicaen Fathers." The Nicaean & Post-Nicaen Fathers. Vol. XIV. T. & T. Clark Publishers, 1979. 54-55.

Rohrer, Sam. 4/8/20 - Connecting COVID-19 and God's Message to the World. 8 Avril 2020. 19 Mai 2020. <https://subsplash.com/americanpastors/lb/mi/+hjfspf6>.

Süss, René and Martin Luther. Luthers theologisch testament. 2. VU University Press, 2010, n.d.

Sandhu, Serina. The 32 countries that support the US embassy moving to Jerusalem. 15 Mai 2018. inews. 19 Mai 2020. <https://inews.co.uk/news/world/the-32-countries-that-support-the-us-embassy-moving-to-jerusalem-291611>.

Sasse, Martin. Martin Luther and the Jews. CPA Books, 1998.

Seltman, Muriel. The Changing Faces of Antisemitism. Troubador Publishing Ltd, 2015.

Telegraph.co.uk. Centuries of Christian anti-Semitism led to Holocaust, landmark Church of England report concludes. The Telegraph. 5 Mai 2020. 21 Novembre 2019. < https://www.telegraph.co.uk news/2019/11/21/centuries-christian-anti-semitism-led-hol caust-landmark-church/>

Text of the Balfour Declaration. 2020. 24 Mai 2020. <https://www.jewishvirtuallibrary.org/text-of-the-balfour-declaration>.

The Darker Side of Martin Luther. Constructing the Past: The Darker Side of Martin Luther. n.d. Emily Paras. <https://www.iwu.edu/history/constructingthepastvol9/Paras.pdf>.

The Editors of Encyclopaedia Britannica. Haskala | Judaic movement | Britannica. 2020. 18 Mai 2020. <https://www.britannica.com/topic/Haskala>.

The Jerusalem Post. An American Holocaust? Antisemitism in the 21st Century, Part One of Three. 16 Mars 2014. David Turner. 18 Mai 2020. <https://www.jpost.com/Blogs/The-Jewish-Problem---From-anti-Judaism-to-anti-Semitism/An-American-Holocaust-Antisemitism-in-the-21st-Century-Part-One-of-Three-363922>.

—. World Council of Churches trainees use antisemitic rhetoric, advocate BDS. 14 Janvier 2019. Lahav Harkov. 18 Mai 2020. <https://www.jpost.com/diaspora/antisemitism/world-council-of-churches-trainees-use-antisemitic-rhetoric-advocate-bds-577256>.

The Librarians. Mark Twain in Palestine - "A Hopeless, Dreary, Heart-Broken Land." 5 November 2018. 18 Mai 2020. <https://blog.nli.org.il/en/mark-twain-in-palestine/>.

The Sabbath Sentinel. "Council of Laodicea – 364 AD." The Sabbath Sentinel, The Sabbath Sentinel, 10 Nov. 2016, sabbathsentinel.org/2016/11/10/council-of-laodicea-364-ad/amp/.

TIME.com. Religion: Luther Is to Blame. 6 Novembre 1944. 18 Mai 2020. <http://content.time.com/time/magazine/article/0,9171,803412,00.html>.

UN Watch. 2019 UN General Assembly Resolutions Singling Out Israel – Texts, Votes, Analysis - UN Watch. 19 Novembre 2019. 18 Mai 2020. <https://unwatch.org/2019-un-general-assembly-resolutions-singling-out-israel-texts-votes-analysis/>.

United States Department of State. Defining Anti-Semitism - United States Department of State. 6 Mars 2020. 18 Mai 2020. <https://www.state.gov/defining-anti-semitism/>.

VU University Press. Luthers theologisch testament. 2018. 18 Mai 2020. <https://www.vuuniversitypress.com/product/luthers-theologisch-testament/>.

Wikipedia Contributors. Aliyah Bet. 14 Avril 2020. Wikimedia Foundation. 18 Mai 2020. <https://en.wikipedia.org/wiki/Aliyah_Bet>.

—. Antisemitism in Christianity. 3 Mai 2020. 18 Mai 2020. <https://en.wikipedia.org/wiki/Antisemitism_in_Christianity#Church_Fathers>.

—. Benjamin Disraeli. 15 Mai 2020. Wikimedia Foundation. 18 Mai 2020. <https://en.wikipedia.org/wiki/Benjamin_Disraeli>.

—. Big lie. 2 Mai 2020. Wikimedia Foundation. 18 Mai 2020. <https://en.wikipedia.org/wiki/Big_lie>.

—. Demographic history of Palestine (region). 2 Mai 2020. Wikimedia Foundation. 18 Mai 2020. <https://en.wikipedia.org/wiki/Demographic_history_of_Palestine_(region)#cite_ref-44>.

—. First Crusade. 16 Mai 2020. 18 Mai 2020. <https://en.wikipedia.org/wiki/First_Crusade>.

—. Identity Theft. 4 Mai 2020. Wikimedia Foundation. 18 Mai 2020. <https://en.wikipedia.org/wiki/Identity_theft>.

—. Jewish deicide. 12 Avril 2020. Wikimedia Foundation. 24 Mai 2020. <https://en.wikipedia.org/wiki/Jewish_deicide>.

—. Jewish National Fund. 3 Mars 2020. Wikimedia Foundation. 2020 Mai 2020. <https://en.wikipedia.org/wiki/Jewish_National_Fund>.

—. List of United Nations resolutions concerning Israel. 17 Mars 2020. Wikimedia Foundation. 18 Mai 2020. <https://en.wikipedia.org/wiki/List_of_United_Nations_resolutions_concerning_Israel>.

William, Koenig R. Eye to Eye: Facing the Consequences of Dividing Israel. Revised. Christian Publications, 2017.

Wood, Christopher S. "Albrecht Altdorfer and the Origins of Landscape." Wood, Christopher S. Albrecht Altdorfer and the Origins of Landscape. London: Reaktion Books, 1993. 251.

World Israel News. WZO report: 18% spike in global anti-Semitism. 20 Avril 2020. <https://worldisraelnews.com/wzo-report-18-spike-in-global-anti-semitism/>.

YashaNet. Anti-Semitism of the "Church Fathers." 2019. 18 Mai 2020. <http://www.yashanet.com/library/fathers.htm>.

Zionism-Israel. Zionism & Israel Information. 2020. 14 Avril 2020. <http://www.zionism-israel.com/bio/E_Ben_Yehuda_biography.htm>.

—. Zionism & Israel Resources. 2020. 14 Avril 2020. <http://www.zionism-israel.com/bio/echad_haam.htm>.

www.ingramcontent.com/pod-product-compliance
Lightning Source LLC
Chambersburg PA
CBHW021423070526
44577CB00001B/23